PAUL LUND / HARRY LUDLAM

DIE NACHT
DER U-BOOTE

Die Vernichtung
des britischen Geleitzugs SC 7

Deutsche Erstveröffentlichung

WILHELM HEYNE VERLAG
MÜNCHEN

HEYNE ALLGEMEINE REIHE
Nr. 01/6137

Titel der englischen Originalausgabe
NIGHT OF THE U-BOATS
Deutsche Übersetzung von Dr. Klaus Kamberger

8. Auflage

ISBN 3-453-01652-1

Der SC 7 war einer der vielen Geleitzüge,
die den Atlantik durchquerten.
Dieses Buch ist dem Andenken an sie alle
und jenen Männern gewidmet,
die sie fuhren und begleiteten

Von dem, was in den letzten Stunden dieses ›Schwarzen Freitags‹ passiert ist, werde ich berichten, wenn das Schicksal es will, daß wir den nächsten Tag und die nächste Nacht überleben. Jetzt kann ich nur sagen, daß ich, seit ich wieder auf See bin, noch nie so froh und dankbar war, in diesen letzten Monaten täglich meine Gebete gesprochen zu haben, so, wie ich es von daheim gewohnt bin. Fest steht: Uns hat in den letzten vierundzwanzig Stunden eine höhere Macht gelenkt, und nicht nur ein glücklicher Zufall, daß wir an diesem Samstagmorgen noch auf unserem Schiff sind. Dafür werde ich ewig Dank sagen.

Aus dem Bordtagebuch des Funkoffiziers
Kenneth Howell, *Corinthic;*
niedergeschrieben in der Morgendämmerung
des 19. Oktober 1940

INHALT

Einleitung:
Die schwärzesten Tage

Oktober 1940. Vierzehn Monate dauerte jetzt schon der Krieg mit Deutschland. Großbritannien stand allein und mit dem Rücken zur Wand. Im Winter zuvor war es noch ein ›Sitzkrieg‹ gewesen; das neue Jahr aber brachte dann eine Katastrophe nach der anderen: den Rückzug Norwegens, den Fall Dänemarks, Hollands und Belgiens, die Räumung von Dünkirchen und Frankreichs Kapitulation. Es folgte Mussolinis Kriegseintritt an Hitlers Seite. Wie ein schwarzer, scheußlicher Tintenfleck hatte sich der Nationalsozialismus über die europäische Landkarte ergossen, und Tag für Tag verbreitete er sich weiter.

Junge Männer waren mit frischem Mut nach Norwegen und Frankreich ausgezogen, um dem Übel Einhalt zu gebieten, und kehrten, aller Illusionen beraubt, wenn auch ungeschlagen, zurück. Der populäre Song, den alle britischen Soldaten damals auf den Lippen hatten — »We're Going To Hang Out The Washing On The Siegfried Line« (An der Siegfried-Linie werden wir unsere Wäsche aufhängen) —, war ihnen nunmehr im Halse steckengeblieben. Jetzt schien eine Invasion Englands durch die Deutschen unvermeidlich.

Den ersten feindlichen Ansturm aus der Luft hatte die Royal Air Force in der ›Schlacht um England‹ mit Bravour zurückgeschlagen. Doch nun flogen nachts Schwärme deutscher Bomber an, bisweilen an die tausend zugleich. Auf London fielen in manchen Nächten die Bombenteppiche in Minutenabständen; brennende Gebäude färbten den Himmel leuchtendrot. Suchscheinwerfer forschten den Himmel nach hoch fliegenden Bombern ab, die sich mit tiefem Dröhnen näherten. Die Nächte waren erfüllt vom Krachen der Flugabwehrgeschütze und dem Pfeifen niedersausender Bomben. Eine Detonation folgte der anderen; Schrapnelle zischten durch die Straßen, Alarmsirenen mischten sich mit Schreien und Hilferufen.

In dieser kritischen Zeit rissen sich die Menschen die Zeitungen aus den Händen, hörten mit ängstlicher Neugier die neuesten Nachrichten der BBC, jene feste, zuverlässige Stimme in einer durcheinandertaumelnden Welt. Aber ihre Meldungen, in Zuversicht und Durchhaltewillen verkündende Programme verpackt, klangen grausam. Es waren Tage der Mühe und Nächte der Qual, des Todes, aber auch des unbeugsamen Heldentums. Im September hatten die Bombardierungs-Wellen begonnen; am Ende dieses Monats hatten sie bereits siebzehntausend Männern, Frauen und Kindern das Leben gekostet oder ihnen schwere Verletzungen beigebracht. Der trübe Oktober sollte noch größere Verluste bringen.

Über alldem hing, trotz pausenloser Bombardements der jenseitigen Kanal-Häfen durch die RAF, die drohend bevorstehende Invasion wie eine schwarze Wolke. Churchill gab jedenfalls freimütig zu, daß Deutschland über genügend Schiffe und Korvetten verfüge, um eine halbe Million Männer an den Küsten Britanniens landen zu können — falls es ihnen gelänge den Kanal zu überqueren. »Wir warten auf sie«, verkündete er kämpferisch, »sollen sie nur kommen.«

Mit ihm wartete eine Flotte von rund tausend britischen Kriegsschiffen aller Art. Etwa dreihundert waren, um einer Invasion zuvorzukommen, ständig patrouillierend im Einsatz. Zu diesem Zweck waren viele Schiffe von ihren Atlantik- und Westküsten-Einsätzen abgezogen worden. Folge: die Geleitzüge, die von Kanada nach Großbritannien unterwegs waren, konnten zu ihrem Schutz nur noch von kleinen Eskorten begleitet werden. Auch die Zahl der Kriegsschiffe, die man ihnen zum sicheren Geleit in den Heimathafen entgegenschicken konnte, war spürbar reduziert worden.

Die Verluste an Handelsschiffen hatten, je größer die Zahl der feindlichen U-Boote wurde und je wagemutiger und entschlossener sie ihre Angriffe fuhren, in alarmierender

Weise zugenommen. Seit Juni 1940 hatten sich die Verluste vervielfacht, und bis zum September hatten die deutschen U-Boote schon neunundfünfzig Schiffe mit 295 335 Tonnen versenkt — die meisten von ihnen vor der nördlichen Küste Irlands, die mit ›Bloody Foreland‹ (Blutige Landspitze) auch schon den passenden Namen dazu trug.

Man befand sich in der schwärzesten Phase des Seekriegs oder, anders gesehen, auf dem Zenith einer viermonatigen Schlacht, die die U-Boot-Kommandanten auf deutscher Seite später die ›glückliche Zeit‹ nennen sollten.

Anfangs hatte man nur schnelle Geleitzüge vom kanadischen Halifax über den Atlantik heimwärts geschickt. Diese ›HX‹-Konvois bestanden aus Schiffen, die eine Dauergeschwindigkeit von acht bis neun Knoten halten konnten. Um aber den Güternachschub über diese lebenswichtige Ozeanlinie zu erhöhen und dazu auch langsamere Schiffe einsetzen zu können, wurde ein neuer Geleitzugtyp zusammengestellt: die sogenannten ›SC‹-Konvois, die vom kanadischen Sydney aus in See stachen. Man plante, diese alten, langsamen Frachter während des Sommers bei guten Witterungsbedingungen übers Meer zu schicken, wozu sie — mit sechs bis sieben Knoten Geschwindigkeit — sechzehn Tage brauchen würden. Doch die Verhältnisse machten es erforderlich, daß sie auch den Winter über ihre Routen befahren mußten. Da man mit diesen Schiffen nie zuvor die winterlich-harte Überfahrt bei schwerer See gewagt hatte, erhielten sie — für eine notwendig leichtere Ladung — eine spezielle Ladelinie auf den Rumpf gemalt — die WNA (›Winter North Atlantic‹-Linie). So setzten sie sich dem erbarmungslosen Winter aus.

Der SC 7 bildete den siebten unter den langsamen Geleitzügen, lief am 5. Oktober 1940 mittags um zwölf Uhr von Sydney, Cape Breton, aus, und bestand aus fünfunddreißig alten Schiffen, mit Holz, Getreide, Stahl, Schrott und Eisenerz — also nichts Speziellem — beladen. Und sollte ein Schiff, sollten ein paar Schiffe verlorengehen — die anderen würden schon bis in die heimischen Gewässer durchkommen; und schon bald würde man diesen einen unter Hunderten von Geleitzügen vergessen haben. Doch es sollte alles ganz anders kommen. Der SC 7 sollte als das Opfer eines der größten und verlustreichsten Überfälle, die den Deutschen im Krieg zur See je gelungen sind, in die Geschichte eingehen.

Dies ist die Geschichte des Geleitzugs SC 7 und die jener Männer, die dabei waren.

1.
Die Tochter des Admirals a. D.

Kaum war das langerwartete Telegramm in Cleveland, Ohio, angekommen, da befanden sich auch schon zwei junge, attraktive Mütter in ihrem kleinen, rot-blau bemalten Flugzeug tausend Meilen entfernt auf Kurs Richtung Halifax zur kanadischen Halbinsel Nova Scotia. Zwischen ihren Sitzen lag nur ein einziger Fallschirm, und für Fynvola James war es der zweite Flug ihres Lebens. Mary King aber war eine erfahrene Pilotin, und alles war dazu angetan, daß es einer der glücklichsten Flüge wurde, die sie je unternommen hatte.

Es war der 2. Oktober 1940. Das Telegramm hatte Mrs. James die frohe Nachricht gebracht, daß ihr Vater — ein schon in den Ruhestand versetzter, wieder reaktivierter Admiral — sich mit ihr in Halifax treffen könne, bevor er mit dem nächsten Geleitzug Richtung Großbritannien in See stechen müsse. Der Admiral sollte die Führung des Geleitzugs übernehmen. Mrs. James hatte sich in den schrecklichen und unsicheren Tagen, die Dünkirchen folgten, mit ihren drei kleinen Kindern nach Cleveland zurückgezogen. So war sie weit entfernt von ihrem Vater und auch von ihrem Mann, der als Flottenkapitän bei der Admiralität Dienst tat; Grund genug, die Möglichkeit einer kurzen Begegnung mit ihrem Vater nicht zu versäumen. Mrs. King, die Eigentümerin des Flugzeugs, hatte fürs Gelingen gesorgt. Ihre leichte Maschine vom Typ Stinson schaffte gut hundert Meilen die Stunde. Sie flog in östlicher Richtung, folgte der Uferlinie des Erie-Sees und landete in Schenectady, um nachzutanken und noch vor Einbruch der Dunkelheit Portland, Maine, zu erreichen. Und weiter ging der Flug, hinweg über waldige Hügel mit ihren herbstlich roten, gelben und orangefarbenen Bäumen; über die weiten blauen Seen, in denen sich weiße Wolken spiegelten. Nach der nächtlichen Rast in Portland hob die Stinson im Morgengrauen mit Kurs auf Bangor ab, den letzten Flughafen auf der Seite der

Vereinigten Staaten. Auf einer holprigen Landebahn setzte sie dort auf, wurde bis zum Rand aufgetankt, damit Halifax nun im Non-stop-Flug erreicht werden konnte — man hatte die Frauen gewarnt: Kanada befand sich im Krieg, und so sollten sie besser nirgendwo anders landen als am offiziell genehmigten Zielort.

Der Krieg trug auch schuld daran, daß es von Kanada keine Landkarten mehr zu kaufen gab, über Funk abrufbare Wetternachrichten genauso fehlten wie sonstige Fluginstruktionen. So oft sie es auch versuchte: ihrem Funkgerät war kein Ton zu entlocken. Das war nach den eifrigen, freundlichen Funkkontakten über dem neutralen Amerika eine sehr beunruhigende Lage und machte den Flug weitaus beschwerlicher. Das einzige navigatorische Hilfsmittel, das Mary King zur Verfügung stand, bestand in einer alten Straßenkarte mit sehr großem Maßstab. So hielt sie sich bei ihrem Flug über das freie, waldbedeckte Land zumeist an die einzige Straße, die sich dort hindurchzog; bot sie doch zugleich für den Fall der Fälle die einzige Chance einer Notlandung.

Aber sie erreichten glücklich den Flughafen von Saint John, Brunswick. Wiederum erhielten sie auf ihre Funksprüche keine Antwort, so daß sie nach ein paar fruchtlosen Runden über dem Platz nach Osten abdrehten, die Bay of Fundy überflogen und Kurs auf Nova Scotia hielten. Es war die kürzeste und schnellste Route; bei einem Überlandflug hätten sie nach Norden abdrehen müssen. Aber sie waren in Eile; denn es war eine Sache von Stunden, bis sich der Kapitän zu seinem Geleitzug begeben mußte. Über die Bucht zu fliegen bedeutete zwanzig Meilen weit nur Wasser, offene See unter sich zu haben — für ein so kleines, einmotoriges Landflugzeug ein Risiko. So hielten sie denn den Atem an, murmelten ein Gebet, bekreuzigten sich — und erreichten das andere Ufer. Von da an war es eine leichtere Reise, sie hatten wieder Land unter sich. Gegen Mittag sichteten sie den Hafen von Halifax; nur ihr Funkgerät blieb weiterhin furchterregend schweigsam, so oft sie auch Zeichen gaben.

Immerhin hatten sie das Ziel ihres Tausend-Meilen-Flugs erreicht und freie Aussicht auf den Hafen, in dem sich die Schiffe für den großen Verband nach Großbritannien sammelten. Sie zählten nicht weniger als sechzig Schiffe vor Anker. Doch wo war der Flughafen? Aus dem Funkgerät hatten sie keine Hilfe zu erwarten, so zogen sie erneut ihre alte Straßenkarte zu Rate. Dort war ein Flugplatz an der Nordseite des Hafens eingezeichnet, und tatsächlich sichteten sie ihn nach erneutem Rundblick — es schien ein großer, gut ausgebauter Platz zu sein. Sie hielten auf ihn zu, und Mary King brachte ihre Stinson sanft hinunter.

Ungläubige Augen beobachteten den Anflug dieses winzigen roten Maschinchens, wie es stoppte, umgeben von großen, gut getarnten Bombern, die dort abflugbereit mit ihren tödlichen Ladungen standen. Die beiden Frauen waren auf dem Flughafen des Luftkommandos Ost der Royal Canadian Air Force gelandet. Kaum standen die Räder des Flugzeugs still, da tauchten auch schon Sicherheitskräfte vor ihm auf, kletterten in die Kabine, schlossen Türen und Fenster und fingen an, die beiden Frauen, während draußen ein Soldat Wache stand zu verhören. Neugierige Luftwaffenangehörige umringten währenddessen das Flugzeug in Scharen und versuchten, einen Blick auf seine höchst ungewöhnlichen Insassen zu werfen.

Man hatte das Flugzeug auf seinem Weg durch die Wolken und seit dem Augenblick, da es die Grenze überflogen hatte, beobachtet und war nicht weit davon entfernt gewesen, es abzuschießen. Wer die beiden seien, wo sie ihre Papiere hätten, wollten die Sicherheitsleute wissen. Gutgelaunt überreichten die beiden Frauen ihre Dokumente. Sie hatten ja ihren Flug genau geplant, und Mrs. James hatte, als sie erfuhr, daß ihr Vater nach Halifax kommen würde, die nötigen Papiere aus Washington erhalten. Alles, so hatte man ihr gesagt, gehe in Ordnung.

Aber das tat es nicht. Ihnen fehlten zur Landeerlaubnis einige ganz entscheidende Unterlagen. Mrs. King mußte, leider zu spät, feststellen, daß Washington nicht daran gedacht hatte, sie dazuzulegen.

Schlag auf Schlag setzte es Fragen. Sie wollten den Vater treffen? Wer ist das? Vizeadmiral Lachlan Donald Ian MacKinnon, Träger hoher Auszeichnungen? Wo ist er? O ... also ... er muß wohl am Zivilflughafen sein und auf sie warten.

Nach einer ganzen Reihe aufgeregter Telefonate wurde das kleine Flugzeug schließlich in militärische Obhut genommen, die beiden ›Verdächtigen‹ von einer Polizeieskorte vom Flughafen abgeholt.

Dies die reichlich ungewöhnlichen Umstände, unter denen Mrs. James schließlich ihrem Vater wiederbegegnete, und weder die beiden noch die Männer der Royal Canadian Air Force würden sie je vergessen. Glücklicherweise hatte sich der Auslauftermin des Geleitzugs um einen Tag verschoben, so daß der Admiral a. D. wenigstens die beiden Frauen von einer Amtsstube zur anderen — wo sie zwei-, dreimal unter Eid auszusagen hatten, wer sie seien, und wo sie eine ganze Batterie von offiziellen Fragen zu beantworten hatten, während die Behörden sich direkt mit Washington in Verbindung setzten und draußen vor der Tür sich schon die Reporter drängten, um Einzelheiten über diese delikate Geschichte in Erfahrung zu bringen — persönlich begleiten konnte. Was das doch für einen tollen Aufmacher abgab! — Eine willkommene Erholung von den düsteren Nachrichten aus dem Mutterland!

Nach der Abreise des Admirals brauchten seine Tochter und deren Freundin noch einmal vierundzwanzig Stunden, bis die Dinge zur Zufriedenheit der Behörden geregelt worden waren. Dann endlich wurde, von allen mit freundlichem Lächeln begleitet, die Stinson, sauber geputzt und poliert, vollgetankt wieder aus dem verschlossenen Hangar herausgezogen. Fynvola James und Mary King kletterten hinein, fertig zum Rückflug über tausend Meilen nach Cleveland; diesmal mit bereitwillig ausgehändigten Navigationsunterlagen bewaffnet. Die Männer vom Bodenpersonal draußen drehten und drehten am Propeller, aber der Motor gab keinen Laut von sich. Mary King hatte den Zündschlüssel sorgfältig an einem sicheren Platz versteckt und konnte ihn nun nicht mehr finden. Große Aufregung, bis man ihn endlich fand — und zwar an passender Stelle. Die Stinson konnte starten, drehte noch eine Runde über dem Flugplatz und verschwand am Horizont. Die Männer der Royal Canadian Air Force schüttelten ein letztesmal verwundert die Köpfe, ehe sie sich wieder ihrem Kriegshandwerk zuwandten.

Admiral MacKinnon, der die ganze Angelegenheit trotz des Wirbels und der Belästigungen von ihrer heiteren Seite gesehen hatte, war währenddessen per Eisenbahn nach Sydney, Cape Breton, aufgebrochen, wo der nächste Geleitzug auf ihn wartete. So hatte ihn seine Tochter zuletzt gesehen: auf seinen Waggon zugehend, mit einem leichten Koffer, der alle seine persönlichen Dinge enthielt, in der Hand. Es war ein ungewöhnlicher Anblick gewesen, denn er stand in krassem Widerspruch zu der wichtigen Rolle, die er vor Hitlers Krieg in der Marine gespielt hatte.

Lachlan MacKinnon war Sohn eines Pfarrers und dreizehnjährig als Kadett in die Königliche Marine eingetreten. Das war noch zu Zeiten Königin Victorias. Nun, als ergrauter Mann von siebenundfünfzig Jahren, schaute er auf eine ereignisreiche Laufbahn zurück. Im Ersten Weltkrieg diente er bei der Skagerrakschlacht als Artillerie-Offizier auf der *Indomitable*. Das hatte seine Karriere gefördert, und so wurde er der erste Kapitän des neuen stolzen Schlachtkreuzers *Hood*. MacKinnon hatte stets und mit Begeisterung auf großen Schiffen Dienst getan, sei's als Kapitän auf einem Kreuzer in den chinesischen Meeren oder, in späteren Jahren, als Konteradmiral, Befehlshaber des 2. Schlachtschiffgeschwaders der Heimatflotte. Unter den vielen Ehrungen, die ihm im Laufe seiner langen Karriere zuteil wurden, befand sich auch die Auszeichnung Commander of the Royal Victorian Order für die Verdienste an der Organisation der Flottenparade zum King-George-V-Jubiläum im Jahr 1953. Eine weniger bekannte, aber für ihn besonders erfreuliche Auszeichnung stammte aus der Türkei: Dort hatte der junge Leutnant als Ausbilder bei der türkischen Flotte Dienst getan und dafür den Ehrentitel eines hohen Beamten, ›Bey‹, erhalten.

MacKinnon war kein hochgewachsener Mann, hielt sich aber sehr gerade. In Fragen des guten Benehmens war er ein Pedant. Den Anblick eines Mannes mit den Händen in den Hosentaschen konnte er nicht ertragen. Er schwor auf Disziplin und liebte es, wenn alles nach Regeln ablief. Aber er war auch ein Mann voller Lebenshunger mit Sinn für Humor. Er fühlte sich in munterer Gesellschaft wohl. Als höherer Offizier war er an Bord der richtige Mann, um gesellige Runden zu organisieren und auch mitzumachen. Wenn er es auch gewohnt war, daß Offiziere und Mannschaften sich seinen Befehlen ohne Widerspruch fügten — und ihm diese Tatsache sichtlich wohltat —, so war er doch bei beiden Gruppen äußerst beliebt. Er war die fleischgewordene Navy, doch gleichzeitig von lebhaftem und impulsivem Temperament, das der goldenen Tressen nicht bedurfte.

Wäre der Krieg etwas eher ausgebrochen — drohte er doch schon aus der Münchner Krise von 1938 hervorzugehen —, also zu einem Zeitpunkt, als er noch das Kommando über das 2. Schlachtschiffgeschwader führte, dann wäre ihm sogleich eine wichtige Aufgabe übertragen worden. Aber die Gefahr eines plötzlichen Kriegsausbruchs schien damals zunächst gebannt, und so trat MacKinnon im Januar darauf, nach zweiundvierzig Dienstjahren in der Royal Navy, in den Ruhestand. Als wenige Monate später der Krieg dennoch ausbrach, meldete er sich geschwind wieder freiwillig zurück. Aber die Lage hatte sich für ihn verändert. Man bot ihm den Posten eines Kapitäns und die Führung von Geleitzügen an.

Zu seiner vergangenen Karriere konnte es keinen größeren Kontrast geben. Der Kapitän fuhr auf einem der Handelsschiffe mit und zeichnete für die Geleitzug-Formation verantwortlich. Er befehligte Kursveränderungen, Zickzack-Fahrten und andere Ausweichmanöver, sorgte für Ordnung im Verband der Handelsschiffe und hielt Kontakt zum dienstältesten Kriegsschiff aus der Eskorte. Das ›Leitschiff‹ des Kapitäns konnte ein großer Dampfer, aber auch ein dreckiger alter Kahn sein. Seine Mannschaft bestand aus einer Handvoll Signalgasten. Was war das im Vergleich zu früheren Zeiten! Doch Lachlan MacKinnon brachte, wie viele andere bereits pensionierte höhere Marineoffiziere aus der Kriegs- und der Handelsmarine, die den beschwerlichen Job eines Kapitäns auf sich nahmen, alles in diese Aufgabe ein, was er wußte. Wenn auch das Signalisieren zwischen Handelsschiffen, ganz zu schweigen von ihrer Kunst, Position zu halten, auf einem Standard war, der der Geduld eines Heiligen bedurfte, so hatte er sich dennoch seinem Auftrag mit Eifer und Gelassenheit gewidmet, so daß trotz allem noch gute Ergebnisse erzielt wurden.

Lange bevor Kapitän z. S. MacKinnon den Zug nach Sydney bestieg, waren die für den Geleitzug SC 7 zusammengestellten Schiffe beladen worden und lagen zur Passage ins Mutterland bereit.

Einige von ihnen hatten zuvor Häfen in den Vereinigten Staaten angelaufen — New Orleans im Süden, um dort Getreide und Aluminium-Erz zu laden; im Norden Baltimore, wo Metalle, Roheisen und Schrott geladen wurden. Vereinzelte Schiffe hatten zusätzlich New York angelaufen, um Nahrungsmittel, Grubenhölzer, Eisenbahnschienen und Schrott aufzunehmen. Kaum aufregende Güter also. Riesige Mengen Alteisen und Stahl polterten per magnetischem Kran in die Laderäume — aber sie waren doch wertvoll genug. Amerikanische Offiziere errechneten, daß Großbritannien aus jeder Tonne amerikanischem Schrott eine 75-Millimeter-Feldhaubitze, zwölf Maschinengewehre, die Granate eines 40-Zentimeter-Schlachtschiffgeschützes oder neun 500-Pfund-Bomben herstellen könnte.

Nur: Alle diese wertvollen Tonnen Rohmaterial mußten über einen von U-Booten unsicher gemachten Atlantik transportiert werden.

Der größere Teil der für den SC 7-Geleitzug vorgesehenen Schiffe wurde indes in kanadischen Häfen beladen, bisweilen in so kleinen und exotischen, daß sich die Kapitäne in größeren Häfen den Weg dorthin erfragen mußten. Doch bald herrschte die gesamte kanadische Ostküste hinauf rege Betriebsamkeit, bis die Fracht endlich verstaut war.

Einige Schiffe konnten zu diesem Zweck das ihnen wohlvertraute Saint John, den Haupthafen von New Brunswick, anlaufen, wo sie Holz, Kupfererz, Stahl, Getreide und Lastwagen aufnahmen. Andere mußten hinauf bis nach Campbellton, dem Jagd-, Fisch- und Nutzholzzentrum dampfen, wo sie mit diversen Hölzern beladen wurden — grob zugeschnittenen Brettern in allen Größen.

Andere Schiffe mußten noch weiter hinauf in den Norden bis nach Gaspe an der Sankt-Lorenz-Bucht. Hier nahm die Bevölkerung des Orts selbst sogar regen Anteil, schaute zu wie die hier fertiggestellten Grubenhölzer bündelweise an Bord gehievt wurden: Eine Ladewinde zog die Bündel hoch, die andere schwenkte sie weiter bis zu den Ladeluken. Nachdem sie geschlossen waren, wurden die Decks beladen, so daß die Dampfer von weitem so aussahen, als transportierten sie Tausende und Abertausende von Streichhölzern.

Einige Schiffe mußten sogar den St.-Lorenz-Strom selber hinauffahren, bis hinter Anticosti Island, wo ganze Rudel von Walen ihr Spielchen trieben und oft nur einen Steinwurf von den Schiffen entfernt ihre Fontänen in die Luft spritzten, spektakuläre Sprünge vollführten und sich dann wieder, in die Tiefe stürzend, den neugierigen Blicken entzogen. Zwei stark frequentierte Flußhäfen waren Quebec — eine von Millionen Lichtern erleuchtete Stadt an beiden Ufern des Flusses — und Rimouski, die Lotsenstation am Lorenzstrom, wo man sehen konnte, wie die Baumstämme durch Rinnen und Kanäle hinunter in den Strom geschwemmt wurden. Am Ziel angekommen, wurden sie von Sägemühlen im Tal zerschnitten und zum weiteren Transport zubereitet.

Noch weiter den Strom hinauf ankerten bei Three Rivers Schiffe, die aus riesigen Getreidesilos von mehr als sechzig Metern Höhe Fracht aufnahmen. Über die riesigen Rohre, die von Luke zu Luke schwenkten, wurden die Frachter beladen. Wenn das Getreide in goldenen Kaskaden in die Laderäume stürzte, waren die Schiffe schon bald in einen weißlichen Staub gehüllt, als sei ein Schneegestöber über sie hinweggegangen.

Three Rivers wurde aber auch von Schiffen, die mit Stahl und Holz beladen wurden, angelaufen, darunter waren die *Beatus* und die *Fiscus*, Frachter von fast 5000 BRT. Beide liefen in den zwanziger Jahren in Cardiff vom Stapel, wo sie zu den besten Schiffen gehörten — jedes eine hervorragende, schwimmende Werbung ihrer Eigner, der Tempus Shipping Company.

Kapitän Wilfred Brett hatte mit seiner *Beatus* Three Rivers angelaufen, um Stahlblöcke von je fünf Tonnen Gewicht zu laden. Nachdem diese sicher in den unteren Laderäumen verstaut worden waren, wurde freigebliebener Stauraum mit Holz gefüllt. Auch an Deck wurden Bohlen an die vier Meter hoch aufgeschichtet. Für die *Fiscus* lagen ebenfalls zum größten Teil Stahlblöcke bereit, zudem ein paar große Kisten, die in Kanada reparierte Flugzeuge enthielten und an die Royal Air Force im Heimatland zurückgegeben werden sollten. *Fiscus*-Kapitän, Ebenezer Williams schaute ein wenig skeptisch zu, wie die beiden Schiffe beladen wurden. Mit etwas traurigem Blick auf das viele Holz, das noch auf der *Beatus* verstaut wurde, meinte er: »Ich wünschte, wir hätten eure Ladung statt der unseren . . .«

Kapitän Williams schien nicht mehr der alte zu sein. Er war jetzt achtundvierzig, neun Jahre älter als Kapitän Brett von der *Beatus*. Schon im Ersten Weltkrieg war er zur See gefahren. Zeitlebens nie ein gesprächiger Mann, schien er jetzt in seinem Innern düsterste Vorahnungen zu verbergen. Es war seine Aufgabe, sich auf den Weg heim nach England zu machen, und schien davon überzeugt zu sein, daß er sein Heim in Anglesey niemals wiedersehen würde. Einigen anderen Kapitänen gestand er dann auch seine Befürchtungen ein, doch konnten sie ihm keinen Trost spenden. Tatsächlich gab es ja auch nicht viel, was sie ihm hätten sagen können. Es war ja bekannt, daß ein mit Stahl beladenes Schiff wie die *Fiscus* nach einem Torpedotreffer wie ein Stein sinken würde; folglich ließ sich auf sein festes

Vorgefühl einer bevorstehenden Katastrophe wenig erwidern — es sei denn, man bestärkte ihn in seinem Vertrauen auf Gott und die Stärke des Geleitzugs.

Ganz hoch im Norden, an der Labrador-Küste legten weitere Schiffe an, um Holz aufzunehmen. Zwei von ihnen, die den Weg zum wenig bekannten Hafen von Francis Harbour an der Mündung des Alexis River anliefen, waren die *Scoresby* und die *Clintonia*; kleinere betagte Frachter. Die *Clintonia* hatte schon im letzten Weltkrieg den Angriffen feindlicher U-Boote getrotzt. Francis Harbour, ein kleiner Flecken, bestand aus kaum mehr als der St.-Francis-Kirche, die dem Ort ihren Namen gegeben hatte. Auf die *Scoresby* wurden direkt aus dem Fluß 1586 Klafter Baumstämme verladen; viele von ihnen entstammten der Fracht eines anderen Dampfers, der zu nah an die Küstenriffe gekommen und beschädigt worden war. Die Stämme waren mit Ketten zu Flößen zusammengebunden worden, wurden so längsseit der *Scoresby* verbracht und über Winschen an Bord gehievt. Dort wurden sie unter und über Deck verstaut, auch auf den Luken, die die Bunker verschlossen. Das bedeutete, daß man nur außen über Behelfsleitern achtern in die Kojen der Mannschaft oder in die der Schiffsjungen und in die Gesellschaftsräume im Vorschiff gelangen konnte. Wollte man einen Blick rundherum auf die See und den Horizont werfen, so mußte man auf die an Deck festgezurrte Fracht klettern. Wenn auch die *Scoresby* wie die anderen holzbeladenen Schiffe randvoll mit Fracht gestopft waren, so hatte man sie nicht bis an die Gefahrengrenze belastet; vielmehr führten sie sogar noch Ballast mit, den sie bei Bedarf fluten konnten. Die *Clintonia* lud Zellstoff, den man ebenfalls direkt aus dem Wasser fischte. Er schwamm, von Baumstämmen zusammengehalten, an einem Ankerplatz in Strandnähe, von wo er zum Schiff herübergezogen und in den Laderäumen verstaut wurde.

So wurden an einem Dutzend verschiedener Orte jene Schiffe, die sich dem SC 7 anschließen sollten, beladen. Es handelte sich nicht nur um britische Schiffe; viele fuhren unter fremder Nationalität — das britische Kriegstransportministerium hatte sie entweder nach dem Zusammenbruch ihres jeweiligen Herkunftslandes übernommen, oder sie waren neutral, zogen es aber vor, lieber in einem britischen Geleitzug als allein über den Atlantik zu dampfen. Den Neutralen wurde stets diese Alternative angeboten, von der die Mehrheit gern Gebrauch machte, bot doch das Fahren im zahlenmäßig stärkeren Verband einen entsprechend größeren Schutz. Dabei stand Hitlers forsche Erklärung, daß »jedes Schiff, ob in oder außerhalb eines Geleitzugs, das vor unseren Torpedorohren auftaucht, torpediert werden wird«, erst bevor; aber bereits seit Monaten hatten die deutschen U-Boote unter völliger Mißachtung des Internationalen Rechts genau dies bereits getan und rund um die Küsten Großbritanniens sowohl neutrale wie Handelsschiffe der Alliierten versenkt. Auch weithin sichtbare, auf die Bordwände gemalte Flaggen ihrer Nationalität konnten neutrale Schiffe nicht davor bewahren, von Torpedos angegriffen zu werden.

Eines der drei schwedischen Schiffe, die 1500 t schwere *Gunborg*, die für den SC 7 vorgesehen waren, hatte sich außerhalb des Blockaderings, den die Deutschen um Norwegen gelegt hatten, befunden und wurde von den Briten gechartert. Ähnlich verfuhr die britische Führung mit vielen Schiffen. Einem jungen schwedischen Seemann wurde die Ankunft der *Gunborg* in St. John's auf Neufundland, wo sie Zellstoff aufnehmen sollte, von schicksalhafter Bedeutung.

Sture Mattsson, gerade sechzehn Jahre alt geworden, hatte sich noch kaum von dem Schock erholt, den die Versenkung seines Schiffes während der Überfahrt nach Kanada verursacht hatte. Er war mit einem schwedischen Dampfer in einem Geleitzug unterwegs, als jener von einem Torpedo getroffen wurde und binnen zweieinhalb Minuten sank. Viele seiner Kameraden hatte das Schiff auf den Grund des Meeres mitgenommen. Doch der junge Mattsson gehörte zu den Überlebenden, die von der britischen *Empire Soldier* aus dem Meer gefischt und nach St. John's gebracht wurden. Sechs Wochen verbrachte er dort, bis man ihn auf die *Gunborg* holte. Er hatte alle seine Habseligkeiten verloren;

man staffierte ihn neu aus und ließ ihn wissen, daß er mit einem schwedischen Schiff von New York aus wieder Richtung Heimat in See stechen könne, Ziel: Petsamo in Finnland. Das war natürlich ein feines Angebot, und doch konnte sich der Junge nicht dazu durchringen, es anzunehmen. Das hatte eine Menge mit dem zu tun, was er vom Kapitän der *Empire Soldier* erfahren hatte. Kapitän H. A. Lego war ein alter Fahrensmann in den Siebzigern, schon längst über die Pensionierungsgrenze hinaus. Eines Tages nun hörte Mattsson ihn jemand fragen, warum er in seinem Alter noch immer zur See fahre, und Kapitän Lego hatte in seiner ruhigen Art geantwortet: »Wenn es noch etwas gibt, was ich für mein altes England tun kann, dann will ich das tun, bevor ich sterbe.«

Dies klare Wort machte auf den jungen Schweden einen tiefen Eindruck, wirkte ähnlich auf ihn wie die Art, in der der alte Kapitän kurz zuvor bei einem Unfall mit Hand angelegt hatte. Als nämlich die Mannschaft der *Empire Soldier* Mattsson und die anderen Überlebenden aus dem Wasser zog, trug sich ein Unfall zu: die Frau des schwedischen Schiffsingenieurs verletzte sich am Kopf. Kapitän Lego nahm sich des Falles mit Gelassenheit an und nähte die Platzwunde wie ein Experte. Tatsächlich war es eine ganz besondere Leistung, wie ihm die Ärzte in St. John's gratulierend bestätigten.

So grübelte Sture Mattsson einige Zeit hin und her und ging schließlich zu der vor Anker liegenden *Gunborg*, die nach Clyde, Baffin Island, auslaufen sollte, und erfuhr, daß man dort noch einen Matrosen gebrauchen konnte. Alle seine Freunde rieten ihm zur Heimfahrt nach Schweden, er aber hatte seinen Entschluß gefaßt und hörte nicht auf sie; schulterte seinen Seesack, nahm seinen kleinen Hund auf den Arm und ging an Bord.

Der vorherige SC-Geleitzug, SC 6, hatte Sydney, Cape Breton, am 27. September verlassen. Kurz darauf liefen die ersten Schiffe, die das bunte Gemisch des SC 7 bilden sollten, ein. Ganz anders als im verdunkelten Großbritannien waren der Hafen und die Straßen Sydneys des Nachts strahlend hell. Von Zeit zu Zeit erleuchtete die Schlackenglut vom nahen Stahlwerk den Himmel über dem Strand. Einige Schiffe des SC-Geleitzugs nahmen ihre Stahlladungen in Sydney auf und fuhren weiter gen Norden, um Holz aufzunehmen, bevor sie nach Sydney zurückkehrten um auf ihre Abfahrt zu warten. Sydney zu verlassen, fiel den Seeleuten übrigens nicht schwer — die Stadt bot nichts, was einem im Gedächtnis haften bleiben könnte. Wer überhaupt von Bord ging, fand sich in einer von baufälligen Holzhäusern gesäumten Straße, in der er auf den Bus in die Stadt zu warten hatte. Die Stadt selbst bestand aus einer Ansammlung von Holzhütten; nur hier und da gab es ein paar Ziegelbauten. Doch wer war schließlich zum Sightseeing hierher gekommen? So hatte Sydney nur eine Attraktion zu bieten: als letzte Station vor der Heimkehr.

An wärmeren Tagen kam der eine oder andere in Sydney schon einmal in Versuchung, an die Küste zu fahren und schwimmen zu gehen; aber sie kamen meist rasch, von Kälteschauern geschüttelt, zurück. Das Wasser war viel kälter, als der Sonnenschein vermuten ließ. Im tiefen Winter lag der Hafen sogar von Packeis überzogen, fror oft ganz zu, so daß die Einwohner mit ihren Autos darauf herumfahren konnten.

Natürlich wäre ein erfrischendes Bad nach Arbeiten wie dem Kohlebunkern eine willkommene Sache gewesen. Gebunkert wurde die Kohle jenseits der Bucht, in St. Pierre, wohin sie per Lastwagen transportiert wurde. Beim Bunkern wurden die Decks in Mitleidenschaft gezogen, und der feine Staub legte sich auch in allen Räumen und Kabinen nieder und verschonte keine Nase. So wurde Regen jedesmal als Wohltat empfunden. Nach des Tages Mühe gingen die Mannschaften abends gern in einen der Tanzschuppen und warfen Mädchen durch die Luft, während die Kapelle nichts anderes spielte als ›Blueberry Hill‹ in allen Variationen.

Auf ungefähr fünfunddreißig Schiffe insgesamt — die Hälfte davon britischer Nationalität — wuchs der SC 7 an. Unter den anderen befanden sich die drei genannten schwedischen, sechs norwegische, vier griechische, ein französischer Tanker, zwei holländische und schließlich ein dänisches Schiff.

»Lauter alte Wracks und heruntergekommene Trampschiffe«, lautete lakonisch der (inoffizielle) Kommentar, wenn vom größeren Teil des Geleitzugs die Rede war. Es kam der Wahrheit ziemlich nahe; denn in den offiziellen Papieren stand nicht, daß die Hälfte der Schiffe überaltert war, großenteils aus der Zeit des Ersten Weltkriegs, einige sogar der Jahrhundertwende. Die vier ehrwürdigen Griechen hatte die Ozeane schon unter zehn verschiedenen Namen befahren. Das älteste Schiff hatte 1906 seine Jungfernfahrt angetreten. Mit dem ältesten Schiff überhaupt warteten die Norweger auf: dem kleinen Tanker *Thoroy*, der sage und schreibe bereits 1893 vom Stapel gelaufen war! Ihren britischen Erbauern, der Firma Armstrong Mitchel aus Newcastle, die das Schiff in den Pionierjahren des Tankerbaus konstruiert und fertiggestellt hatten, gereichte es natürlich zur Ehre, daß es noch jetzt unter Dampf stand. Zuerst auf den Namen *Snowflake* getauft, war der Öltanker bereits ein Veteran der großen Meere, noch bevor der Burenkrieg begann. In den siebenundvierzig Jahren im Dienst fuhr er seither unter vier Namen vier verschiedener Flaggen. Verständlicherweise galt das Schiff den anderen Kapitänen des SC 7-Geleitzugs als Objekt der Bewunderung; hauptsächlich deswegen, weil es noch ganz frech mithalten konnte.

Wie die *Thoroy* gab es auch noch andere Schiffe unter fremder Flagge, die auf englischen Werften gebaut worden und früher in britischem Besitz gewesen waren.

Schließlich befanden sich in diesem Geleitzug noch zwei Schiffe, die eigentlich schon mit dem vorigen SC hätten in See stechen sollen, ihn zu ihrer Schande aber verpaßt hatten; zwei weitere hatte man nach Halifax beordert, wo sie sich einem der schnelleren HX-Geleitzüge hatten anschließen sollen. Weil sie die vorgelegte Geschwindigkeit nicht mithalten konnten, mußten sie wieder umkehren. Von Halifax kommend, schlossen sie sich nun den ›müden Kähnen‹ in Sydney an. Man machte sich über die Schiffe, die für die SC-Geleitzüge rekrutiert worden waren, auch bei den Aufsichtsbehörden der Marine keine Illusionen. Ein höherer Offizier gestand sogar ausdrücklich ein, daß man den Schiffen, die jetzt von Sydney aus in See gingen, zu Friedenszeiten niemals Seetüchtigkeit zugestanden hätte.

Unter den britischen Schiffen des SC 7 hatte eines einige Zeit auf dem Meeresgrund zugebracht. Ein paar andere hatte man von ihrem Platz auf einem Schiffsfriedhof, wo sie langsam vor sich hinrosteten, wieder abgezogen, und zwar zur Zeit der großen Depression in den Dreißigern. Die Flaute hatte damals besonders die Trampschiffe betroffen — Schiffe, die keine festen Routen fuhren, sondern kreuz und quer die Ozeane durchpflügten, von jeder Handelsgesellschaft, die Stück- oder Schüttgut zu transportieren hatte, charterbar, immer mit einem neuen Auftrag von einem Hafen zum anderen unterwegs, diesmal für die Kriegsversorgung. Hunderte solcher Trampschiffe und anderer Frachter waren durch die Depression gezwungen gewesen, auf desolatesten Liegeplätzen bessere Zeiten zu erhoffen, bis im Dezember 1939 das Ministerium für Kriegstransportwesen damit begann, sie für eigene Zwecke zu requirieren. Über Nacht wurde so fast jedes Schiff, das sich gerade noch über Wasser halten konnte, wieder wertvoll, lebenswichtig für die Versorgung des Mutterlandes.

Auch die *Corinthic* aus Hull bewahrte man auf diese Weise vor dem ›ewigen Rost‹. Sie hatte jahrelang im Fal-Fluß in Cornwall gelegen, jenem von Touristen gern frequentierten Fluß, in dem nicht weniger als achtzig unerwünschte Schiffe in endloser Reihe still vor sich hindümpeln, geisterhafte Wasserfahrzeuge, in denen nur noch die Nachtwächter wohnen. Auf ihrer vorausgegangenen Fahrt in die Vereinigten Staaten fiel die *Corinthic* zwölf Tage durch Pannen aus: eine Lage, bei der sich einem die Haare sträubten, wußten doch alle, daß sie jeden Augenblick die Zielscheibe eines streunenden deutschen U-Boots werden konnte. Und nun lag sie hier, dem SC 7 eingegliedert und mit achttausend Tonnen Schrott und Stahl beladen. Auf diese gewichtige Fracht wurden noch ein paar Eisenbahnschienen und Bleche für die Panzerung von Flugzeugen gepackt. Kapitän der *Corinthic* war der kleine, hitzige George Nesbitt aus Hull, der mehr als einen Grund hatte, auf die Deutschen nicht gut zu sprechen zu sein. Bei Ausbruch des Ersten Weltkriegs lag er gerade mit einem britischen Schiff in einem deutschen Hafen und wurde prompt für den Rest des Krieges interniert. Jetzt war er natürlich sehr erleichtert, daß Hitlers Krieg ihn nicht weit vom Ort des Kampfes entfernt sah.

Ein weiteres britisches Schiff, das auf diese Weise vorm Verschrotten bewahrt wurde, war die *Botusk* aus London. Diesen etwas exotisch klingenden Namen erhielt sie mit einer Reihe anderer Frachter, die alle die Vorsilbe ›BOT‹ gemeinsam hatten, eine Abkürzung für Board of Trade (Brit. Handelsministerium). Die zweifelhafte Ehre, Britanniens ältestes Schiff dieses Geleitzugs zu sein, teilten sich indessen zwei reichlich mitgenommene Schiffe des Jahrgangs 1912. Bei dem einen handelte es sich um die *Creekirk*, die jetzt für Cardiff bestimmtes Eisenerz geladen hatte. Die *Creekirk* fuhr bereits unter dem dritten Namen seit ihrem Stapellauf in Glasgow. Bei dem anderen handelte es sich um die *Empire Brigade*, die nach einer abenteuerlichen Laufbahn an italienische Eigner verkauft, nun aber wieder, nach dem Eintritt Italiens in den Krieg auf gegnerischer Seite, als Prise aufgebracht worden war. Jetzt trug auch sie ihren dritten, wieder ganz englisch klingenden Namen.

Doch die allermerkwürdigsten Schiffe in diesem seltsamen Sortiment waren wohl drei britische Frachter, die man aus den großen nordamerikanischen Seen abgezogen hatte. Alle anderen Teilnehmer des SC 7, selbst die kleinsten und rostigsten Trampschiffe, hatten Mitleid mit ihnen. »Die sind zu langsam, um manövrieren zu können«, hieß es.

Die drei Boote — ›Schiffe‹ wäre eine Übertreibung gewesen — boten zudem noch mit ihren hohen Kommandobrücken am Bug, den hohen Schornsteinen weit achtern hinter den Maschinen, einen reichlich komischen Anblick. Das lange, flache Mittschiff machte den Eindruck, als würden die Leute von Bug und Heck sich niemals begegnen.

Und ähnlich sah das auch im Kontakt zwischen Offizieren und Mannschaften aus — ausgenommen bei den Mahlzeiten; denn da der Kapitän im Bugraum residierte, befanden sich die Offiziersmessen achtern, und dort befanden sich auch die Kojen und Aufenthaltsräume der Maschinisten und Stewards. Bedachte man aber, zu welchem Zweck diese Boote gebaut worden waren, dann hatte das alles seinen Sinn: Von seiner merkwürdigerweise am Bug plazierten Brücke aus hatte der Kapitän den besten Überblick, wenn es darum ging, die engen Kanäle, die die Seen miteinander verbanden, zu passieren.

Selbst wenn die Deutschen sich nicht auf diese ›Süßwasserdampfer‹ stürzen sollten, so würden doch die Winterstürme des Atlantiks diesen schmächtigen Schiffchen den Garaus machen. Das glaubten jedenfalls die ozeanerfahrenen Seeleute voraussagen zu können. Doch in Wirklichkeit waren alle drei Boote — von denen zwei weniger als 2000 Tonnen groß waren — auf einer britischen Werft gebaut worden und hatten, um ihren Dienst auf den Seen anzutreten, den Atlantik überquert. Allerdings muß dazu gesagt werden, daß diese Überfahrt im Hochsommer unter besten Wetterbedingungen stattgefunden hatte. Seitdem waren sie mit Salzwasser nicht mehr in Berührung gekommen — was auch nicht vorgesehen war. Doch nun, nach jahrelangem Frachtentransport von einem Hafen der Großen Seen zum anderen, sahen sie sich einem Atlantik ausgesetzt, der keine Kompromisse kannte. Den sollten sie mit ihren schwächlichen Motoren von rund hundert Pferdestärken oder noch weniger bewältigen. Die übrigen, ja zumeist auch schon betagten Ozeanfrachter, waren immerhin mit 300-PS-Maschinen ausgestattet.

Kapitäne und Mannschaften der drei Boote hatte man aus Großbritannien geholt. Nach geglückter Heimfahrt sollten sie als Kohletransporter rund um Britanniens Küsten eingesetzt werden. Aber ob ihnen allein der erste Teil ihrer Aufgabe gelingen würde, stand auf einem anderen Blatt. Frühere Erfahrungen mit den ersten, von den Seen abgezogenen Booten stimmten nicht gerade hoffnungsvoll. Von ihren Mätzchen, als sie mit dem SC 1 in den viel ruhigeren Augusttagen in See stach, berichtete einer ihrer Kapitäne: »Ich hatte fünf dieser Boote dabei. Es stellte sich bei allen heraus, daß sie dauernd um sechzig Grad mal nach Back-, mal nach Steuerbord vom Kurs abkamen; bis ich endlich begriff, daß das so ihre Art des Vorwärtskommens war, wenn es galt, sich anzuschließen.« Eines der fünf Boote erwies sich beim Manövrieren als so hilflos, daß es schon wenige Stunden nach Auslaufen des SC 1 wieder nach Sydney zurückbeordert werden mußte. Ein weiteres folgte ihm am nächsten Tag. Der verstörte Korvettenkapitän fürchtete, auch noch die übrigen drei abschreiben zu müssen, doch zu seiner Überraschung befanden sie sich auch am nächsten Tag noch in Sichtweite und hielten in etwa ihre Positionen, wenngleich sie ihre exzentrische Methode des Vorwärtsbewegens bis zum Erreichen des Ziels in England nicht aufgaben. Zwei weiteren Booten der amerikanisch-kanadischen Seen, die mit dem SC 4 auf Fahrt gegangen waren, fiel es sogar bei ruhiger See schwer, Position zu halten, gar nicht zu reden bei rauher See. Zu jedermanns Erstaunen und Befriedigung hielten sie dann doch durch.

Doch nun war Oktober, und wie sich die drei ›Süß-wasserdampfer‹ des SC 7 im wilden Seegang bewähren würden, stand noch in den Sternen.

So sah also das bunte Schiffs-Gemisch aus, das Kapitän Lachlan MacKinnon über den Atlantik zu führen hatte. Der britische Dampfer *Assyrian* diente ihm als ›Leitschiff‹.

Als der Admiral a. D. den Zug nach Sydney bestieg, bahnte sich der Kapitän der *Assyrian* seinen Weg von Nova Scotia die Ostküste entlang. Beide wußten noch nichts voneinander und ahnten nichts von dem mit Mühsal beladenen Kurs, den das Schicksal für sie vorgesehen hatte.

2.
Ein Schiff namens Fritz

Die *Assyrian* stammte, ausgerechnet, von der gegnerischen Seite. Die Deutschen hatten sie 1914 in Hamburg als *Fritz* vom Stapel laufen lassen. Ende des Ersten Weltkriegs mußte sie den Engländern übergeben werden. Die Ellerman & Papayanni Lines stellten sie als *Assyrian* in Dienst.

Die Deutschen hatten die *Assyrian* als dieselgetriebenes Motorschiff, als eines der ersten dieser Art, angelegt. Mit der Einreihung in die Ellerman-Flotte wurde sie in ein eher konventionelles Dampfschiff umgebaut. In der knappen Kostenkalkulation eines britischen Frachters fehlte der Posten für derartige Diesel-Extravaganzen; denn erstens war an Ersatzteile für die Motoren nur schwer heranzukommen, und zweitens — weit schlimmer noch — mußten sie von zwölf Maschinisten bedient werden! Also wurden die Sulzer-Diesel kurzerhand wieder aus-, Dampfkessel und -maschinen eingebaut.

Um Ausgaben einzusparen, beschloß man, die originale Schraube und Schraubenwelle zu belassen, was die Angelegenheit, weil hierzu nur noch ein paar passende Maschinen in Frage kamen, verkomplizierte. Schließlich wurde sie mit zwei speziell für Trawler entwickelten, kolbengetriebenen Dreizylindermaschinen ausgerüstet. Jetzt mochte sie ein wenig altmodischer und langsamer, dafür aber unendlich viel zuverlässiger sein.

So wurde aus der *Assyrian* ein kohlebefeuertes, doppelschraubiges Dampfschiff, das dennoch eine greifbare Erinnerung an ihren revolutionären Ursprung beibehielt. Ihr Großtopp war immer noch mit jener Plattform ausgerüstet, die der früheren deutschen Mannschaft erlaubte, die Segel zu hissen, wann immer die Diesel — die anfangs ja noch im Experimentierstadium steckten — Störungen zeigten.

Die nächsten zwanzig Jahre machte die *Assyrian* von ihrem Heimathafen Liverpool aus große Fahrt, stets bemüht, wenigstens einmal die Durchschnittsgeschwindigkeit von zehn Knoten zu erreichen — aber ganz schaffte sie sie nie. Bei ruhiger See und leichtem Wind machte sie glatte neun Knoten, aber bei schwerem Wetter kam sie über vier bis fünf Knoten nicht hinaus.

Nachdem man sie für Kriegszwecke requiriert hatte, wurde sie zunächst als Frachter im Mittelmeer eingesetzt, bis Italien in den Krieg eintrat. Danach wurde sie in den Atlantik abkommandiert. Da sie indessen nicht mit solchen Feinheiten wie einer Kühlanlage ausgestattet war, sondern nur mit einem Eisbehälter, erschwerte dies die Mitführung leicht verderblicher Verpflegung, und mit dem Schwinden der Eisbarren wurden die Mahlzeiten der Mannschaft immer eintöniger. Trotzdem liebte man die *Assyrian* als einen ›guten alten Kahn‹.

Anfang August 1940 lag sie in Liverpool, wo sie Ladung für die Westindischen Inseln aufnahm. Sie wurde mit einem Geschütz ausgerüstet, einem Ersten-Weltkriegs-Veteran, das man auf dem Achterdeck befestigte. Ein paar aus der Mannschaft gingen an Land, wo man sie im Schnellkurs mit der Bedienung der alten Kanone vertraut machte. Beim ersten Schußversuch wurde über und unter den hölzernen Decks des Dampfers alles durcheinandergerüttelt, der Boden des Eisbehälters durchbrochen. Den Deutschen würde sie hoffentlich noch mehr Unannehmlichkeiten bereiten! Alle Matrosen bekamen schließlich die wichtigsten Handgriffe beigebracht, damit jeder im Notfall zur Geschützbedienung herangezogen werden konnte.

Unter den neununddreißig Seeleuten befanden sich in erster Linie Männer aus Cheshire und Nord-Wales; denn ihr Heimathafen war ja, wie gesagt, Liverpool; aber auch ein paar Männer aus Bristol, Hull und Devon; sogar Iren taten Dienst auf der *Assyrian*.

Auch der Kapitän war Ire. Reginald Kearon, fünfunddreißig Jahre alt, stammte von einer großen Seefahrer-Familie aus Arklow ab. Stämmig, gut gebaut, mit schwarzem, welligem Haar und gesund-gerötetem, glattrasiertem Gesicht, war er sowohl ein forscher Seemann wie liebenswerter Mensch. Reg Kearon kannte keinen Hochmut und pochte nicht auf seinen Rang, wurde aber von allen Matrosen, mit denen er kumpelhaften Umgang pflegte, respektiert. Sein Erster Offizier war ebenfalls Ire. John King stammte aus Rush in der Grafschaft Dublin, ging auf die Sechzig zu und stand schon viele Jahre lang im Dienst seiner Schifffahrtslinie. Doch erschien er auch den Jüngeren unter der Besatzung als reifer und gesetzter Mann, so fehlte es ihm doch nicht an Energie und Enthusiasmus. Gleich seinem Kapitän war er bei jedermann beliebt. Die beiden anderen Linienoffiziere waren ebenfalls erfahrene Männer von dreißig bzw. vierzig Jahren. Der Jüngste in der Mannschaft, ein Seekadett, war gerade sechzehn Jahre alt.

Es gereichte Kapitän Kearon durchaus zur Ehre, daß man seine *Assyrian* ein ›glückliches Schiff‹ nennen konnte, mit einer Mannschaft besetzt, die in praktisch allen Dingen bestens miteinander harmonierte. Sie kannten und beherrschten alle ihre Aufgaben, wenn auch einer oder zwei unter ihnen zwischenzeitlich Landjobs ausüben mußten — die Große Depression hatte eben ihre Opfer gefordert. Doch seit Ausbruch des Krieges hatten sie wieder Schiffsplanken unter den Füßen. Das galt zum Beispiel für Robert Stracy, den bedächtigen Funkoffizier. Nachdem ihn die Krise arbeitslos gemacht hatte — was damals jeden vierten britischen Seemann betraf —, trat er einen Landposten an, wurde aber als Reserveoffizier gleich nach Kriegsbeginn wieder einberufen.

Als die *Assyrian* im August Liverpool verließ, begann ihr schicksalhafter Weg, der sie zum SC 7 führen sollte. Fünf Tage nach dem Auslaufen verlor sie den Anschluß an ihren Geleitzug und mußte allein Kurs nach Süden auf Barbados nehmen, wo sie auch ohne Zwischenfälle ankam. Ihr nächstes Ziel war Georgetown in Britisch-Guayana. Hier gab es ein rührendes Zwischenspiel, das sich, besonders angesichts der späteren Ereignisse, tief ins Gedächtnis der Beteiligten einprägen sollte. Der Erste Offizier, John King, hatte seine Schwester gut zwanzig Jahre nicht mehr gesehen. Sie war Nonne geworden und lebte in einem Kloster tief in der Wildnis Brasiliens. Der örtliche Schiffsagent, den man gebeten hatte, für einen pflichteifrigen Angestellten seine Beziehungen ein wenig spielen zu lassen, hatte es zuwege-gebracht, King und seine Schwester schließlich zusammen-zuführen. Man schaffte ihn in stundenlangem Flug von Georgetown an einen Treffpunkt, an den von der anderen Seite her seine Schwester anreiste. Der Erste Offizier kehrte zwei Tage später als ein sehr glücklicher Mann zu seinem Schiff zurück.

Von Georgetown aus fuhr die *Assyrian* durch die Karibi-sche See nach New Orleans, wo sie neue Ladung für die Rückreise über den Atlantik nehmen sollte. Angesichts der schlimmen Nachrichten aus der Heimat, wo Nacht für Nacht Hunderte unter dem Bombenhagel starben und Groß-britannien auf eine Invasion der deutschen Armeen gefaßt war, fanden sie sich in einer eigentümlichen Situation: da kreuzten sie nun durch die sonnige Karibik, vertrieben sich die Stunden mit Spielen an Deck, ließen es sich alle gemein-sam wohlergehen, vom Kapitän über den Koch bis zum Heizer. Manchen von ihnen erschien es als schlimme Sache, auf diese müßige Art seine Langeweile zu bekämpfen, während das Mutterland in so verzweifelter Not darbte und dringend Nachschub brauchte. Aber die *Assyrian* stampfte weiter ihrem Ziel entgegen und trug so auf ihre Weise zur großen Aufgabe bei, vor der alle standen.

Sie bereitete sich nach Übernahme von Getreide und anderen Gütern in New Orleans auf die lange Reise zurück nach England vor, erhielt Order, sich einem Geleitzug anzuschließen, der an den Bermuda-Inseln vorbei nach New York ging. Dort sollte zusätzlich Ladung aufgenommen werden. Aber so sehr sie sich auch bemühte; das Tempo des Geleitzugs von acht bis neun Knoten konnte sie nicht halten. Sie blieb zurück und mußte den Weg nach New York allein und ungeschützt finden. Die infolge Wetterum-schlags aufgewühlte See ließ die Reise zu einem regelrechten Abenteuer werden. So manches Geschirr ging zu Bruch, bis nur mehr so wenige Tassen vorhanden waren, daß man sie die Runde machen lassen mußte. Um das Maß voll zu machen, lief die *Assyrian* New York auch noch zu spät an, so daß sie einen weiteren Geleitzug verpaßte, mit dem sie die nächste Station auf ihrer Heimreise, Halifax auf Nova Scotia, erreichen sollte.

Aber sie schaffte es auch allein bis Halifax. Drei französischen Marineangehörigen bereitete ihre Ankunft dort jedenfalls besondere Freude. Sie kamen von der *Champlain*, einem französischen Schiff, das bereits lange Zeit im Bedford-Becken vor Anker gelegen hatte. Die Mannschaft wußte nicht, auf welche Seite sie nach der Kapitulation Frankreichs gehörte. Die drei Männer hatten sich schließlich dazu entschieden, ihr Schicksal an das ›Freie Frankreich‹ und die in London residierende Exilregierung zu binden. Man hatte ihnen zugesagt, sie mit dem nächstverfügbaren Schiff nach Großbritannien mitzunehmen. So ging ein überschwenglich-glückliches Trio, bestehend aus dem Leutnant Gabrièle André Sauvaget aus Bordeaux und den beiden Matrosen Olivier Paupon und Marcel le Meur, an Bord der *Assyrian*, die sich auf die letzte Etappe zum Anschluß an den SC 7 machte: eine Reise von ungefähr 230 Meilen entlang der Nordküste von Nova Scotia nach Sydney.

Sie schaffte sie im letzten Augenblick, genau einen Tag bevor der Geleitzug auslaufen sollte. Sie wollte und durfte ihn nicht verpassen; denn zu aller Überraschung stellte sich bei der Ankunft heraus, daß die *Assyrian* ihn sogar anführen sollte. Dieser betagte Dampfer als Leitschiff! Niemals zuvor in ihren sechsundzwanzig Lebensjahren war ihr eine solche Ehre widerfahren.

Tief unter Deck inspizierte William Venables durch seine Brillengläser noch einmal die Maschinen — sieben zufriedene Jahre hatte er sich als Zweiter Ingenieur mit Hingabe um sie gekümmert.

Die *Assyrian* war mit ihren nur 2962 Tonnen eines der kleinsten britischen Schiffe des Geleitzugs, zudem auch eines der ältesten. Aber sie würde es schaffen. Ganz sicher würde sie es schaffen!

Kapitän Lachlan MacKinnon kam spät am Abend desselben Tages an Bord, zusammen mit seinem Stab von fünf Unteroffizieren und Matrosen: einem Marineschreiber, zwei Funkern und zwei Signalgasten. Er selbst bezog die Kapitänskajüte, während sein Stab es sich in den Vier-Mann-Kabinen des Schiffes gemütlich machte. Hier waren auch die Franzosen untergekommen.

Obersteward James Daley setzte mit einer Barkasse an Land, um für den notwendigen Verpflegungsnachschub zu sorgen und die dezimierten Vorratslager wieder aufzufüllen, wozu auch ein Satz Geschirr gehörte, denn davon war kaum mehr genug vorhanden, um auch nur die Besatzung hinreichend auszurüsten, ganz zu schweigen von den neun zusätzlichen Männern an Bord. Man versprach ihm, daß alles am nächsten Morgen pünktlich um 10 Uhr, also zwei Stunden vor Auslaufen, geliefert würde.

Kurz vor Mitternacht schob sich der große schwarze Schatten des letzten britischen Schiffs, das sich dem Geleitzug anschließen sollte, in den Hafen von Sydney. Es handelte sich um die 5000 Tonnen große *Somersby* aus West Hartlepool. Sie hatte Getreide geladen.

Der nächste Tag war der Samstag, 5. Oktober 1940. Die Morgendämmerung erwachte über dem Ankerplatz; eine warme Sonne brach sich ihren Weg durch den Dunst. Aber weil alle wußten, daß es Schlag zwölf Uhr mittags in See gehen würde, fanden sie nur wenig Zeit, sich am schönen Wetter zu erfreuen. Nach kurzem Frühstück hieß es für die Kapitäne, zum letztenmal von Bord zu gehen und sich gemeinsam mit einem begleitenden Offizier zur offiziellen Geleitzug-Konferenz an Land zu begeben.

Sie dauerte nicht lange. Für die Kapitäne hatte man die üblichen anfeuernden Worte, gut ihre Position im Geleitzug, dem ausgegebenen Plan entsprechend, zu halten: Sechs Reihen mit jeweils fünf bis sechs Schiffen waren vorgesehen. Man forderte sie dringend auf, sich genau an die vom Leitschiff-Kapitän signalisierten Instruktionen zu halten, und warnte sie vor dem Zurückbleiben: als Nachzügler schwebte man in besonders großer Gefahr, den Torpedo eines angreifenden U-Boots einzufangen.

Während sich die Kriegsflotte stets bemühte, alle Order zu befolgen, nahmen sie die Handelskapitäne eher teilnahmslos entgegen, in jener täuschend gleichgültigen Art, die ein früherer Kapitän in gereiztem Ton einmal so beklagte: »Es wurde wenig Notiz von dem genommen, was die Offiziere zu sagen hatten ...« Aber das Ganze hatte noch eine andere Seite. Die Einsatzbesprechungen der SC-Geleitzüge waren keineswegs so gut organisiert wie die HX-Konferenzen in Halifax. Man erinnerte sich mit Sorge, daß ein SC-Kapitän einst die gesamte Konferenz versäumte, weil ihm falsche Termine genannt worden waren.

Die Kapitäne des SC 7 erfuhren bei ihrer Besprechung, daß sie nur eine einzige Eskorte auf ihrem Weg über den Atlantik bekommen würden, und das war noch nicht einmal ganz eine Korvette — kleiner noch als das kleinste Trampschiff im Geleitzug. Hinzu kamen noch eine bewaffnete Jacht und ein Wasserflugzeug als ›fliegende Eskorte‹ für die beiden ersten Tage; danach würden die beiden wieder abdrehen. Der Geleitzug mußte danach, nur von der Korvette begleitet, seinen weiteren Weg allein gehen, bis er sich der Westküste Großbritanniens näherte. Noch so viele Anfeuerungsreden konnten den Schutz, den dieses eine kleine Kriegsschiff bot, nicht erhöhen und das Geleitboot selbst nicht größer erscheinen lassen. Noch schlimmer wird es, wenn man bedenkt, wie lächerlich gering die Bewaffnung der Handelsschiffe selbst bisweilen war. Ungefähr ein Dutzend verfügte über einen alten Vierpfünder oder ein 10-cm-Geschütz. Zwei oder drei Schiffe genossen sogar den Vorteil, einen Marine-Reservisten zugeteilt bekommen zu haben, der die Geschützbedienung überwachte. Dafür hatten andere Schiffe nur ein schlichtes, auf der Brücke angebrachtes Maschinengewehr, bestenfalls zwei; andere hatten nicht einmal das, sondern nur ein paar komische alte Gewehre, wie etwa die britische *Carsbreck*: Die einzige Verteidigungswaffe, über die man dort verfügte, bestand aus dem Karabiner des Ersten Offiziers. Glücklicher war da die *Beatus* dran, die ihre Gegner mit einem überholten 10-cm-Geschütz zu schrecken gedachte und zusätzlich zwei Karabiner auf sie anlegen konnte — falls sie geentert werden sollten.

Dergestalt hatte der SC 7 eine zehntägige Fahrt vor sich, ehe er den Punkt erreichen würde, an dem vor der britischen Westküste Kriegsschiffe aus den Heimathäfen auf ihn stoßen und ihn an sein Ziel begleiten würden. Angesichts der neuen und größeren deutschen U-Boote, deren Reichweite immer tiefer und tiefer in den Atlantik gehen sollte, schien das ziemlich knapp bemessen. Und das war es dann auch.

Eine etwas optimistischere Note war in die Zukunftsaussichten gekommen, als Kapitän MacKinnon, geruhsam an seiner Pfeife ziehend, den übrigen Teilnehmern des Geleitzugs als ein Mann vorgestellt worden war, der im Geleitzug noch niemals ein Schiff verloren hatte — und der keineswegs die Absicht hatte, auf diese schöne Bilanz einen Schatten fallen zu lassen. Den Kapitänen sagte zu, was sie da sahen: einen gesunden, präzise und klar denkenden Mann, der offenbar, was seinen Beruf anging, eindeutig auf der Höhe war. Auch wenn es sich eigentlich um einen im Ruhestand befindlichen Admiral handelte.

So ging die Konferenz in guter Stimmung zu Ende. »Beste Wünsche für eine heile Überfahrt, meine Herren.«

Nach der Konferenz blieben die meisten Kapitäne noch zu einem Drink und einem kleinen Gespräch, ehe sie wieder an Bord ihrer Schiffe gingen. Kapitän Ebenezer Williams verharrte nach wie vor in düsterer Stimmung, wenn er an seine stahlbeladene Fiscus dachte. Nichts während der gesamten Konferenz hatte ihn von seiner Überzeugung abbringen können, daß dies seine letzte Fahrt sein würde — sein bevorstehendes Schicksal stand ihm ins Gesicht geschrieben. War es das den Walisern so gern zugeschriebene zweite Gesicht, das ihm diese unerschütterlich-nagende Gewißheit einer kommenden Katastrophe eingab? Jedenfalls kostete es ihn große Anstrengung, seine Gefühle vor der Mannschaft zu verbergen.

Inzwischen war aus dem Obersteward Daley auf der *Assyrian* ein sehr besorgter Mann geworden. Es war nämlich zehn Uhr vorbei, und weit und breit war von dem versprochenen Nachschub noch nichts zu sehen. Um elf Uhr wurde er — der Kapitän und der Admiral a. D. waren inzwischen zurück an Bord — auf die Brücke gerufen. Wo, Himmeldonnerwetter, blieb die georderte Verpflegung? wollte Kapitän MacKinnon wissen. Daley berichtete ihm, wie man ihm die Lieferung zugesichert habe, doch die Minuten rannen weiter dahin, und nichts geschah. Um 12 Uhr mittags verließ die als Begleitschutz fungierende Korvette den Hafen, und nun war es an der *Assyrian*, abzulegen und die Spitze des Geleitzugs zu übernehmen. Noch einmal wurde Daley auf die Brücke befohlen. Diesmal marschierte Kapitän MacKinnon schon aufgeregt auf und ab. Er war sehr ungehalten.

»Mr. Daley, können wir auch ohne die zusätzlichen Lieferungen in See gehen?«

Daley ließ schnell die reduzierten Vorratslager seines Schiffes vor den inneren Augen Revue passieren. Neun zusätzliche Personen mußten versorgt werden. Ja, sagte er schließlich, sie könnten gerade so durchkommen, wenn immer abwechselnd frisches, eingepökeltes und Büchsenfleisch serviert werde, denn glücklicherweise habe er Dosenfleisch in ausreichender Menge in New Orleans nachfassen lassen. Aber Brot sei ein großes Problem. Der Vorrat an Mehl werde auf keinen Fall bis zum Ende der Fahrt reichen. Falls man allerdings Zwieback und Kekse zu Hilfe nähme . . .

Rund um die *Assyrian* hatten die Schiffe schon begonnen, die Leinen loszumachen. Eine Barkasse der Navy kam in Sicht. Der Admiral a. D. griff nach einem Sprachrohr und gab Order an den diensthabenden Offizier durch. »Geben Sie eine dringende Meldung an Land weiter«, meinte er grimmig. »Wenn unsere Verpflegung nicht in spätestens fünfzehn Minuten an Bord ist, wird irgend jemandes Kopf rollen!« Die Barkasse schoß augenblicklich davon.

Zum Erstaunen des Oberstewards fing aber nun die *Assyrian* an, Fahrt zu machen. Der Kapitän war offenbar entschlossen, keine Minute Zeit zu verlieren und planmäßig auszulaufen. Doch nach einer Weile ängstlichen Wartens rief plötzlich einer aus der Mannschaft: »Die Ladung kommt!«

Als Antwort auf die heftige Drohung des Kapitäns hatte sich gleich eine komplette Motorboot-Flottille in Bewegung gesetzt, ging nun längsseit. Daley und seine Leute trugen an Bord, was an Fleisch, Kartoffeln und Mehl herangeschafft worden war — inklusive eines neuen, wertvollen Tafelgeschirrs. Sie wurden mit knapper Not damit fertig, als die *Assyrian* bereits mehr Fahrt machte und sich nach Verlassen des Hafens an die Spitze des Geleitzugs setzte.

Das gute Wetter hielt den Nachmittag über an, während die vierunddreißig Schiffe schwerfällig ihre Gleitzugformation bildeten. Die *Assyrian* nahm in der Mitte die Spitze. Die Begleitkorvette dampfte zusammmen mit der bewaffneten Jacht voraus. Am frühen Abend hatten alle ihre vorgegebenen Positionen eingenommen — im Gegensatz zu einem vorausgegangenen Geleitzug, der sich zweiundneunzig Stunden lang damit abgequält hatte, seine endgültige Formation zu bilden.

Währenddessen hatte sich im Hafen von Sydney noch ein Nachzügler eingefunden: das kleine norwegische Trampschiff *Sneland I.* Es hatte nur unter großen Mühen den Weg nach Sydney gefunden. Nachdem es in New Orleans Aluminium-Erz geladen hatte, ging es auf nördlichen Kurs nach Hampton Roads in Virginia, wo das Ruderhaus stärker befestigt werden sollte. Das hatte sie lange aufgehalten. Als die *Sneland I* endlich auslaufbereit war, zeigte sich ihr Rumpf mittlerweile derart muschelbedeckt, daß es ihr nicht gelang, mit dem Geleitzug Schritt zu halten. Also dampfte sie allein nach Halifax. Dort gingen Hafenarbeiter, mit langen Stangen bewaffnet, an die Arbeit. Um ihnen diese zu erleichtern, wurden die Ballasttanks des Schiffes jeweils einseitig gefüllt bzw. gelenzt, so daß die *Sneland I* etwas Schlagseite bekam und damit die muschelbedeckten Schiffswände besser freigab. Dann stampfte sie los, um den SC 7 doch noch zu erreichen.

Als die *Sneland I* in Sydney Anker warf, hatten es ihr Kapitän und der Erste Offizier eilig, an Land zu kommen, wo sie sich die notwendigen Instruktionen über den Geleitzug holen wollten. Doch so sehr sie auch das Wasser nach einer Barkasse absuchten, die sie übersetzen sollte: sie konnten keine finden. So hielten sie es für das Beste, weiterzudampfen und ohne Aufenthalt den Anschluß an den Geleitzug zu suchen und nicht wieder zu verlieren.

Tatsächlich schaffte die *Sneland I* den Anschluß an den SC 7 noch in der folgenden Nacht. Ihre Besatzung wußte nichts vom Verbandfahren, hatte keinerlei Unterlagen, und niemand konnte irgendeines der Signale vom Leitschiff aus richtig interpretieren. Aber wie dem auch immer war: Sie hatte ihren Geleitzug erreicht!

3.
Der Verband unter Dampf

Am Sonntag, den 6. Oktober hatte der SC 7 schon seinen ersten Zwischenfall. Der Morgen dieses zweiten Tages auf See war sehr schön, und so wurde man bei der exzellenten Sicht schon bald gewahr, daß ein Schiff fehlte. Es handelte sich um die *Winona*, das älteste und größte der drei von den Großen Seen stammenden Boote, also um das eigentlich am besten auszumachende Schiff. Was war mit ihm passiert?

Auf der *Assyrian* setzte Admiral a. D. MacKinnon ein Kreuz neben den Namen *Winona* auf seiner Geleitzug-Liste. Tatsächlich war das Boot in der Nacht zuvor schon in den ersten Stunden wieder auf Gegenkurs gegangen. Trotz aller Anstrengungen des Leitenden Ingenieurs und seiner Mannschaft ließ sich der plötzlich ausgefallene Dynamo nicht mehr reparieren, und zur großen Enttäuschung von Kapitän John Stevenson aus Newcastle mußte er sein Schiff wenden und wieder Sydney anlaufen, wo die notwendigen Reparaturen ausgeführt werden konnten.

So gab es nur noch zwei Boote von den Großen Seen, und die Blicke vieler wanderten zu ihnen hinüber, wie sie sich beharrlich hin- und herstampfend den Weg durch die Fluten bahnten.

Die See war ruhig, so konnte der Geleitzug sieben Knoten Fahrt halten, manchmal in schöner Formation; bisweilen — nach Kursänderungen des Kapitäns — etwas durcheinander; denn dem Admiral a. D. war daran gelegen, daß seine Signale eingeübt und problemlos befolgt würden. Durch den klaren Himmel über ihnen zog das Begleitflugzeug seine Bahnen. Nahebei dampfte die bewaffnete Motorjacht *Elk*, ein umgebautes Handelsschiff, das man aus friedlicheren Zeiten als *Arcadia* kannte. Weiter voraus an der Spitze lief das Geleitboot *Scarborough*. Der Geleitzug war nun schon ein gutes Stück auf freiem Ozean. Jede der Schiffskolonnen zog sich über eine Länge von ungefähr drei Seemeilen; in der Breite maßen die sechs Kolonnen einen über drei bis vier Meilen reichenden Verband.

Trotz fachgemäßer Formation wirkte die Szene nicht gerade so, als stamme sie aus dem Handbuch für Seekriegsführung. So kamen die meisten Schiffe gar nicht auf den Gedanken, ihre Identität hinter einer eintönigen Anonymität zu verbergen, sondern zeigten, ob britisch oder aus anderen Ländern, am Schornstein die Farben ihrer Linien. Gleich nach Kriegsausbruch waren die britischen Schiffe, den Vorschriften des Kriegstransportministeriums entsprechend, in einem anonymen Grau gestrichen worden. Als der nächste Anstrich fällig war, bekamen die Schiffe prompt wieder ihre alten Friedenszeiten-Farben an die Schornsteine gemalt, und viele Wände sah man wieder im gewohnten Schwarz. Es schien ein zusätzlicher Akt der Widerspenstigkeit zu sein.

Auch die *Scarborough* war kaum das, was man ein Bilderbuch-Kriegsschiff nennen konnte. Sie war 1930 als Vermessungsschiff vom Stapel gelaufen und hatte die Zeit bis zum Krieg praktisch ohne Unterbrechung im Chinesischen Meer verbracht. Ihr großes Kartenhaus, das vom Achter- bis zum Vorderdeck reichte, nahm so viel Platz weg, daß auf dem Achterdeck ein Geschütz trotz vorgesehener Aufbauten fehlte. Ihr einziges größeres Geschütz befand sich auf dem Vorderdeck — eine alte, technisch recht schlichte 10-cm-Kanone japanischer Bauart. Man hatte sie im Hafen von Hongkong erworben und trug als Herstellungsjahr ›1920‹ eingraviert. Sie war also das, was man als eine ›müde, alte Spritze‹ bezeichnet hätte, aber immerhin funktionierte sie und hatte schon bei mancher Gelegenheit ihren Dienst getan.

Die *Scarborough* hatte gerade tausend Tonnen und damit kaum mehr als die Hälfte des kleinsten Geleitzug-Frachters, war seetüchtig, neigte aber ein wenig zur Schlagseite nach Steuerbord um bei schwerer See gefährlich zu stampfen und zu krängen. Deswegen wurde ein Tau übers Kartenhaus gespannt, an dem sich der Rudergänger, um Kurs halten zu können, festklammerte — eine für die Arme schmerzhafte, aber wirkungsvolle Prozedur.

Als weitere Hinterlassenschaft aus friedlicheren Zeiten führte die *Scarborough* ein besonders großes Motorboot mit sich, das man seinerzeit für Vermessungsarbeiten benötigte. Es hing nun in entsprechend ausladenden Davits an Backbord. Dieses unhandliche Boot war ein einziges Ärgernis und störte überdies das Gesamtbild ebenso wie das unansehnliche Kartenhaus.

Das Geleitboot hatte hölzerne Decks, die auf Befehl eines früheren Kommandanten stets geschrubbt und auf Hochglanz poliert zu sein hatten. Da es keine Deck-Hydranten gab, bestand auch nicht die Möglichkeit, Wasser zum Schrubben auf die Decks hochzupumpen. Die Mannschaften waren gezwungen, hölzerne Eimer über die Reling ins Wasser hinabzulassen und gefüllt hochzuhieven: eine anstrengende Arbeit, die die Muskeln arg strapazierte. Keiner der Männer sollte jemals in seinem Leben das Gewicht dieser Eimer wieder vergessen. Aber Krieg oder nicht Krieg, die Decks mußten geschrubbt werden, bis eines Tages ein Flugzeug das verräterische Glänzen der Decks monierte; das gab Anlaß zur allergrößten Erleichterung der Männer: auf das Blankpolieren wurde von jetzt ab verzichtet.

Nachdem die *Scarborough* für den Kriegsdienst requiriert worden war, gelang es seiner Besatzung, zwei bereits abgetakelte Lewis-Geschütze, die man dann an beiden Seiten der Brücke befestigte und wenigstens so etwas wie eine Scheinverteidigung gegen Luftangriffe darstellen sollten, zu ›organisieren‹. Das einzige weitere Exemplar an Artillerie bestand aus einer Salutkanone, ein zu rein zeremoniellen Zwecken geeignetes Schießgerät.

Sie behielt außerdem ihr empfindliches Unterwasserortungsgerät, das sie für Vermessungsaufgaben gebraucht hatte. Dafür mußte sie auf die Ausrüstung mit modernerem Asdic(Sonar)-Gerät verzichten, das feindliche U-Boot um einiges besser ausmachen konnte. Aber ihre Trefferquote beim Wasserbombenabwurf war trotzdem nicht schlecht. Noch eine bedeutende Veränderung hatte sie erlebt. Mit den blank geschrubbten Decks verschwand auch ihr Kommandant, der sich mit dem kleinen Vorpostenschiff aufgeführt hatte als sei es ein schwerer Kreuzer — mit allen entsprechenden Konsequenzen. Der jetzige Kapitän war ein großer, athletischer Mann, der seine Ausbildung in Dartmouth erhalten hatte. Schon bald stellte die Mannschaft befriedigt fest, daß er ein Mann sei, »der weiß, wo's lang geht«. Da fast die gesamte Mannschaft der *Scarborough* aus geschulten Marinesoldaten bestand, war das für den neuen Kommandanten zweifellos so etwas wie ein Ritterschlag.

Kapitän Norman Vincent Dickinson, an die vierzig Jahre alt, hatte bereits in einem Krieg gekämpft. 1915 war er als Kadett zur Royal Navy gekommen und hatte bei der Großen Kriegsflotte als Leutnant z. S. auf dem Schlachtschiff *Royal Sovereign* Dienst getan und kehrte mit Auszeichnungen heim. Nach dem Krieg hatte er sich als Experte für körperliches Training der Seekadetten hervorgetan: auf der *Erebus*, im Royal Naval College in Dartmouth, wenn sie dort zu ihren Lehrgängen zusammengezogen wurden, und in Shotley, wo er sich um die Schiffsjungen kümmerte. Auch später, wieder auf See, war er der zuständige Offizier für körperliches Training beim 1. Kreuzergeschwader und bei verschiedenen Zerstörer-Flottillen, die im Mittelmeer operierten, bis er schließlich stellvertretender Direktor der Physical and Recreational Training School in Portsmouth wurde.

Als Mann schneller, fester Entschlüsse war Kapitän Dickinson ein bei seinen Untergebenen beliebter Kommandant, und dies nicht nur, weil er offensichtlich wußte, wie man ein Schiff zu führen hat, sondern weil er Humor hatte und weitaus zugänglicher als sein Vorgänger war. Kaum hatte er das Kommando übernommen, herrschte auch gleich ein neuer und besserer Geist unter den Männern der *Scarborough*.

Bevor das Kanonenboot in den Nordatlantik geschickt wurde, hatte es bei verschiedenen Geleitzügen von England nach Gibraltar den einzigen Schutz abgegeben. In den ersten Kriegsmonaten war das eine vergleichsweise störungsfreie Passage gewesen; die deutschen U-Boote operierten eher in der Nähe der englischen Küste. Doch später wurde die *Scarborough* um einiges mehr beschäftigt. Ziemlich heiße Zeiten hatte sie zum Beispiel beim Schutz eines Verbands zwischen der Westküste Großbritanniens und Sydney: Mehrere Schiffe fielen U-Boot-Angriffen zum Opfer.

Nun hatte die *Scarborough* den Auftrag, den SC 7-Geleitzug sicher bis an die Westküste Großbritanniens zu führen, wo eine andere Eskorte ihn in Empfang nehmen würde. Zwischen dem Geleitboot und dem Kapitän des Leitschiffs waren keinerlei Pläne, die über generelle Taktiken hinausgingen, abgestimmt worden. Fregattenkapitän Dickinson und Admiral a. D. MacKinnon begegneten sich nur kurz anläßlich der Konferenz von Sydney. Ihr einziger Kontakt bestand jetzt in Flaggen- und Lichtsignalen; denn jede Art Funkkontakt sollte vermieden werden. Morsen war nicht gestattet, Sprechfunk unmöglich, weil die Schiffe dafür nicht ausgerüstet waren.

Der Sonntag blieb weiterhin ruhig. Am späten Nachmittag befand sich der Geleitzug auf Ostkurs unterhalb Neufundland auf Position 45°17′ N, 55°43′ W. Am nächsten Tag würden sie um den äußersten östlichen Zipfel Neufundlands Kurs nach Norden nehmen können, um in einem langsamen, stetigen Bogen den Atlantik gen Osten hin zu überqueren.

Im unterirdischen Einsatzbesprechungsraum in London hing eine Karte über die ganze Wand eines Zimmers. Auf ihr wurde die Position des SC 7 mit Fähnchen abgesteckt und dazu die eines weiteren, langsamen Geleitzugs auf langer Heimreise nach England. Stetig näherte sich der SC 6 der vorgelagerten Westküste Großbritanniens. Aus der Sicht der Admiralität waren die Leistungen dieser langsamen Geleitzüge soweit zufriedenstellend. Zwar war es einem feindlichen U-Boot einmal gelungen, ein unglückliches Schiff des SC 1 nicht nur zu versenken, sondern sogar um das langsam sinkende Schiff herumzukreuzen, so daß es dem deutschen Kommandanten von seinem Turm aus gelang ein paar erschütternde Fotos zu schießen. Aber im ganzen gesehen waren die Verluste relativ gering anzusetzen. Nur der SC 3 war auf größere gegnerische Aktivitäten gestoßen: Man hatte am Ende gleich zwei U-Boote bei Nacht und in Geleitzugnähe auftauchen und kreuzen gesehen, und zwar innerhalb wie außerhalb der Geleitzugformation. Man hatte nur vier Schiffe verloren, davon zwei Nachzügler; überdies verlautete offiziell, diese Versenkungen wären nicht passiert, wenn der Verband nicht einen Tag zu früh an der Stelle eingetroffen wäre, wo er auf seinen entgegenkommenden Geleitschutz treffen sollte. Tatsächlich waren die Verluste der SC-Geleitzüge insoweit eher gering, als die Hauptbetroffene vor allem die Kriegsmarine selbst war: Sie hatte schließlich zwei Korvetten verloren, die von U-Booten versenkt worden waren. Die Hauptschwierigkeiten, mit denen die Verbände zu kämpfen hatten, bestanden nach den Berichten der zunehmend beunruhigten Kapitäne in der Unfähigkeit, Positionen zu halten und sich per Signal eindeutig zu verständigen. Das traf vor allem auf die nicht-britischen Handelsfahrer zu. Hinzu kamen die oft schlechten Wetterbedingungen und die immerwährende Gefahr von Kollisionen, besonders dann, wenn Geleitzüge andere kreuzten. Auch das Nachzügler-Problem wurde schließlich zu einer Dauererscheinung. Und es gab keine Hoffnung, daß der SC 7 auf seinem Weg nach England andere Erfahrungen machen würde.

An diesem zweiten Tag aber hielten die Ausgucke noch guten Kontakt miteinander. Die See war ruhig, man konnte sich mit den einzelnen Teilnehmern vertraut machen.

Das kleinste aller Handelsschiffe war das alte norwegische Trampschiff *Havorn*. Seit 1902 bereits im Dienst, hatte sie schon unter drei Namen die Meere befahren. Gegenwärtig hatte sie Hölzer geladen. Etwa 1500 Tonnen groß, hat sie in den Augen ihrer Mannschaft weniger Angriffsfläche, mehr Sicherheit als die dickeren Schiffe. Der französische Tanker *Languedoc*, ein herrliches, brandneues Motorschiff von annähernd 10000 Tonnen, war das größte Schiff, das nach der Kapitulation Frankreichs unter britischer Flagge bisher in tropischen Gewässern fuhr. Clyde war der Zielhafen der *Languedoc*. Sie hatte sich dem SC 7 anschließen müssen, weil sie einen schnelleren HX-Geleitzug verpaßte. Das wirklich wunderschöne Schiff — ordentlich und sauber und in einem frischen, leichten Grau gestrichen — kreuzte am Backbord-Flügel des Verbands und hielt sich von den anderen Gefährten ein wenig abseits — so wie ein Schwan unter einer Schar Gänse; doch diese stolze Haltung übertrug sich keineswegs auf ihre international zusammengewürfelte Besatzung unter einem britischen Kapitän. Denn so groß und breit daherzukommen, bedeutete, doppelt verwundbar zu sein. Von vielen anderen Schiffen schaute denn auch so mancher hinüber zur großen, geschmeidigen *Languedoc* und dachte bei sich: Wenn auf irgendein Schiff ihres Geleitzugs ein Torpedo abgeschossen würde, dann sicher der erste auf sie.

Das größte britische Schiff des Geleitzugs, die 6000 Tonnen große *Empire Miniver*, war im Grunde gar nicht ganz britisch. Sie stammte nämlich aus Amerika, genauer: aus Texas, gehörte zum ›Three-Island‹-Schiffstyp und war so alt wie der letzte Krieg. Zunächst auf den Namen *West Cobalt* getauft, wurde sie von den Briten für den Kriegseinsatz gekauft — und zwar in einer Art frühem Leasing-Verfahren — und transportierte nun Stahl und Roheisen. Es war ihre zweite Passage unter neuem Namen; ihre Crew bestand aus Engländern. Obwohl sie, wie die *Languedoc*, ölbetrieben, gegenüber Kohledampfern ein wenig im Vorteil war, konnte sie aus ihrer besseren Ausstattung sonst nicht viel machen. Für gewöhnlich transportierte sie Baumwolle; weshalb ihre stählerne Fracht sie sehr schwerfällig und wenig manövrierfähig machte. Auch ihre Bewaffnung war kaum besser als die der anderen. Ihr sehr altes 12-cm-Geschütz verfügte nicht einmal über ein Oberschild, und dem für seine Bedienung zuständigen Reservisten der Königlichen Marine standen ein paar Granaten und etwas Kartuschenmunition als Munition zur Verfügung.

Weniger als die Hälfte aller Geleitzug-Schiffe war vor der Abfahrt entmagnetisiert worden. Das geschah mit folgender Vorrichtung: Von Speigatt zu Speigatt wurde ein elektrisches Kabel um die Außenhaut des Schiffs gezogen, wodurch es ein eigenes Magnetfeld entwickelte, das die ebenfalls magnetischen Minen abstoßen sollte. Derart ›entmagnetisierte‹ Schiffe waren durch ein Kreuz, das sie seitlich in Höhe des vorderen Brückenaufbaus trugen, leicht zu identifizieren. Diese Kreuzmarkierung war offiziell vorgeschrieben, wurde aber von den Besatzungen scharf kritisiert, weil es für den Mann am Fadenkreuz eines zielnehmenden U-Bootes kaum eine bessere Hilfe geben konnte.

Eine andere, unangenehme Zielscheibe bot eines der schwedischen Schiffe, das, streng darauf bedacht, seine Neutralität vorzuweisen, die schwedische Flagge vorn und achtern auf die Außenhaut gemalt hatte. Die gelben Kreuze leuchteten weithin sichtbar; selbst bei Nacht konnte man sie über mehr als eine halbe Meile erkennen. An Bord jener Schiffe, die in unmittelbarer Nachbarschaft des Schweden fuhren, gab's Ärger; denn seit wann hatte je eine neutrale Flagge ein U-Boot von seinem Vorhaben abgeschreckt?

Und es gab schon eine ganze Reihe von Schiffen im Geleitzug, die die eine oder andere Begegnung mit dem Feind hinter sich hatten.

Die alte *Trident* zum Beispiel, ein Trampschiff aus Newcastle-upon-Tyne, hatte gerade erst ein paar Überlebende, die sie aus dem mittleren Atlantik während ihrer Passage nach Amerika gerettet hatte, nach Cape Breton gebracht. Eines Morgens hatte es U-Boot-Alarm gegeben — voraus hatte man ein Rettungsboot mit gesetzten Segeln ausgemacht. Kapitän Lancelot Balls hatte zwar auch den Ver-

Links: Admiral a. D. Lachlan Donald Ian MacKinnon, hochdekorierter Kommandant des SC-7-Geleitzugs. Rechts: Kapitän z. S. Sanderson Kearon, Chef des Leitschiffes *Assyrian*.

Oben: Das Leitschiff *Assyrian*, von Deutschen erbaut. Unten: Die *Scoresby*, zweites Leitschiff des Verbandes.

Kapitän z. S. Lawrence Zebedee Weatherill, Befehlshaber der *Scoresby*.

William Venables, Zweiter Ingenieur auf der *Assyrian*, mit seinem an Bord gebastelten ›Fliegenden Floh‹.

Links: Das schwedische Motorschiff *Valparaiso*. Rechts: Wilfred L. Brett, Kapitän der *Beatus*.

Unten: Ausweis der US-Küstenwache, auf den Namen des Chef-Stewards der *Assyrian*, James Daley, ausgestellt.

NOT VALID WITHOUT SEAL

Date of birth 11/19/08 Citizenship Brit.

Place of birth Bootle, Liverpool

Height 5'7"   Weight 142

Color hair Brown Color eyes Brown

Index finger
Right hand

J. DALEY

J. Daley .
(Signature)

Links: John Mathiesen, Erster Offizier des Dampfschiffs *Sneland I*, eines der sechs norwegischen Schiffe des Geleitzugs. Rechts: I-Steward Bjarne Njaanes.

Die *Sneland I*: um den Geleitzug zu erreichen, mußte sie erst die Muscheln besiegen.

dacht, daß es sich um eine Falle handeln könnte, aber da das Boot direkt voraus lag, hielt er seinen Kurs, Geschütz und Waffen in Bereitschaft. Doch es stellte sich heraus, daß in dem Rettungsboot sieben Überlebende der norwegischen *Karet*, die in der Nacht zuvor torpediert worden war, saßen. Die *Trident* hatte die Norweger dann weiter bis Sydney mitgenommen, wo die dankbaren Geretteten sich mit einem silbernen Cocktail-Set bei der Schiffsführung und mit Füllfederhaltern bei den Matrosen revanchierten.

Die alte *Trident* war ein braves Schiff, selbst dann noch, wenn sie bei schlechtem Wetter mehr unter als über Wasser fuhr und ständig überflutet war. Zu ihren allerersten Kriegserfahrungen gehörte die Flucht aus Narvik mit 10 000 Tonnen Eisenerz an Bord — wenige Stunden, bevor die Deutschen vor Narvik auftauchten. Kapitän Balls war ein sehr kühler und beherrschter Kommandant. Als einmal die Meldung heraufkam, daß man das Periskop eines U-Boots gesichtet habe, hielt er die *Trident* direkt darauf zu, um dem Angreifer ein schmaleres Ziel zu bieten, ging voll unter Dampf und bereitete sich darauf vor, das U-Boot zu rammen. Glücklicherweise stellte sich heraus, daß es sich bei dem ›Periskop‹ um nichts anderes als den Mast eines leeren, nur mit Seewasser vollgeschlagenen Rettungsboots eines gesunkenen britischen Linienschiffs handelte.

Von ihrer Mannschaft wurde die dreckige alte *Trident* regelrecht geliebt, weil sie eben ihr Bestes tat und stets auf ihre langsame, schwerfällige Weise Kurs hielt. Man machte sich seinen Spaß bei dem Gedanken an einen deutschen U-Boot-Kommandanten, der einen Torpedo auf sie verschwenden würde — müßte sie doch auch so über kurz oder lang und ohne jede Mithilfe der Deutschen einfach auseinanderfallen.

Die *Empire Brigade* hatte man sich von den Italienern wiedergeholt. Auch sie hatte schon eine nervenaufreibende Begegnung mit einem U-Boot hinter sich. Kurz nach Abfahrt — der Anschluß an ihren Geleitzug war verloren —, da hielt plötzlich über Wasser und bei schwerer See ein U-Boot auf sie zu. Beide waren nicht wenig überrascht von diesem plötzlichen Aufeinandertreffen, und beide schossen je eine Granate aufeinander ab, ehe das Wetter völlig zuzog. Das Geschoß aus der deutschen Kanone verfehlte zwar die *Empire Brigade*, doch richtete die Druckwelle der Explosion einigen Schaden auf dem Schiff an und verschob die Ladung an Deck. Erst nach den Reparaturarbeiten konnte sie sich dem SC 7 wieder anschließen. Diesmal hatte sie 7000 Tonnen Kupfererz, 3000 Tonnen Getreide, große Mengen Konservennahrung und achtzehn Armeelastkraftwagen, gut auf dem Achterdeck vertäut, an Bord.

Schließlich gab es noch ein unter fremder Flagge fahrendes Schiff, das auf der Passage von England nach Amerika einen Angriff erlebt hatte: das holländische Trampschiff *Soesterberg*. Es war mit einem Ostküsten-Geleitzug von Tyneside in See gegangen, als es bei Nacht von feindlichen Sturzkampfbombern attackiert wurde. Drei Schiffe in unmittelbarer Nachbarschaft der *Soesterberg* wurden gleich beim ersten Angriff getroffen; der *Soesterberg* selbst gelang glücklich die Flucht. Der Geleitzug löste sich auf, die *Soesterberg* umfuhr unter Volldampf die Nordspitze Schottlands, um im Pentland Firth südlich der Orkney-Inseln Schutz zu suchen. Von dort aus schlüpfte sie noch in derselben Nacht, durch die Dunkelheit geschützt, in den Atlantik und ging allein auf Kurs Richtung Kanada.

Mittlerweile hatten sich die restlichen Schiffe ihres ehemaligen Geleitzugs wieder formiert. Da sie selbst nicht mehr auftauchte, wurde sie als verloren gemeldet. Eine einsame, spannungsvolle Reise der *Soesterberg* folgte. Am dritten Tag drohte Gefahr: Aus den Wolken stürzte sich ein Flugzeug auf sie. Niemand an Bord konnte das eine Flugzeug von einem anderen unterscheiden. War es der Feind? Entschlossen hißten sie die holländische Flagge. Das Flugzeug umkreiste sie, verlangte nach dem Namen des Schiffes; signalisierte Wiederholung. Dann kam schließlich das Gegensignal, und die Maschine verschwand in Richtung auf die englische Küste.

Kein kleiner Stoßseufzer entrang sich den Kehlen der Seeleute! Glücklicherweise hatte es sich um ein britisches

Flugzeug gehandelt, das überdies zu Hause die Wiederentdeckung der *Soesterberg* melden konnte. Sie machte erfolgreich die Reise nach Kanada und nahm dort wichtige Fracht auf.

Der Sonntagabend kam, und der SC 7 hielt weiterhin den vorgeschriebenen Kurs, selbst die beiden Süßwasserkähne der nordamerikanischen Seen, die wie eiserne, von gischtiger See umschäumte Inseln aussahen. Verrückt, völlig verrückt, solche Kähne über den Atlantik zu schicken.

Die Nacht brach an, und sie war herrlich. Der Neumond schien; jeder Stern war zu erkennen. Schweigend und ohne ein einziges Licht dampften die vierunddreißig Schiffe weiter voran durch einen ungewöhnlich sanften, ruhigen Ozean.

Dafür war droben, in den Wellen der Luft, so einiges los. Funkoffiziere fingen die Meldung auf, daß ein U-Boot im Einzugsbereich operierte, 51° N, 27° W. *Siebenundzwanzig Grad West!* Angesichts dessen, daß der Geleitzug seine Eskorte erst viel weiter westlich treffen sollte — und zwar auf Position 21° West —, war ihnen dieses U-Boot auf jeden Fall zu nah an den Rumpf gerückt.

Montag, 7. Oktober. Die Morgendämmerung brach an; das Wetter blieb bemerkenswert ruhig. Die Sonne schien strahlend, die See war kaum bewegt, und wenn die Winde auch nicht direkt warm zu nennen waren, so doch angenehm und keineswegs kalt.

Ein idealer Tag also, um die Kapitäne alle vorhandenen Kräfte mobilisieren zu lassen. Admiral a. D. MacKinnon wurde bereits in der Frühe aktiv und spielte für den Fall eines Angriffs seine Kursänderungen durch. Der Funkoffizier auf einem der Schiffe notierte denn auch in sein Tagebuch: »Offensichtlich versteht dieser Kapitän etwas von seinem Job!«

An Bord der *Assyrian* wurde man sich der eigenen Bedeutung bewußt, als die Signalgasten des Kapitäns jene Befehle signalisierten, die von Schiff zu Schiff weitergegeben wurden. Die Kommando-Weitergabe per Signalflaggen würde die tägliche Regel bleiben; denn es mußte auf absolute Funkstille geachtet werden — die Funker hielten lediglich Funkwache und lauschten den Äther ab. In der Nacht wurden die Kapitänssignale über grüne und rote Lichter weitergegeben. Hierzu waren vorweg einige Schiffe ausgewählt worden, so daß nicht der gesamte Geleitzug Lichtsignale geben mußte — was ja einer Feiertagsbeleuchtung gleichgekommen wäre. Hatte jedes einzelne Schiff die Instruktionen empfangen, folgte das Signal, nun das erforderliche Manöver durchzuführen —: auf dem Leitschiff wurden die Lichter ausgeschaltet.

Für die Offiziere der *Sneland I*, dieses von Muscheln befallenen Nachzüglers, war dies bereits der zweite Tag, den sie in totaler Verwirrung über die viele Signalisiererei verbrachten; denn sie verstanden davon nichts, verfügten über keinerlei, den Geleitzug betreffende Unterlagen. Aber diesmal entdeckte der Admiral a. D., daß da etwas nicht stimmen konnte: das Schiff, das der *Sneland* vorausfuhr, erhielt Order, die Kolonne zu verlassen, zurückzubleiben und hinter der *Sneland*, von wo aus sie besser Assistenz bieten konnte, Position einzunehmen. Doch kaum war die neue Formation hergestellt, da tauchte plötzlich am Horizont voraus unerwartet ein Schiff auf, das sich offenbar dem Geleitzug anzuschließen gedachte.

Es handelte sich um den britischen Dampfer *Shekatika*, der zwar gerade erst vier Jahre alt war, dessen stählerne Decks aber bereits rosteten. Er war mit einem schnellen HX-Verband von Halifax aus in See gegangen, konnte aber nicht annähernd mithalten. Er hatte Stahl geladen. Auf den Decks hatte man hoch hinauf Hölzer verstaut: drei Meter hochragende Stangen verhinderten, daß sich ganze Kaskaden von Baumstämmen in die See ergossen. Und über die Stapel hatte man Planken und hölzerne Geländer verlegt, damit sich die Mannschaften nach vorn oder achtern bewegen konnten.

Die eigentliche Ursache, warum die *Shekatika* mit dem schnellen Geleitzug nicht hatte mithalten können, lag in der mangelhaften Qualität der gebunkerten kanadischen Kohle.

Die Heizer hatten getan, was sie konnten; waren immer nur dann einmal ans Tageslicht gekommen, wenn sie eine Kanne leicht gesalzenen Trinkwassers brauchten. Doch wie sehr sie auch schwitzten und tranken, um den Flüssigkeitsverlust ihrer Körper wieder auszugleichen, so konnten sie ihr Schiff doch nicht auf der vorgegebenen Position halten — besonders gegen Ende jeder Wache, wenn sie statt Asche riesige Schlackeklumpen bis zu zwei Metern Umfang aus dem Heizkessel herausholten. Aus diesem Grunde hatte Kapitän Robert Paterson Befehl erhalten, abzudrehen und sich dem langsameren Geleitzug, der ihnen folgte, anzuschließen. Weniger als einen Tag lang war die *Shekatika* allein unterwegs gewesen, bis die ersten Masten des SC 7 am Horizont auftauchten. Um zwei Uhr nachmittags hatte sie ihre Position als letztes Schiff der Backbord-Kolonne eingenommen. Ihre Bewaffnung? Nicht mehr als ein einziger Karabiner, der, als sie im Dock lag, der Wache zur Abwehr möglicher Sabotageakte gedient hatte. So hatte der SC-Verband ein Schiff verloren, ein anderes hinzugewonnen. Und weiter ging es mit sieben Knoten Geschwindigkeit. Um sechs Uhr nachmittags wurden die Schiffsuhren eine Stunde vorgestellt. Das würde nun regelmäßig geschehen, bis sie die fünf Stunden Zeitdifferenz zwischen der amerikanischen Ostküsten- und der Greenwich-Zeit würden überwunden haben. Um neun Uhr abends verließ die Motorjacht *Elk* den Geleitzug, weil sie andere Aufgaben zu übernehmen hatte. Auch das Begleitflugzeug wurde nicht mehr gesichtet. Der Verband hatte nun nur noch den einen Geleitschutz, die *Scarborough*, und das würde für die nächsten zehn Tage auch so bleiben.

Kurz vor Mitternacht wurde der Kurs für den Rest der Nacht noch einmal geändert. Das Wetter blieb weiterhin schön.

Dienstag, 8. Oktober. Noch immer ruhiges Wetter, die Sonne schien warm. War das wirklich der angeblich immer so stürmische Atlantik? Aber immerhin war doch eine kräftige Dünung zu spüren, die die Schiffe rollen ließ.

Admiral a. D. MacKinnon verfolgte diesen Morgen seine Manöverübungen mit besonderer Hartnäckigkeit. Es ging im Zick-zack-Kurs voran, und von 10.00 bis 11.30 Uhr jagte nicht nur ein Flaggensignal das andere, sondern Dampfpfeifen unterstützten noch die Kommandos. Doch auch aus solchen Situationen konnten sich die Mannschaften ihren Spaß machen. Welches Schiff ließ gerade seine Pfeife heulen? Die der *Corinthic* hatte einen kräftigen Ton, den man gleich erkennen konnte. Die *Beatus*, gleich nebenan, brachte erst einen hohen Zischlaut heraus, bevor der volle Heulton einsetzte, während die *Blairspey* erst einmal blubberte und spuckte, wenn einer die Abzugsleine betätigte. Die Pfeife der *Assyrian* brachte sogar einen Doppelton zustande. Über sie alle hinweg blies das Horn des dicken französischen Tankers einen besonders sonoren Ton.

Die Flaggensignale wurden in kurzen Abständen gegeben. Es gab übrigens nicht wenige Männer, die mit großem Interesse Sinn und Bedeutung der verschiedenen Flaggen zu erlernen trachteten.

Ob es nun glückliche Umstände waren oder einfach ein besseres Training, es ging jedenfalls alles etwas ordentlicher vonstatten als bei vorausgegangenen SC-Geleitzügen, deren Kommandanten schier daran verzweifelt waren, wie wenig auch nur die allereinfachsten Flaggensignale verstanden wurden; die vor allem die nichtbritischen Teilnehmer geradezu verflucht hatten, weil sie das Winken und den optischen Telegrafen entweder nicht lesen konnten oder wollten. Bedenkt man, daß es einmal in einem häufig erwähnten Fall drei Stunden und zehn Minuten gedauert hatte, bis zwei Signale aus dem Internationalen Code den gesamten Verband passiert hatten, dann war solch verzweifelter Zorn wohl gerechtfertigt. Schließlich hätten die Deutschen, wären sie bei der Gelegenheit in der Nähe gewesen, nur die halbe Zeit gebraucht, um sie allesamt zu versenken.

Doch wenn er auch eine halbwegs erträgliche Ordnung in seine Herde gebracht haben mochte, einen Mangel konnte Kapitän MacKinnon nicht abstellen; den furchtbaren Qualm, den sie alle machten. Er quoll in dicken Schwaden in den klaren Himmel hinauf und mußte dem Feind nur so in die Augen springen. Dampfer produzieren nun einmal Dampf, und gereizte Signale wie ›Weniger Rauch!‹ bewirkten wenig bei jenen Schiffen, die schließlich das Beste aus ihrer schlechten Kohle herauszuholen hatten. Auch die *Assyrian* selbst beging in Ermangelung ihrer guten alten walisischen Kohle dieselbe Sünde.

Gegen Mittag erreichte der Geleitzug, der immer noch seine gut sieben Knoten Geschwindigkeit hielt, die Position 46° 35' N, 49° 13' W. Nun ging es scharf nach Norden.

An diesem ruhigen Nachmittag gingen viele Mannschaften noch einmal daran, ihre kleinen Sonder-Seesäcke zu kontrollieren. Es handelte sich dabei um so etwas wie Miniaturausgaben der leinernen Seesäcke, in die jeder das hineinpackte, was er an besonders wertvollen und ganz persönlichen Dingen besaß und die er im Notfall mit ins Rettungsboot nehmen wollte. Auch die Rettungsboote selber wurden noch einmal überprüft und für den Fall der Gefahr vorbereitet. Diejenigen Schiffsbesatzungen, die über Geschütze verfügten, überprüften deren Funktionstüchtigkeit. Natürlich ließen sich innerhalb des Geleitzugs keine regelrechten Schießübungen abhalten; man konnte halt nur auf irgendeinen Balken zielen, den man kurz über Bord geworfen hatte. Die nächsten richtigen Schüsse würden, wenn überhaupt, auf den Feind selber gerichtet sein.

Abgesehen von all diesen Aktivitäten waren die Mannschaften damit beschäftigt, diese eigenartige Mischung aus Gespanntheit und schierer Langeweile zu überwinden — ein Schicksal, das der Seemann über lange und monotone Perioden hin zu ertragen hatte.

Für die meisten Männer bedeutete das: Kartenspielen. Karten — gleichgültig, ob man um Geld oder um Streichhölzer spielte — waren mehr als eine Erholung; eine Art Religion. Und eine spezielle Abart dieser Religion war das Cribbage. Vor kurzem erst gab es an Bord des Neuankömmlings, der *Shekatika*, einmal ein mächtiges Geschrei. Der Lärm, das Hurra-Rufen waren unüberhörbar. Alles rannte in die Messe, wobei einige meinten, jetzt ginge es wohl gegen die Deutschen. Aber dem war nicht so. Es hatte nur einer die ›29‹, das rechnerisch höchste Ergebnis beim Cribbage, erreicht — was, statistisch gesehen, eine fast unmögliche Leistung war.

Natürlich gab es auch noch andere Formen, sich an Bord zu erholen und die Zeit totzuschlagen. Die drei auf der *Assyrian* mitfahrenden französischen Seeleute saßen zum Beispiel gern auf einer Luke und sangen zusammen mit dem jungen Schiffszimmermann aus Anglesey fröhliche Seemannslieder. Franzosen und Engländer hatten dabei entdeckt, daß die Songs aus Wales und die Chansons aus der Bretagne keltischen Ursprungs waren und deswegen von allen gemeinsam gesungen werden konnten.

Unter Deck saß währenddessen der Zweite Ingenieur, William Venables, in seiner wachfreien Zeit über den Plänen seines ›Fliegenden Flohs‹. Seit zwei Jahren bastelte er in der Freizeit an dem kleinen Flugzeug herum. Auf früheren Fahrten hatte er bereits den Rumpf, Höhen- und Seitenruder und das Spannwerk für die Flügel fertiggestellt. Jetzt hockte er in dem Raum, wo die beiden Wellen der Doppelschraube der *Assyrian* zusammentrafen, und brütete über der Endfertigung seiner Flugmaschine. Es war ein idealer Raum für seine Bastelarbeit, wenngleich er den Rumpf um gut einen Zentimeter schmaler hatte machen müssen als in der Bauanleitung stand, sonst hätte er ihn nicht durch die Tür hinausbekommen. Zu Hause in Liverpool lag schon ein brandneuer Benzinmotor für das Flugzeug bereit. Jetzt sparte er sein Geld für die Anschaffung von Lack und Leinen, um Anstrich und Bespannung zu vollenden. Als der Krieg ausbrach, hatte er seinen Floh vom Schiff heimlich in seine Wohnung transportiert, den Traum aber nicht aufgeben können, einmal sein eigenes Flugzeug zu bauen und zu fliegen, wenn nicht jetzt, dann nach dem Ende des Krieges. So hatte er sich denn auch im Krieg weiter mit seinem Werk beschäftigt. Sogar ein fertiger Propeller aus Buchenholz und Mahagoni hing bereits über seiner Koje.

Ja, eines Tages würde seine kleine Maschine fliegen. Will Venables war fest entschlossen.

Mittwoch, 9. Oktober. Noch immer hielt das wunderschöne, sonnige Wetter an, was alle Seeleute angesichts ihrer sonstigen Erfahrungen in nicht geringes Erstaunen versetzte. Hinzu kam aber auch ein gewisses unsicheres und ungemütliches Gefühl; denn Verhältnisse wie diese bevorzugten den Feind auf der Suche nach Opfern, und deswegen konnte man hier und da ein kleines Gebet hören, das Wetter möge doch bitte wieder seine gewohnt stürmische See hervorbringen. Ein rauher Seegang würde es den U-Booten einfach viel schwerer machen, sie aufzuspüren.

Das mit seiner Nationalflagge bemalte schwedische Schiff hatte unverzeihlicherweise in der Dunkelheit ein Licht aufgesetzt und war vom Geleitzug-Kommandanten entsprechend ernsthaft verwarnt worden. Die Verdunkelung war strikt einzuhalten. Die meisten Kapitäne sahen darin denn auch eine Sache der Selbstdisziplin. Verstöße wurden geahndet. Auf der *Corinthic* beispielsweise mußte jeder, der während der Verdunkelungszeit auch nur einen kurzen Lichtschimmer verschuldete, fünf Shilling Strafe zahlen. Die langen, einsamen Nachtstunden brachten stets noch eine zusätzliche Spannung: Aus dem Schornstein konnten plötzlich Funken stieben; irgend jemand konnte an Deck unachtsamerweise mal ein Streichholz anzünden ...

Diesen Morgen wurden wieder über eine Stunde lang Signalmanöver nach Kommandos des Admirals a. D. durchgeführt. Es schien, als kämen alle durchaus zufriedenstellend mit.

Von ihrem Nordkurs ab drehten sie nun wieder schärfer Richtung Osten. Für die Funkmaate bedeutete das eine immer weitere Entfernung von der Kakophonie des kommerziellen Rundfunks der Neuen Welt, den Abschied von den diversen Cowboy-Songs, die Einfahrt in eine weniger abwechslungsreiche, nur noch von Morsesignalen erfüllte Einsamkeit des Atlantiks.

Es bedeutete jedesmal eine neue Erfahrung für die Funkoffiziere der Handelsmarine, wenn sie ihre erste Seereise nach Kanada machten: hinaus aus der gewohnten Kriegsberichterstattung der BBC und der Soldatensender. Näherten sie sich nämlich der kanadischen Küste, dann brachte ein vielstimmiges Durcheinander im Äther die primitiven Zweiröhren-Empfänger auf den Schiffen durcheinander; ein Programm überlagerte oft das andere. Jetzt, auf Ostkurs, war es für den SC 7 genau umgekehrt. Bis auf die letzten Töne, die die »Stimme Neufundlands« (VONF) herüberschickte, gab es niemanden mehr, der für Störungen und Interferenzen sorgte. Einsame VONF-Ansager plauderten über die letzten Neuigkeiten, legten Platten auf, schickten Grüße an die Lieben daheim und draußen in Wald und Flur — ein bißchen Musik, ein Schwätzchen, einen kleinen Spaß. Etwa so, wie ihn ein Discjockey einmal zwischen zwei Scheiben losließ:

»Zehntausend Tonnen war der Frachter groß,
fuhr tausend Meilen durchs Meer.
Geladen hatt' er Schuhe bloß.
Wenn die Matrosen nun alle einsachtzig maßen,
die Ingenieure drei Zentimeter noch mehr,
wie alt war 'n dann der Käpt'n und die, die bei ihm saßen?«

Gewöhnlich wurden nur die Funkmaate bei der Arbeit mit derartigen Unterhaltungssendungen traktiert; denn den Mannschaften war das Radiohören an Bord verboten. Vorhandene Geräte wurden konfisziert oder, solange die Fahrt dauerte, unbrauchbar gemacht. Aber es gab immer mal wieder einen Seemann, der es schaffte, sein Radio vor dem Zugriff der Vorgesetzten zu bewahren und bei Gelegenheit zu hören. Fraglich, ob ein U-Boot überhaupt durch ein eingeschaltetes Radio ein Schiff oder einen Verband leichter ausmachen konnte, aber zweifellos verursachte ein eingeschaltetes Radio Störungen auf dem 160-m-Band, auf dem die Trawler zu senden pflegten.

Auch die schiffseigenen Empfänger waren oft genug schuld an derlei Störungen: sie hatten nämlich mit einem besonderen Problem zu kämpfen. Von früheren SC-Geleitzug-Kommandanten kannte man bereits die Klage, daß immer wieder vor allem von Schiffen unter nicht-britischer-Flagge verursachte Störungen im Funkverkehr vorkamen. Einige hatten daher verlangt, die Funkkabinen und -geräte einfach zu versiegeln. In einigen früheren Geleitzügen war es vorgekommen, daß viele Schiffe nur jeweils einen Funkmaat hatten; das bedeutete, daß die Funkgeräte nicht rund um die Uhr besetzt sein konnten, sondern nur bei der Wache. Ergebnis: zu bestimmten Wach-Anfangszeiten wurden praktisch alle Funkgeräte etwa zur gleichen Zeit eingeschaltet. Das damit einsetzende Pfeifen und Heulen, Brummen und Blubbern lud natürlich jedes lauernde U-Boot geradezu ein und informierte es darüber hinaus genau über die Abfolge der Wachzeiten. Im SC 7 hatten die meisten Schiffe indessen schon zwei Funker, so daß sich mit der kontinuierlichen Besetzung der Geräte diese Gefahr weitgehend vermeiden ließ.

6 Uhr nachmittags. Erneut wurden die Uhren vorgestellt, diesmal um 30 Minuten. Das Barometer begann rapide zu fallen, und der von Süden blasende Wind erreichte mit Stärke 7 fast Sturmkraft. Die Bitten um einen Wetterwechsel hatten sich schon bald erfüllt.

Und wie sahen die Nachrichten aus der Heimat aus? London hatte die schwersten Luftangriffe seiner Geschichte hinnehmen müssen; die Verluste waren hoch. Die deutsche Invasionsflotte stand zum Angriff bereit.

Donnerstag, 10. Oktober. Der Sturm hielt an, und es begann zu regnen. Jeden Morgen sollte es nun nur so herniederprasseln. Der Sturm nahm ständig zu, die Schiffe rollten und krängten stark. Ein oder zwei Schiffe begannen nachzuhinken und erhielten prompt heftige Signale vom Leitschiff, den Anschluß nicht zu verpassen.

Die Mittagsposition lag bei 51°47' N, 43°43' W. Nach dem scharfen Nordkurs konnte der Verband nun immer mehr in einen nordöstlichen Bogen drehen. Trotzdem würden sie im Laufe der Fahrt eine noch weiter nördlich gelegene Position erreichen, und zwar unterhalb Islands, auf Höhe der Orkney-Inseln. Aber das würde noch weitere sechs Tage dauern.

So stampften sie weiter voran und mußten die ungemütliche Nacht über noch so manch schweren Brecher nehmen.

Freitag, 11. Oktober. Am Morgen brach die Sonne wieder durch, aber die See blieb so rauh wie zuvor. Das Wasser schwappte über die Decks, die Schiffe stampften und rollten, und das Frühstück gestaltete sich abenteuerlich. Die Teetasse in der einen Hand balancierend, in der anderen eine Gabel führend und gleichzeitig von einer Richtung in die andere schwankend, war eine mehr als schwierige Operation.

Der Sturm hielt den Tag über an, und es sah nicht so aus, als würde er sich bald legen. Der zuvor so ruhig und geordnet daherdampfende Konvoi gab nun ein ganz anderes Bild ab. Mal tanzte ein Schiff hoch auf einer Woge, mal verschwand es in einem Wellental. Von einem Ausguck war es nicht mehr möglich, den gesamten Geleitzug zu überblicken, zumal einige Schiffe bereits in der Nacht zuvor von der rauhen See aus der Formation gerissen worden waren und nun erst einmal ihre Position wiederfinden mußten. Einige Schiffe waren nicht mehr zu entdecken, darunter auch die zwei Dampfer von den Großen Seen.

Nach einigem aufgeregten Hin- und Hersignalisieren zwischen den rollenden und stampfenden Frachtern ergab sich für Kapitän z. S. MacKinnon und Fregattenkapitän Dickinson von der *Scarborough* nach endgültiger Zählung, daß vier Schiffe vermißt wurden: zwei alte griechische Trampschiffe von jeweils über 3000 Tonnen und die beiden ›Süßwasserdampfer‹.

Bei den Griechen handelte es sich um die *Niritos*, die Schwefel geladen hatte, und die *Aenos* mit einer Ladung Getreide. *Trevisa* und *Eaglescliffe Hall* hießen die beiden von den Großen Seen.

Alle Geleitkapitäne waren angewiesen worden, täglich zu einer bestimmten Zeit ihre Position genau einzunehmen, damit der Kommandant einen Überblick gewann. Verlor also ein Schiff in der Nacht oder wegen schlechten Wetters den Anschluß, so hatte es den Auftrag, mit besonderer Eile nachzuziehen. Würden die vier vom Sturm abgetriebenen Nachzügler das aber schaffen? Würden sie ihren Weg zurück finden?

Den beiden Griechen konnte es möglicherweise gelingen. Doch den langsamen, schwerfälligen See-Dampfern? MacKinnon hatte nur wenig Hoffnung.

4.
Schiffe im Glück

Als die See immer höher ging, kämpfte die *Trevisa* einen immer aussichtsloseren Kampf. Schließlich hatte sie den größten Teil ihrer fünfundzwanzig Jahre auf der weniger aufregenden Route zwischen dem Erie-See und Montreal als Kohletransporter zugebracht, und ihre 1800 Tonnen waren nicht dazu geschaffen, den Brechern eines stürmischen Atlantiks zu widerstehen.

Solange das Wetter ruhig und die See nur leicht bewegt war, hatte sie im Verband mithalten können. Doch sie hatte an Kraft und Geschwindigkeit schon da keine Reserven gehabt, weswegen die See auch nur etwas rauher zu werden brauchte, um sie zurückfallen zu lassen. Der Konvoi zog auf und davon, bald sah man ihn von der *Trevisa* aus am Horizont verschwinden.

Allein im Kampf gegen die schwere See befand sich das kleine Schiff in einer wenig beneidenswerten Lage. Denn man wußte ja, wie gefährdet ein Nachzügler war. Für die Mannschaft kam noch ein alarmierender Umstand hinzu.

Wie bei den anderen See-Schiffen auch, war für die *Trevisa* eine britische Mannschaft nach Kanada hinübergeschickt worden, die den Frachter nach England lenken sollte. Die Offiziere dieser Mannschaften hielten sich auf höhere Anweisung alle die Zeit über, da die Boote für die Fahrt vorbereitet und ihre Maschinen für das Salzwasser präpariert wurden, in demselben Hotel in Montreal auf.

Und dabei entdeckten die Offiziere der *Trevisa*, daß ihr Kapitän leider zu einem geradezu exzessiven Alkoholkonsum neigte. Der Mann stand in den Fünfzigern und hatte offenbar einen lebenslänglich angesammelten Durst zu stillen. Sein Konsum ließ auch nicht nach, als man an Bord gegangen und in die Bay of Fund gedampft war, wo die *Trevisa* Fichtenholz lud. Auf hoher See ging es weiter: Ein Grog folgte dem anderen, so daß der Kapitän die Hälfte seiner wachen Zeit schwer unter Alkoholeinfluß stand.

Als jetzt die Situation da und der Anschluß an den Konvoi verloren war, befahl der Kapitän Kurswechsel. Obwohl Offiziere und Mannschaften merkten, daß er auch jetzt wieder einmal zu tief ins Glas geschaut hatte, erwarteten sie doch wenigstens von ihm, daß er sich an die offiziellen Anweisungen für Nachzügler hielt, wie sie an alle Kapitäne ausgegeben worden waren. Als die *Trevisa* nun aber mit aller Kraft, die ihr zur Verfügung stand, weiterdampfte, zeigte sich, daß sie immer mehr in südlicher Richtung driftete. Die Offiziere begannen sich Sorgen zu machen. Sie bekamen schließlich heraus, daß ihr Schiff nicht einen Kurs *zwischen* einer Reihe bestimmter, geheim festgesetzter Positionen hindurch fuhr, sondern praktisch von Punkt zu Punkt. Das war aber nicht nur ein großer und völlig unnötiger Umweg, sondern ein vollkommen verkehrter und gefährlicher dazu. Doch es war die Entscheidung des Kapitäns: sie durfte nicht in Frage gestellt werden.

Am 15. Oktober befand sich die *Trevisa*, nun schon fünf Tage vom Geleitzug getrennt, weit südlich der Route die der SC 7 nahm, und näherte sich der Position 21 Grad West, jenem Längenkreis, der die äußerste westliche Grenze Großbritanniens markierte, bis zu der britische Kriegsschiffe den nach England dampfenden Verband zum Schutz entgegenkamen. Doch diesmal war hier, mehr als 120 Meilen südlich der vorgesehenen SC-7-Route, keine Eskorte zu erwarten.

Wie der alte Kahn nun so Meile um Meile durch den gefährlichen Ozean stampfte, überkam den Funkoffizier Charles Littleboy ein immer stärkeres Vorgefühl einer nahenden Katastrophe, und er beschloß, etwas dagegen zu unternehmen. Er traf alle nur möglichen Vorbereitungen, seinen Funkraum auch dann noch funktionstüchtig zu halten, wenn es zu einem totalen Energieausfall kommen sollte. Selbst eine Notbeleuchtung installierte er. Am 15. Oktober ging er um neun Uhr abends in den Kartenraum und fertigte mit Erlaubnis des diensthabenden Offiziers eine Liste an, in die er alle halbe Stunde die geschätzte Position der *Trevisa* nach Längen- und Breitengraden eintrug. Mit dieser Liste marschierte er in seinen Funkraum zurück, legte sie dort zu seinem Morseschlüssel, packte sich aufs Lager, das er im Funkraum aufgeschlagen hatte, und zwar nicht allein in vollem Zeug, sondern sogar mit teilweise aufgeblasener Schwimmweste.

Kurz nach 2 Uhr in der Nacht entdeckte U 124 im Mondlicht seine Beute. Kapitänleutnant Wilhelm Georg Schulz konnte sich über sein Glück nur wundern. Er war ein atlantikerfahrener Kommandant, und dies war der zwölfte Tag, seit er den deutschen U-Boot-Stützpunkt im französischen Lorient verlassen hatte, um Jagd auf feindliche Schiffe zu machen. Seine U 124, mit dem Edelweiß-Emblem am Turm, war eines der neuen, größeren und atlantiktüchtigen Unterseeboote der Deutschen. Aufgetaucht schaffte es eine Höchstgeschwindigkeit von sechzehn Knoten, und selbst unter Wasser war es noch schneller als die *Trevisa* mit ihren sechs bis sieben Knoten. Es führte zweiundzwanzig Torpedos mit sich. Für dieses eigentümliche Schiff, das da ganz überraschend vor ihm aufkreuzte, würde wohl einer ausreichen.

Doch Kapitänleutnant Schulz ging kein Risiko ein. Er tauchte und fuhr einen Angriff wie aus dem Bilderbuch. Der Torpedo erreichte präzise sein Ziel und explodierte mit einem Blitz, der die Nacht erleuchtete. Die *Trevisa* schien zu sinken. Schulz schrieb ein ›Versenkt‹ in sein Logbuch, und U 124 setzte die Patrouillenfahrt fort.

Der Torpedo hatte die *Trevisa* am Heck getroffen und es in tausend Stücke zerrissen. Der Maschinenraum wurde zerstört, der gesamte Maschinenstab fand den Tod: der Obermaschinist, der Zweite und Dritte Ingenieur, ein Hilfs-maschinist und ein Heizer. Auch die Rettungsboote waren zerstört worden. Das Schiff dümpelte in totaler Finsternis dahin.

Der Funker Littleboy ruhte auf seinem Lager, als der Torpedo sein Ziel traf. Der Explosionsdruck wollte ihm noch heftiger als der Knall erscheinen. Es kam ihm vor, als hätte es ihn gegen die Decke geschleudert, doch in der Dunkelheit war es unmöglich, Wände, Decken und Fuß-böden voneinander zu unterscheiden. Schließlich ließ ihn die Schwerkraft auf das geneigte Deck zurückfallen. Durch die Türöffnung drang schwaches Mondlicht zu ihm herein, und er bemerkte, daß sein Funkraum noch über der Wasser-linie lag. Sehr bald fand er das präparierte Notlicht und schaltete es sogleich ein. Ohne Zweifel hat es vielen das Leben retten sollen, nicht zuletzt sein eigenes.

Als nächstes schaltete er seinen Sender ein, als ihm plötz-lich die Antenne einfiel. War sie wohl unbeschädigt? Er kletterte hinaus an Deck, fand sie intakt, gut ausgerichtet und an ihrem Platz, eilte wieder zurück in den Funkraum und begann, ohne die Genehmigung des Kapitäns abzuwar-ten, das Notsignal zu morsen: »SOS — SOS«. Dazu gab er nach eigener Schätzung die Schiffsposition durch, wie sie sich aus seiner selbstgefertigten Liste ergab. Ein mehr als gutes Gefühl überkam ihn, gleich von beiden Seiten des Atlantiks Antwort zu erhalten. Er wiederholte seinen Notruf mehrmals und gab durch, daß die *Trevisa* schwere Schlag-seite habe und zu sinken begänne. Damit verfolgte er einen doppelten Zweck: Einmal sollten Schiffe in der Nähe die Möglichkeit haben, eine genaue Peilung aufzunehmen; zum zweiten sollte das U-Boot sichergehen, seine Aufgabe gut erledigt zu haben — sie wollten schließlich nicht noch einen Torpedo mehr einfangen. Es war beruhigend zu hören, wie eine britische Küstenstation seine Botschaft eilig auf der Notruf-Frequenz wiederholte.

Danach kletterte er geschwind an Deck zurück. Die *Trevisa* sank langsam über ihr zerschmettertes Heck und neigte sich dabei so, daß sie fast überzurollen schien. Es gab mehr als ein Dutzend Überlebende, für die nur zwei primitiv zusammengebastelte Rettungsflöße aus jeweils vier Benzinkanistern, die man mit Holzlatten verbunden hatte, zur Verfügung standen. Ein paar Männer wollten sich in ihrer Panik auf die Flöße setzen und die *Trevisa* einfach unter sich wegsinken lassen. Aber Littleboy riet ihnen, die Flöße ordentlich ins Wasser zu lassen, das sei sicherer, als wenn sie sich möglicherweise verklemmten und nicht mehr manövrierfähig wären. Glücklicherweise folgten sie seinem Vorschlag; denn es stellte sich heraus, daß die rettenden Flöße mit Ketten an Deck verankert waren. Der schreckliche Gedanke, was ihnen wohl passiert wäre, wenn sie sich einfach draufgesetzt hätten und das Schiff von der Wasseroberfläche verschwunden wäre, wirkte wie eine ernüchternde Dusche auf die in Verwirrung geratenen Gemüter.

Jetzt entdeckte Littleboy und der Zweite Maat, daß der Kapitän eigentümlicherweise nirgends zu sehen war. Sie beeilten sich, ihn zu suchen. Der Maat kämpfte sich zum Vorschiff bis zur Kapitänskajüte durch. Dort fanden sie ihn, total besoffen, sich nicht völlig der Tatsache bewußt, daß irgend etwas in Unordnung sein könnte. Zur Erhaltung der allgemeinen Autorität schien es ihnen geboten, dem Kapitän erst einmal wieder auf die Beine zu helfen, auch wenn sie ihn dabei hart anpacken mußten. Als ihm schließlich dämmerte, in welcher Situation sie sich befanden, war er sehr schnell wieder nüchtern.

Zurück an Deck halfen Littleboy und der Maat beim Losmachen des ersten Floßes, das man darauf zu Wasser ließ. Als erster sprang ein vom Schreck gepackter junger Matrose aufs Floß und begann auch gleich, es vom Schiff wegzurudern und sich allein davonzumachen. Erst nach langem Zureden gelang es dem Ersten Offizier, ihn zur Rückkehr zu bewegen. Als das Floß wieder längsseit lag, kletterten weitere sieben Mann zu. Nun stieß das Floß wieder, diesmal voll beladen, ab.

In der Zwischenzeit war der Zweite Maat verschwunden, daher mußten die Männer ohne seine Hilfe das zweite Floß losmachen. Sie waren gerade so weit, es vom schräg geneigten Deck ins Wasser gleiten zu lassen, als der Maat wieder auftauchte. Er war noch einmal in seine Koje zurückgerannt und hatte seine persönliche Habe zusammengerafft. Er kam mit zwei schweren Koffern herangewankt, dazu eine Schreibmaschine unter den einen und die Schiffsuhr unter den anderen Arm geklemmt. Auch seine Taschen und Kleider waren von Dingen, die irgendeine private Bedeutung für ihn hatten, ausgebeult — dafür hatte er an so etwas wie Essen und Trinken nicht gedacht. Mitten in der tödlichen Gefahr, in der alle schwebten, machte er eine geradezu tragikomische Figur, zumal es ja auf dem schwankenden Floß überhaupt keinen Platz für sein ganzes Gepäck gab. Was dann folgte, fand dennoch keine Rechtfertigung in seiner wenn auch noch so unpassenden Handlungsweise.

Der triefäugige Kapitän nämlich ergriff nun die Möglichkeit, seine erste und einzige Handlung aus eigener Kraft zu begehen und riß dem Maat ärgerlich ein Gepäckstück nach dem anderen aus der Hand und warf es ins Wasser. Es wäre leichter für ihn gewesen, diese rührend anzuschauende Ladung einfach an Deck stehen zu lassen und ein wenig Verständnis für den Mann zu zeigen, der doch gerade mitgeholfen hatte, ihn wieder auf die Beine zu stellen und damit das Leben zu retten — aber es war eben die einzige Chance gewesen, in dieser Situation den Boß hervorzukehren. An allem anderen hatte er nämlich keinen Anteil, nicht am Funken der Notrufsignale, nicht am Unschädlichmachen der Code-Verzeichnisse, nicht an den Routineanordnungen, die zum Verlassen eines sinkenden Schiffs gehören. Die Code-Verzeichnisse hatte der Funkoffizier in einen der Stahlspinde im Funkraum eingeschlossen, so daß sie ganz sicher mit dem Schiff untergehen würden. Das dünne Blatt mit dem Code-Schlüssel hatte er in seine Tasche gesteckt, um ihn dem Kapitän später auszuhändigen — falls sie überlebten.

Zu diesem Zeitpunkt war die Steuerbordreling bereits unter Wasser, so daß sie keine Schwierigkeiten hatten, das zweite Floß zu wassern. Die letzten sechs Überlebenden kletterten an Bord; der Kapitän, der Erste Offizier, der

Maat, der Funkoffizier und zwei junge Matrosen. Sie ruderten ihr Gefährt in einen sicheren Abstand weg vom sinkenden Schiff und warteten. Es war ungewohnt ruhig, als sie da in der mondhellen Nacht zusammenkauerten und sich in der leichten Dünung schaukeln ließen. Nur der Funkoffizier war in Uniform, alle anderen trugen irgendwelche Kleidung, die sie in der Not gerade hatten zusammenraffen können. Und immer wieder kam die Frage: »Hast du Notruf gesendet, Funker?«, und immer wieder mußte er ihnen versichern, daß er es getan und sogar die Bestätigung des Funkspruchs aufgefangen habe. Aber wie groß waren die Chancen, daß man sie aus dem Wasser holen würde? Es war keine Frage, über die man zu debattieren wagte, sondern jeder kaute sie starr und stumm für sich selber durch.

Da tauchte gerade bei Einbruch der Morgendämmerung am östlichen Horizont die scheinbar höchste Gefahr vor ihnen auf: Der Erste Offizier erkannte einen schattenhaften Umriß. Alle waren überzeugt, daß es sich um das herumschleichende U-Boot handele, das jetzt auf sie zuhalte, um die Flöße unter Maschinengewehrfeuer zu nehmen. Sie duckten sich vor Furcht zusammen. Aber kurz darauf stellte sich das, was sie für einen U-Boot-Turm gehalten hatten, als Topmast und Brücke eines britischen Zerstörers heraus. Überglücklich schossen der Erste Offizier und der Maat Leuchtkugeln ab. Der Funkoffizier signalisierte mit seiner Stablampe die Warnung »Achtung! U-Boot in der Nähe!« hinüber. Nach wenigen Minuten waren die Flöße von nicht weniger als drei Zerstörern umkreist, von denen einer mit der Geschwindigkeit herunter und längsseits ging: Es war die *Keppel*. »Los! Beeilung!«, scholl es von der Brücke herab, und sie verloren keine Zeit und kletterten so schnell sie konnten das Fallreep hinauf.

Als alle vierzehn wohlbehalten an Bord waren, drehte die *Keppel* wieder ab und mit ihr die *Sabre*, während der dritte Zerstörer, die aus Kanada stammende *Ottawa*, bei der nun schon voll auf der Seite liegenden und halb gesunkenen *Trevisa* zurückblieb. Um 8.21 Uhr gab sie an den Kommandanten des britischen Küstenschutzes den Funkspruch durch: »*Trevisa* kieloben, fünf Fuß über Wasser, schlage Versenkung vor ...« Für die Geschützbedienungen der *Ottawa* bedurfte es keiner besonderen Anstrengung, das aufgegebene Schiff ganz auf den Grund der mitleidigen See zu bohren. Sie sank auf Position 57° 28′ N, 20° 30′ W. Ein Vierteljahrhundert lang hatte sie ihre Ladungen im Süßwasser der Großen Seen hin- und hertransportiert, und nun hatte sie ihr fernes Grab im tiefen, salzigen Mittelatlantik gefunden. Sechs Männer nahm sie mit sich hinab.

An Bord der *Keppel* wurden die Geretteten schnell vom Schiffsarzt untersucht. Niemandem war ein Knochen gebrochen. Er verschrieb ihnen ein heißes Bad und Bettruhe. Offiziere und Mannschaften des Zerstörers rückten gern zusammen, um ihren neuen Gästen eine bequeme Unterkunft zu bieten.

Gerettet, komfortabel untergebracht und dazu noch zum Müßiggang verurteilt. Auf der *Trevisa* hatten sie ihre Arbeit getan, aber ihr Engagement war am 16. Oktober 1940 um die Stunde beendet, da sich die Wellen über ihrem Schiff schlossen. Auf den meisten Schiffen galt die Regel, daß vielleicht der eine oder andere Offizier weiterhin im Dienst bleiben konnte; doch für die einfachen Matrosen bedeutete der Verlust ihres Schiffes den Verlust des Arbeitsplatzes — und damit der Heuer.

Das waren die unwägbaren Bedingungen, unter denen Englands Matrosen der Handelsmarine in jener Zeit ihren loyalen Beitrag zur Kriegsführung leisteten.

Am gleichen 16. Oktober kämpfte sich Hunderte Meilen nordöstlich entfernt das andere Süßwasser-Schiff der Großen Seen, das ebenfalls den Anschluß an den Geleitzug verloren hatte, entschlossen in Richtung auf die englische Küste vor.

Die *Eaglescliffe Hall* war nur halb so alt wie die *Trevisa* und mit 1900 Tonnen um hundert Tonnen größer als sie, aber die Hindernisse, mit denen sie fertig zu werden hatte, waren ziemlich die gleichen, wenn nicht noch größer. Ihr dreizylindriger Kolbenmotor brachte es auf bloße 81 Pferdestärken, die dazu geeignet waren, das Schiff über ruhige Binnengewässer an sein Ziel zu bringen. Die Anstrengung, auf hoher See bei sieben Knoten Geschwindigkeit bei einem Geleitzug mitzuhalten, hatte sich als zu groß herausgestellt. Stück für Stück war sie zurückgefallen, weil es Schwierigkeiten beim Kurshalten, mit der Maschine und mit der Dampferzeugung gab, und schließlich mußte sie sogar ganz stoppen. Zwar gelang es der Besatzung, die Probleme mit der Zeit in den Griff zu bekommen, aber der Geleitzug war inzwischen längst aus dem Blickfeld verschwunden.

Als sich Kapitän Charles Madsen allein auf dem Atlantischen Ozean und ohne jede Hoffnung auf ein Einholen des SC 7 fand, befolgte er seine eigenen Ratschläge. Zwar war er gerade erst Anfang Vierzig, aber doch schon ein erfahrener Kapitän, der praktisch mit allen Arten von Frachtern die Weltmeere befahren hatte. Noch besser für ihn: er kannte den Nordatlantik wie seine Westentasche. Trotz aller Gefahren, die der Ozean für ihn noch bereithalten sollte, wußte er, daß es für die *Eaglescliffe Hall* mit ihren begrenzten Möglichkeiten nur eine Chance gab, ans Ziel zu kommen, und zwar über die kürzeste Route. Dementsprechend richtete er den Kurs direkt auf den Butt of Lewis.

Diesen Kurs hielt die *Eaglescliffe Hall* nun seit fünf Tagen. Wie die *Trevisa* war das ebenfalls aus Montreal stammende Schiff bis obenhin mit Holz beladen. Ihre einzige Bewaffnung bestand aus einem Thompson-Geschütz, das in Sydney in Einzelteilen und mit schriftlicher Gebrauchsanweisung an Bord gehievt worden war. Dazu gab es wenig Munition. Mit Mühe und Not hatte man das Geschütz zusammenmontiert, aber mehr als ein paar kleine Mückenstiche würden sie mit ihr wohl kaum austeilen können.

Kapitän Madsen hatte, seit sie von Sydney ausgelaufen waren, das Ruderhaus weder am Tag noch nachts verlassen, und das war jetzt fast zwei Wochen her. Auch in den frühen düsteren Stunden des 17. Oktober war er dort und beobachtete aufmerksam die See. Plötzlich entdeckte er tief im Wasser an Backbord eine mysteriöse Erscheinung, die mit beträchtlicher Geschwindigkeit die *Eaglescliffe Hall* überholte. Einen Augenblick wollte ihm das Herz stehenbleiben; denn es konnte sich nur um ein aufgetauchtes U-Boot handeln, das sich mit seinen schnellen Dieselmotoren vorwärtsbewegte. Doch die nächsten spannungsvollen Minuten brachten von dem gefährlichen Marodeur kein weiteres Zeichen mehr. Zu ihrer großen Erleichterung waren sie von den Deutschen entweder nicht entdeckt worden, oder das U-Boot hatte einen dickeren Fisch an der Angel gehabt.

Kurz darauf tauchte ein anderes Gefährt aus der Dunkelheit auf, diesmal die Umrisse eines großen Dampfers, der die *Eaglescliffe Hall* an Steuerbord überholte, und zwar so nahe, daß Kapitän Madsen ihn sogleich als die *Aenos*, einen der beiden Griechen, identifizieren konnte. Ihm war nicht bekannt, daß sie ebenfalls zum Geleitzug gehörte und diesen verloren hatte. Er erkannte sie an ihrem, einen Schnellsegler nachempfundenen Vordersteven, außerdem war ihm das dreißig Jahre alte Schiff noch aus einer Zeit bekannt, da es unter seinem Originalnamen *Cedar Branch* lief.

Die *Aenos* hatte etwa die doppelte Tonnage der *Eaglescliffe Hall*, war entsprechend stärker und mit ihrer Getreideladung schon bald wieder in der Nacht verschwunden.

Diese Nacht ging ruhig zu Ende. Als die Morgendämmerung hereinbrach, war rundherum kein weiteres Schiff auszumachen. Doch ein paar Stunden später kam Gesellschaft hinzu, und zwar aus der Luft: ein Aufklärungsflugzeug des britischen Küstenkommandos. Tief über ihnen kreisend, gab es Lichtsignale: »Rettungsboote, Flöße und Seeleute in Not, 25 Meilen voraus!«

Es war 10.20 Uhr. Kapitän Madsen wies seinen Ersten Ingenieur an, alles aus seinen Maschinen herauszuholen, was möglich war, bis er tatsächlich seine sieben Knoten erreicht hatte. Nach drei Stunden Volldampf voraus sichteten sie zwei Rettungsboote, zwei Flöße und ein paar herumtreibende Wrackteile – die Reste eines ehemals 3500 Tonnen großen Dampfers. Laut Logbuch fischten Kapitän Madsen und seine Männer um 13.45 Uhr auf Position 58° 56′ N, 13° 03′ W fünfundzwanzig Überlebende, zum Teil vom Schock gezeichnete Besatzungsmitglieder der *Aenos* aus dem Wasser.

Kapitän Laskarides erzählte erschöpft und so gut es ihm sein gebrochenes Englisch erlaubte, wie sein Schiff torpediert worden war und dabei drei Männer durch die Explosion im Maschinenraum getötet worden seien. Nachdem sie die *Aenos* verlassen, das angeschlagene Schiff aber keine Anstalten gemacht habe, zu sinken, habe das U-Boot mit Geschützfeuer das Werk vollendet. Das Schiff sei um 8.30 Uhr untergegangen. Er und seine Männer seien nun gute fünf Stunden lang in den vollgeschlagenen Rettungsbooten und auf den Flößen herumgetrieben.

Es schien klar zu sein, daß jenes U-Boot die *Aenos* auf dem Gewissen hatte, das in der Nacht an der *Eaglescliffe Hall* vorbeigeschlichen war. Die unglückliche *Aenos* hatte es erwischt, sie war dem U-Boot praktisch vor die tödlichen ›Aale‹ gefahren. Danach war es offenbar schnell von der Szene verschwunden, nachdem es das Aufklärungsflugzeug gesichtet hatte. Ohne das Auftauchen des Flugzeugs wäre die *Eaglescliffe Hall* sicher das nächste Opfer des U-Boots geworden.

Doch diesmal hatte ihr das Glück gelacht. Nachdem man die ausgepumpten Griechen an Bord genommen hatte, steuerte Kapitän Madsen auf einen Kurs, der sie an den Hebriden vorbei nach Barra Head bringen sollte, wobei er gleichzeitig hoffte, weiteren Angriffen zu entgehen und näher unter Land zu sein, falls doch noch Zwischenfälle auftreten sollten.

Die Griechen hatten, von den Geschützen der Deutschen noch direkt bedroht, keine Sekunde Zeit mehr gehabt, sich umzugucken und praktisch nur bei sich, was sie anhatten, dazu ein paar Wertsachen wie Armbanduhren und Portemonnaies. Sie standen noch direkt unter Schockeinfluß und waren reichlich verwirrt, daß ihnen so etwas überhaupt passieren konnte: Sie hatten offenbar noch gar nicht begriffen, was Krieg bedeutete. Sie bewegte nur ein Wunsch: möglichst weit weg zu sein von diesem Ort tödlicher Bedrohung.

Als die *Eaglescliffe Hall* sich Meile um Meile langsam weiterkämpfte, warteten alle zitternd und ängstlich darauf, Land in Sicht zu haben. Als es soweit war — sie erkannten im Dunst die zerklüfteten Inseln von St. Kilda —, da waren sie vor freudiger Erleichterung den Tränen nah. Aber als sie zu ihrer Enttäuschung erfuhren, daß die *Eaglescliffe Hall* keineswegs dort anzulegen plante, gerieten sie völlig aus der Fassung; denn alles, was sie sich in ihrer Verzweiflung wünschten, war, wieder festen Boden unter die Füße zu kriegen und dem Wasser zu entkommen, ehe der nächste Torpedo auf sie zuschoß. Also wurde eine Abordnung bei Kapitän Madsen vorstellig mit der Bitte, sie auf St. Kilda an Land zu setzen. Es schien ihnen nicht bekannt oder gleichgültig zu sein, daß diese armselige Inselgruppe derzeit völlig unbewohnt war: Die wenigen Bewohner, die es dort überhaupt noch ausgehalten hatten, waren bereits vor einigen Jahren nach Schottland evakuiert worden. So versuchte denn der Kapitän den Bittstellern zu erklären, was sie erwartete, wenn er sie dort an Land setzte. Sie würden dort eine lange Wartezeit zu überbrücken haben, bis sie wieder eine Menschenseele treffen würden; darüber hinaus sei die Frage ungeklärt, wie sie sich am Leben erhalten wollten. Er werde mit seinem Schiff jedenfalls weiterfahren; denn sein Zielort sei Clyde.

Daraufhin klappten nicht wenige Griechen regelrecht zusammen; manche konnten ein Schluchzen nicht unterdrükken. Mit Tränen in den Augen erklärten sie, daß sie einfach nicht mehr könnten. In diesem Moment könne ihnen schon wieder ein U-Boot auf der Spur sein und ihnen jenes nasse Grab bereiten, dem sie gerade erst entflohen seien. Aber Kapitän Madsen blieb ungerührt. Zwischen dem Bestimmungsort Clyde und der möglichen Begegnung mit dem Feind gab es keine dritte Wahl. Sein Schiff werde Kurs halten. Sie mußten sich fügen, und ihre Sorgen blieben.

Der Kapitän sah sich nun dem letzten Stück seiner gefährlichen Fahrt gegenüber, und er ging es mit grimmiger Entschlossenheit an. Die *Eaglescliffe Hall* würde, ohne Schaden zu nehmen, mitsamt ihrer ganzen Mannschaft und den aufgefischten Überlebenden der *Aenos* in die Rothesay-Bucht einlaufen.

Obwohl es ihnen kaum glaublich erschien: Ihr kleiner Süßwasser-Kahn schaffte es tatsächlich; seine Maschinen hielten bis zum letzten Moment durch. Am 19. Oktober 1940 lief die *Eaglescliffe Hall* heil in den Hafen ein, tauchte einfach aus dem Dunkel unangekündigt an ihrem Ziel auf.

Doch am anderen Morgen sah alles ganz anders aus. Als sie nämlich von ihrem Ankerplatz in der Bucht zum Anlegeplatz am Gourock-Pier fuhr, wurde sie mit Hurra-Rufen und einem ganzen Konzert von Schiffshörnern herzlich begrüßt.

Zu langsam für Aufgaben außerhalb ihres eigentlichen Wirkungsbereiches? Langsam schon, aber verdammt sicher!

5.

Gejagt

Samstag, 12. Oktober. Zwei Tage nach dem Verschwinden der beiden See-Schiffe und der beiden Griechen stampfte der SC 7-Geleitzug weiter durch schwere See. Brecher um Brecher gingen über, und die Schiffe rollten und krängten. Das dauerte die ganze Nacht und den folgenden Morgen über. Doch trotz der wenig einladenden Bedingungen ließ der Geleitzug-Kommandant weiterhin ein Flaggensignal ums andere heißen, eine Reihe Schiffe ihre Position verändern und weitere Manöver ausführen.

Während des Nachmittags begann der Wind abzuflauen, und das Fortkommen wurde wieder etwas leichter. Nur noch tausend verdammte Meilen, immer schnurgeradeaus!

Sonntag, 13. Oktober. Es goß in Strömen, das Barometer fiel wieder einmal in den Keller; doch sie schafften ihre konstanten sieben Knoten, nachdem sie in den vergangenen

Tagen damit zu kämpfen gehabt hatten, gerade sechs Knoten zu halten. Mittags befanden sie sich auf Position 55° 59' N, 32° 48' W, und der Konvoi hielt einen genau festgelegten Zick-zack-Kurs. Ab der folgenden Nacht würden sie in die Gefahrenzone gelangen; entsprechende Vorsichtsmaßnahmen mußten ergriffen werden.

An Bord wurde viel und wild darüber spekuliert, wann die einzelnen Schiffe wohl in ihren Bestimmungshäfen einlaufen würden. Die glücklicheren waren jene, deren Fahrt in Rothesay enden würde — im Gegensatz zu denen, die noch zu Häfen an der Ostküste dampfen mußten. Die Schiffe nach Rothesay würden am späten Freitagabend oder frühen Samstagmorgen dort einlaufen — aber das hing noch von so einigem ab: dem Wetter, den feindlichen U-Booten und Flugzeugen und vielem anderen.

Der Geleitzug hielt die ganze Nacht seinen einmal eingeschlagenen Zick-zack-Kurs.

Montag, 14. Oktober. Ihre Position lag bei 30° W. Es ging direkt auf die Britischen Inseln zu — ›direkt‹ mit der Einschränkung, daß man natürlich immer noch mächtige Zick-zack-Bewegungen machte, so daß jedes Schiff alle zehn Minuten abrupt seinen Kurs zu wechseln hatte.

Der Wind hatte etwas nachgelassen, die Sonne kam bisweilen durch. Nur hin und wieder ging ein Brecher über Deck.

Einige der mit Holz beladenen Schiffe fingen nun schon merklich an zu krängen, hielten sich aber weiterhin gut. Die täglichen Manöver wurden zur Gewohnheit; der Signalaustausch ging schnell vonstatten, und dem Admiral a. D. auf der *Assyrian* war es gelungen, aus ihnen eine Formation zu machen, als wären sie ein Kriegsflotten-Verband.

Sie waren nördlicher als je zuvor, hatten 57° N bereits überschritten, blieben aber demnach auf nördlichem Kurs. Noch war es nicht zu kalt.

Dienstag, 15. Oktober. Der Geleitzug bewegte sich weiter dwärts Richtung Island, und man fing an, das am Wetter zu merken. Himmel und See waren grau, der Wind war eisig. Sie waren jetzt auf 58° N, 25° W.

Eine gute Kunde brachte der Tag: Eines der zurückgefallenen Schiffe hatte es geschafft, den Verband wieder einzuholen: die griechische *Niritos*. Sie hatte Schwefel geladen. Das robuste alte Trampschiff hatte ihre Laufbahn als britischer Dampfer — aus West Hartlepool — begonnen. Das war dreißig Jahre her. Mittlerweile trug sie ihren dritten Namen.

Von dem anderen vermißten Griechen gab es indessen kein weiteres Zeichen. Auch die beiden Binnensee-Schiffe blieben verschwunden. Kaum einer machte sich große Hoffnungen, sie im Verband noch einmal wiederzusehen.

Der Geleitzug dampfte stetig voran. Vorneweg suchte die *Scarborough* ihren Weg, in ständigem Kontakt mit den Spitzen der jeweiligen Kolonnen, so, als hingen sie an einem unsichtbaren Band zusammen.

Am Nachmittag setzte der Geleitzug-Kommandant ein Warnsignal: »Verschärfter Ausguck nach U-Booten achteraus!« Sie mußten nun besonders auf der Hut sein vor Unterseebooten, die ihren Konvoi beschatteten.

Am Abend setzte wieder ein besonders kompliziertes Zick-zack-Manöver ein. Kurz nach Mitternacht begegneten sie einem nach Amerika auslaufenden Verband, der gerade noch in Sichtweite war und jene Gefahrenzone verließ, in die sich der SC 7 nun begab. Schiffe, die sich nachts begegnen . . .

Mittwoch, 16. Oktober. Ein freundlicher, sonniger Morgen, an dem ein sehr kalter Wind blies. Doch an Bord der *Assyrian* und der anderen Schiffe, die den Notruf von der *Trevisa* aufgefangen hatten, tröstete man sich damit, daß die Schiffbrüchigen dort unten im Süden jedenfalls nicht mit dieser eisigen Kälte zu kämpfen hätten. Bedauerlicherweise erkannten aber nicht einmal alle Funker, von welchem Schiff aus der Notruf ausgegangen war, daß es eines ihrer Binnensee-Schiffe getroffen hatte — sie nahmen die Signale, wie so viele andere, einfach hin; von ihnen gab es die lange

Nacht über genug. Auf der *Assyrian* aber wußten sie nur zu genau Bescheid. Mit reichlich gemischten Gefühlen nahm daher Admiral a. D. MacKinnon seine Schiffsliste zur Hand und strich den Namen *Trevisa* aus. Sie war das erste Schiff im Geleitzug, das durch Feindeinwirkung verloren gegangen war. Einer mußte das erste Opfer sein, und er war darauf vorbereitet gewesen, seit sie in See gegangen waren. Aber nun, nachdem es geschehen war, war es dennoch nicht leichter zu akzeptieren. Jedes Schiff, auch der dreckigste und am meisten heruntergekommene Kahn, war etwas Lebendiges, barg Leben — ganz abgesehen von der großen Bedeutung, die seine Ladung für die britischen Kriegsanstrengungen besaß —, und die Mannschaft der *Trevisa* war eben keine statistische Größe allein, sondern eine Gruppe menschlicher Individuen. Welches Schicksal hatten sie nun erlitten?

Gegen Mittag erreichte der Konvoi den nördlichsten Punkt seiner Reise, 59° 31′ N, 21° 39′ W. Von jetzt an würde ihr Kurs einer weiten Kurve nach Südosten folgen. Dieser Marsch in östlicher Richtung würde um vieles schneller vonstatten gehen als der nach Norden.

Am späten Nachmittag kam weit entfernt an Backbord ein einsames Schiff in Sicht. Als es querab von ihnen dampfte, zeigte sich plötzlich gleich hinter ihm ein Regenbogen. Ein seltener, wie von Zauberhand bewirkter Anblick, der manchem vielleicht wie ein Omen, ein Vorzeichen auf kommende Ereignisse erschienen sein mag — Seeleute sind nun einmal abergläubisch.

Plötzlich sah man eine Signallampe in Richtung Norden herüberblitzen, und als die Sonne langsam hinter dem Horizont verschwand, konnten die erleichterten Mannschaften freudig die Silhouetten zweier kleiner Kriegsschiffe begrüßen, die auf sie zuhielten. Waren es Patrouillenboote des nördlichen Bereichs, oder handelte es sich um die langersehnte Geleitzug-Eskorte?

Sie wurden nicht mehr lange im Zweifel gehalten.

Die Korvette *Bluebell* und das Geleitboot *Fowey* waren ausgelaufen, um den Konvoi plangemäß gegen 21 Uhr zu treffen, hatten den SC 7 aber bereits um 18 Uhr erreicht. Bis dahin hatten sie einen auslaufenden Verband begleitet, schlossen sich nun aber dem SC 7 an.

Fregattenkapitän Dickinson von der *Scarborough* übernahm das Kommando und wies den beiden Neuankömmlingen ihre Positionen zu. Die *Scarborough* selbst operierte am Backbord-Flügel des Geleitzugs, die *Fowey* an Steuerbord und die *Bluebell* achtern.

Für die Handelsfahrer war es ein erhebender Anblick nun gleich von drei Schiffen, die auch zurückzubeißen vermochten, beschützt zu werden. Aber vielleicht wären sie nicht ganz so angetan gewesen, wenn sie gewußt hätten, daß die *Fowey* bereits eine ganze Anzahl von Überlebenden an Bord hatte, deren Schiffe einem U-Boot-Angriff zum Opfer gefallen waren. Es handelte sich dabei um die gesamte Mannschaft des 9000-Tonnen-Dampfers *Hurunui*, der einer neuseeländischen Schiffskompanie gehörte und zwei Tage zuvor aus dem auslaufenden Konvoi herausgeschossen worden war. Ein paar dieser Männer standen an Deck der *Fowey* und schauten besorgt auf die Szene. Gerade ihrem feuchten Grab entflohen, gehörten sie erneut zu einem Verband, der die U-Boote auf sich zog und der noch so manche gefährliche Meile vor sich hatte.

Die *Fowey* war genauso groß wie die *Scarborough* und im selben Jahr, nämlich 1930, vom Stapel gelaufen. Doch anders als die *Scarborough* war sie nicht für Vermessungsarbeiten bestimmt und ausgerüstet worden, sondern diente verschiedenen Zwecken: als Geleitboot, Minenwerfer und Admiralsjacht. Ihre angenehme Aufgabe zu Friedenszeiten hatte darin bestanden, als Kanonenboot im Persischen Golf zu kreuzen. Nach Kriegsausbruch war sie in den Atlantik abkommandiert worden.

Getarnt, mit 10-cm-Geschützen auf dem Vorderdeck und achtern ausgerüstet, sah die *Fowey* sehr zweckmäßig hergerichtet aus. Überraschung löste sie jedesmal aus, wenn man die Aufschriften an Back- und Steuerbordwand sah — dort stand nämlich groß und deutlich zu lesen: ›U 15‹. Und manchmal blieb einem Ausguck vor Überraschung auch das

Herz für ein, zwei Schläge stehen; denn die Tarnung war tatsächlich täuschend echt. So konnte man sich leicht vorstellen, daß ein Handelsschiff die *Fowey* sogar fast schon einmal gerammt hätte, weil sie sie für ein feindliches U-Boot gehalten hatte. Jene Leute, die für diese Art Kennzeichnungen auf manchen britischen Kriegsschiffen verantwortlich waren, schienen keine rechte Ahnung davon zu haben, was dieser Anblick an Argwohn und Schrecken unter den Seeleuten auslösen konnte, vor allem wenn sie ohnehin schon gegen Dunkelheit und schlechtes Wetter anzukämpfen hatten.

Die *Bluebell* dagegen war ein ganz anderes Schiff; eine erst fünf Monate alte Korvette, eine aus der neuen, fremdartigen Generation von Kriegsschiffen, die jetzt dem Seekrieg im Atlantik ihren Stempel aufdrücken sollten. Die Korvetten waren aus dem Trawler weiterentwickelt worden und sollten für den Küstenschutz eingesetzt werden. Da es jedoch einen verzweifelten Mangel an Hochsee-Eskorten gab, hatte man sie praktisch über Nacht mit Aufgaben betraut, für die sie niemals vorgesehen und entsprechend ausgebaut worden waren — »ohne Hut und Mantel in den Regen geschickt«, wie ein Marinekritiker einmal zornig anmerkte. Und es konnte einen schon schwindlig machen, wenn man die Korvetten in schwerer See beobachtete. Wie die Trawler, schnitten sie die Wellen nicht, sondern ritten praktisch auf ihnen. Sie tanzten und schwebten oben auf dem Wellenberg, saßen und drehten sich auf ihnen wie ein Flaschenkorken und stürzten sich dann in das nächste Wellental, daß einem angst und bange werden konnte. Aber sie überstanden so die allerschwersten Seen. Sogar etwas schlanker als die Geleitboote gebaut, waren sie äußerst manövrierfähig und schafften eine Höchstgeschwindigkeit von ungefähr fünfzehn Knoten. Die *Bluebell* war mit einer 10-cm-Kanone, Lewis-Maschinengewehren und, am allerwichtigsten, mit dem neuen Typ des Asdic-Geräts ausgestattet — während die *Fowey* nur über den Vorgängertyp verfügte.

Es gab einen weiteren bedeutsamen Unterschied zwischen

der *Fowey* und der *Bluebell*. Während das Geleitboot von einem Leutnant der Kriegsmarine kommandiert wurde und über eine großenteils kriegsmäßig ausgebildete Crew verfügte, war der Kommandant der *Bluebell* ein Handelsoffizier der Royal Naval Reserve, dessen Mannschaft zum größten Teil aus kriegsunerfahrenen Matrosen bestand. Dagegen hatte die Tatsache, daß die Korvettenkapitäne Robert Aubrey von der *Fowey* und Robert Evan Sherwood von der *Bluebell* sich nie begegnet waren, wenig zu bedeuten. Die Kommandanten jener Eskorten, die zu diesem Zeitpunkt vor den westlichen Zugängen der Britischen Inseln operierten, kannten sich zum größten Teil nicht persönlich. Es hatte weder Sonderübungen für den gemeinsamen Einsatz zur U-Boot-Abwehr noch allgemeine Einsatzpläne gegeben. Jeder Geleitschutz operierte unabhängig von den anderen Booten. Sie eskortierten die Konvois hinaus ins offene Meer, erhielten über Funk Instruktionen vom Einsatzkommando in Liverpool, nach denen sie wieder abzudrehen und sich einem einlaufenden Konvoi an einer bestimmten Position anzuschließen und ihn zu begleiten hätten. Dann nahmen sie den befohlenen Kurs und waren glücklich, wenn sie den neuen Verband gefunden hatten — denn der hatte zwischendurch nicht selten seine Position verändert. Auch wußten sie nie, mit welchen und wie vielen anderen Kriegsschiffen sie zusammentreffen und die gestellte Aufgabe gemeinsam durchführen würden. Erreichten sie den Konvoi, erhielten sie von dem jeweils größeren Schiff ihre Position zugewiesen. Diese Kommandogewalt konnte sich im Laufe der Zeit auch noch mehrfach ändern, je nachdem, ob sich ein noch größeres Kriegsschiff ihnen anschloß.

Auf diese Weise vollzog sich auch der Zusammenschluß der beiden Neuankömmlinge mit dem SC 7 in den späten Stunden des 16. Oktober. Für sie war es ein weiterer Konvoi unter den vielen, die sie hinaus- bzw. hineinbegleitet hatten, und so würde es immer und immer weitergehen, bis ihr Schiff ins Dock mußte. Was den SC 7 betraf, so würden sie im ganzen etwa vier Tage und vier Nächte mit ihm verbunden bleiben — kaum Zeit genug, auch nur den Namen irgendeines einzelnen Schiffs kennenzulernen. So lief das eben ab, und es gab keinen Grund anzunehmen, daß es mit diesem Geleitzug aus langsamen und alten Frachtern anders werden würde.

Die Kommandanten beider Geleitschiffe hatten, so verschieden sie sein mochten, sich beide doch ganz der See verschrieben, waren schon in jungen Jahren in die Marine eingetreten.

Korvettenkapitän Aubrey von der *Fowey* war ein erfahrener Marineoffizier von jetzt einunddreißig Jahren, ein gut gewachsener Mann mit breiten Schultern und von großer Entschlossenheit. Er hatte das Royal Navy College in Dartmouth besucht und war seit 1926 auf See. Vor der *Fowey* hatte er das Leitboot einer Zerstörer-Flottille kommandiert und war schon in eine ganze Reihe von Kämpfen verwickelt gewesen, unter anderem vor Norwegen. Er war der Typ Mann und pflichtbewußte Marineoffizier, der sich bei seinen Untergebenen leicht Respekt verschaffen konnte, selbst dann, wenn sie mit seinen persönlichen Ansichten nicht übereinstimmten. Sie sahen es als eine wertvolle Erfahrung an, mit ihm zusammenzuarbeiten.

Aubrey war das, was man einen ›Seebär‹ nennt: verachtungsvoll gegenüber ›Spezialisten‹ aller Art, vor allem, wenn es um den Umgang mit Schiffen ging; ein Heißsporn und Kämpfer, ein Mann schnellen, entschlossenen Handelns. Jeden Morgen ließ er seine Offiziere auf dem Bootsdeck antreten und sie ›ihre Geschichte erzählen‹ — womit gemeint war: Sie sollten Bericht erstatten, was sie seit der letzten Besprechung unternommen hatten, damit er herausbekam, was alles *nicht* passiert war. Seine bündigen Kommentare würden allen stets im Gedächtnis bleiben: »Zögern ist Zeitverschwendung.« »Nie freiwillig eine Information geben.« »Da haben Sie wohl gefehlt.« »Ich will nicht wissen, was Sie gemacht haben, sondern was Sie *richtig* gemacht haben.« »Faß mal 'nem Fisch an die Titten.« Etwas ungehobelt und dazu streitlustig, war Aubrey doch stets fair zu seinen Männern, mal anmaßend, ein andermal leutselig, aber nie ungerecht. Außerdem hatte er noch eine Leidenschaft: Er sang gern lauthals komische Lieder, schlug sich dazu im Takt auf die Schenkel und lachte am lautesten über sich selber.

Korvettenkapitän Sherwood von der *Bluebell* war der Sohn eines Handelsmarinekapitäns, stämmig, bärtig und mit hellen Augen. Er war dreiunddreißig Jahre alt und mit fünfzehn zum erstenmal auf See gewesen. Auf verschiedenen an der Ostküste kreuzenden Schiffen hatte er es vom Maat zum Kapitän gebracht. Von 1935 an war er dann Offizier und schließlich Kapitän auf Dampfern der Holyhead-Dublin-Linie gewesen.

Als der Krieg ausbrach, übernahm Sherwood zunächst Kommandos auf Trawlern, die vor Dover Patrouille fuhren. Im Mai 1940 verließ er Dover und hielt sich für die *Bluebell* in Bereitschaft, die gerade als eine der ersten Korvetten ihrer Art vor der Fertigstellung stand. Später wurde er nach Dünkirchen beordert, um das gemeinsame Rettungswerk zu unterstützen! Dort befehligte er einen Schlepper, mit dem er Hunderte erschöpfter Soldaten an der Küste aufsammelte und heil nach Ramsgate hinüberschaffte. Als er nach Clyde zurückkehrte, war die *Bluebell* mittlerweile vom Stapel gelaufen. Ende August ging er an Bord und übernahm das Kommando. War die Korvette seitdem auch erst zwei Monate im Einsatz, so hatte sie doch schon einen großen Teil davon auf See zugebracht. Nach einwöchigem ›Eingewöhnen‹ unter Manöverbedingungen in Tobermory, hatte sie bereits begonnen, Geleitzug-Eskorten von Methil rund um die schottische Nordspitze in den Atlantik zu fahren und dort nach England gehende wieder in Empfang zu nehmen.

Sherwood verließ niemals die Brücke der *Bluebell*, wo er auch schlief: Im Asdic-Raum hing eine Hängematte für ihn. Er war ein beweglicher, Vertrauen ausstrahlender Kommandant und verfügte über eine gute Portion Sinn für Humor. Das hinderte ihn nicht daran, die Zügel stets fest zu halten; denn anders als auf dem Geleitboot, dessen Mannschaft aus Berufssoldaten bestand, war die *Bluebell*-Crew ziemlich frisch zusammengewürfelt. Drei Viertel von ihr waren zum Krieg eingezogene Matrosen, die gerade ihre Ausbildung hinter sich hatten; die *Bluebell* war ihr erstes Schiff. Nur eine Handvoll erfahrener Matrosengefreiter und Maate befand sich unter ihnen, dazu der Rudergänger, ein reaktivierter Marineoffizier. Die paar Männer hatten nun dafür zu sorgen, daß der größere Rest der Mannschaft etwas vom rechten Geist einer Schiffscrew mitbekam.

Erster Offizier der *Bluebell* war ein Kapitänleutnant, dessen Vorkriegserfahrungen sich praktisch darin erschöpften, daß er die Ostküste hinauf- und hinuntergefahren war, während die zwei aus Kanada stammenden Leutnants direkt aus der Ausbildung kamen.

So stand es um die *Fowey* und die *Bluebell*. Aber außer auf dem Leitschiff und auf der *Scarborough* hatte man im ganzen Geleitzug noch keine Kenntnis von ihren Namen genommen. Das würde sich jedoch schon bald ändern.

Donnerstag, 17. Oktober. Auf der *Corinthic* saß der Zweite Funkoffizier, der neunzehnjährige Henry Simpson aus Aberdeen, in der Funkbude und hielt Wache. Es waren die toten Stunden nach Mitternacht, in denen nie viel los war. So konnte er sich seinen bösen Vorahnungen hingeben, und die drehten sich um das Datum des Tages. Seine letzte Fahrt zur See hatte nur wenige Tage gedauert, ehe sein Schiff von einem Torpedo getroffen worden war — und zwar an einem 17. Zweifellos schien ihn diese Zahl zu verfolgen. Er war am 17. April an Bord gegangen, am 17. Juli torpediert worden, und auf die *Corinthic* war er am 17. August gekommen. Und jetzt, in den frühen Stunden des 17. Oktober, erfüllten ihn deswegen schlimme Befürchtungen. Er war schon den Abend zuvor sehr nervös gewesen, hatte sich gar nicht entschließen können, in seine Koje zu klettern — und als er es endlich tat, blieb er in voller Montur.

Kurz bevor Henrys Wache um Mitternacht begann, hatte Kenneth Howell, der Erste Funkoffizier, einen ziemlich entfernten Funkspruch aufgefangen, in dem vor einem U-Boot weit voraus gewarnt wurde. Halb belustigt hatte er daraufhin dem sorgenumwölkten Henry aufgetragen, gegen drei Uhr in der Nacht besonders intensiv aufzupassen — für diesen Zeitpunkt hatte er aufgrund der vorgegebenen Geschwindigkeiten und Entfernungen die mögliche Annäherung der Deutschen an ihren Konvoi berechnet.

Als der Konvoi nun ruhig durch die zufällig einmal monderleuchtete Nacht vorwärtsdampfte, klebte Henry Simpson geradezu an seinem Funkgerät. So ging es auch seinen Kameraden in den Funkräumen der anderen Schiffe. Wer aber keine Wache hatte, döste geruhsam in seiner Koje. Von allen Brücken herab suchten aufmerksame Augen die Dunkelheit nach verdächtigen Schatten ab. Das Wetter blieb klar, und die Sicht war sehr gut. Die wenigen Wolken am Himmel konnten nicht verhindern, daß der Verband immer wieder ins volle Mondlicht geriet.

Es herrschte absolute Stille. Auf die Ausgucke wirkte die Szene, wie da ihr Konvoi sich ganz allein durch die stille Nacht bewegte, fast hypnotisierend. Aber sie waren nicht allein. Sie wußten nur nicht, daß der erste »Jäger« bereits in der Nähe war. Auf seinem Turm leuchtete das Emblem einer buckelnden Katze mit glühenden Augen. Sie wartete auf ihre Beute.

In den ersten Stunden der Dunkelheit, noch vor Mitternacht, hatte U 48, eines der neuen, großen, atlantiktüchtigen Unterseeboote, unter dem Kommando des Kapitänleutnants Heinrich Bleichrodt aufgetaucht seinen Weg gesucht und sich nach einem schweren Nordwest-Sturm an der sanften See erfreut. Die Brückenwache mußte nicht einmal mehr Schwimmwesten tragen. Die Stimmung im silbernen Mondlicht glich eher eine Manöverausfahrt in Friedenszeiten als einer Patrouille zu kriegerischen Zwecken, zur Suche nach den Fahrrinnen feindlicher Geleitzüge. Doch in Bruchteilen von Sekunden sah alles ganz anders aus.

»Schatten voraus!« meldete die Wache nach unten. In wenigen Sekunden war Kapitänleutnant Bleichrodt auf der Brücke und sah nun selbst an Steuerbord voraus eine Reihe schwach erkennbarer Schatten. Mit großer Fahrt voraus brachte er sein Boot näher an die Schatten heran und befahl die Mannschaften auf Gefechtsstationen. Der Eins WO (Erste Wachoffizier) und der Zwei WO bezogen auf der Brücke Position. Alle konnten sie nun erkennen, daß ihnen ein ansehnlicher Geleitzug vor die Rohre gelaufen war. Sie zählten mehr als dreißig Schiffe, deren Rauchsäulen sich gegen den Himmel klar abzeichneten.

Bleichrodt brachte sein Boot näher an den Konvoi heran. Nun konnten die Deutschen auch die schattenhaften Umrisse des Geleitschiffes ausmachen. Bleichrodt befahl sein U-Boot auf Parallel-Kurs und folgte jeder Bewegung, die der Konvoi machte. Im Zick-zack-Kurs ging es in gleicher Geschwindigkeit ostwärts voran.

Standort und Kurs seiner vielversprechenden Beute funkte U 48 nach Lorient.

Inzwischen hatten die Männer vom Turm aus die Bewegungen der drei Geleitschiffe registriert. Das eine (die *Scarborough*), ging dem Geleitzug Backbord voraus; das andere (die *Fowey*) patrouillierte an Steuerbord, das dritte (die *Bluebell*) spielte achtern den ›Ausputzer‹. U 48 befand sich in einer hervorragenden Position: Es hatte den Geleitzug voll gegen das Mondlicht im Visier, so daß sich die Silhouetten der Schiffe klar abhoben während die Umrisse des kleinen Unterseeboots gegen den schwarzen Horizont nur schwer auszumachen waren.

Bleichrodt stand vor der Aufgabe, sein U-Boot über Wasser in richtige Zielposition zu bringen, ohne selber entdeckt zu werden. Das konnte ihm nur gelingen, wenn die *Scarborough* am weitest entfernten Punkt ihres Zick-zack-Kurses nach Steuerbord voraus und die *Bluebell* entsprechend nach achtern lag, wodurch der Backbord-Flügel für einige Zeit unbewacht blieb. Aber jedesmal, wenn U 48 auf sein Ziel zuzusteuern begann, änderte eines der beiden Geleitschiffe seinen Kurs und hielt auf das U-Boot zu, so daß es gezwungen war, wieder schnell beizudrehen, um nicht gesichtet zu werden.

Viel länger konnte Bleichrodt nicht mehr warten. Wenn erst die Dämmerung kam, mußte er sich zurückziehen und konnte dann den Geleitzug nur mehr beschatten, solange das Tageslicht anhielt, und dies auf eine Distanz, daß sein Boot unentdeckt ließ. Weiterhin suchte er ruhig sein Glück, als endlich der geeignete Moment da war und beide Geleitschiffe nach Steuerbord wegzogen. Über das Sprechrohr ging sein Kommando an die Mannschaft: »Klar Schiff zum Gefecht! Rohr eins bis drei klar!«

Jetzt hielt U 48 von Backbord her auf die erste Kolonne von Schiffen zu. Langsam schlich er sich dabei an; denn Bleichrodt wollte sich nicht durch die stark aufschäumende Hecksee verraten, wenn die Schraube zu schnell drehte. Der Eins WO war angewiesen, drei Torpedos auf drei verschiedene Ziele auszurichten, die sich dadurch, daß sie gestaffelt nebeneinander fuhren, praktisch überlappten und wie ein einziges riesiges Schiff erschienen.

Im Mondlicht zeichneten sich die Konturen des Geleitzugs weiterhin gut ab. Endlich war U 48 seinen Opfern auf eine Dreiviertelmeile nahegekommen. Bleichrodt gab das Kommando: »Erstes Rohr los!« und drehte dabei das Boot nach Steuerbord. Ein sanftes Zittern ging durch das Boot, als auch der zweite und dritte Torpedo die Rohre verließen und den Weg zu ihren Zielen suchten. Dann ging U 48 auf nordwestlichen Kurs und zog sich, zuerst mit langsamer, dann mit voller Kraft voraus aus dem Gefahrenbereich zurück. Die Stoppuhren in den Händen des Eins WO und des Zwei WO würden ihnen Auskunft geben, ob die ›Aale‹ ihre Ziele erreichten oder nicht.

Die *Scarborough* und die *Bluebell* hatten ihren Kurs wieder gewechselt und strebten dem Backbord-Flügel des Konvois zu. Die U-Boot-Mannschaft wartete weiter angespannt. Würden die Torpedos treffen? Würde U 48 weit genug aus der Gefahrenzone sein, wenn sie explodierten?

Dann sahen sie zwei Flammenblitze hochschießen. Kurz darauf hörten sie zwei stumpfe Detonationen über die See zu ihnen herüberrollen.

Kapitänleutnant Bleichrodt befahl: »Große Fahrt voraus!« Jetzt mußte er so schnell wie möglich von der Szene verschwinden und im Schutze der Nacht den Feind abzuschütteln versuchen. Der Funkoffizier fing SOS-Rufe auf dem 600-m-Band auf. Wegen des plötzlich ausbrechenden Funkverkehrs von allen Seiten war aber nicht auszumachen, von welchem Schiff oder von welchen Schiffen die Signale kamen. Von der Brücke seines U-Boots aus mußte Bleichrodt seine Männer ermahnen, nicht weiter auf die Flammen zu starren, die aus dem Geleitzug schlugen, sondern in der Dunkelheit nach möglichen Verfolgern Ausschau zu halten.

Es war genau 4 Uhr morgens, als die ersten von U 48 abgefeuerten Torpedos ihre Ziele trafen. Ganz nahe bei der *Corinthic* gab es achteraus eine heftige Explosion. Kaum waren die ersten Männer an Deck geklettert, folgte auch schon die ebenso fürchterliche zweite Explosion. Umgehend ließ der Geleitzug-Kommandant von der *Assyrian* aus Signale für einen Schwenk nach Steuerbord geben. Die Schiffe flüchteten aus dem Bereich, in dem der Angriff stattgefunden hatte.

Zwei Torpedos von U 48 hatten ihre Ziele gefunden. Der erste schlug in die Außenwand des großen Tankers *Languedoc* und ließ ihn wanken.

Vom zweiten Leitschiff, der *Scoresby*, beobachteten die Wachen an Steuerbord voraus den hellorangefarbenen Blitz der Explosion auf der *Languedoc*. Der Maat rief augenblicklich Kapitän Lawrence Zebedee Weatherhill auf die Brücke. Unter Deck sprang der Erste Offizier Ronald Coultas sofort nach der Detonation aus seiner Koje. Er hatte gerade einen Fuß aus der Tür gestellt und wollte die behelfsmäßige Steigleiter hinaufklettern, um von dort aus über die an Deck aufgeschichtete Holzladung hinwegzuschauen — der Kapitän hatte gerade die Brücke erreicht —, als der zweite Torpedo die *Scoresby* voll traf. Er explodierte im Laderaum Nr. 3, gleich hinter dem Maschinenraum. Durch das Leck drang sofort Wasser ein. Die schwankenden Holzstapel kamen gefährlich ins Rutschen und wurden für die Männer auf dem Achterdeck zur Bedrohung. Schon begann das Schiff übers Heck zu sinken, und ein kurzer Blick auf den angerichteten Schaden machte klar, daß der Treffer tödlich war.

So machten denn der Kapitän und die gesamte Mannschaft die vier, glücklicherweise unbeschädigt gebliebenen Rettungsboote los und wasserten sie. Bei dem nur leichten Wind war das kein Problem. Kurz bevor der Kapitän in das letzte der vier Boote stieg, verschwand das Heck der *Scoresby* bereits unter Wasser.

Kaum fünf Minuten nachdem die Boote vom sterbenden Schiff weggerudert waren, streckte es sich fast senkrecht in die Höhe, ehe es so weit absackte, daß nur noch das Vorschiff aus dem Wasser emporragte. So hing es noch einmal drei oder vier Minuten da, ehe es plötzlich unter der Oberfläche verschwand und nichts als eine Masse durcheinanderwirbelnder Baumstämme und Wrackteile, die ihr Grab markieren sollten, zurückließ.

Auch die Crew der *Languedoc* hatte ihre Rettungsboote losmachen und sich ohne Zwischenfall von dem Tanker entfernen können, nachdem sie zuvor eine Leuchtkugel als Notsignal hochgeschossen hatte. Aber ihr angeschlagenes Schiff hielt sich noch immer über Wasser.

Die *Fowey* lief zweieinhalb Meilen entfernt vom Konvoi an dessen Steuerbordseite, als ihre Besatzung die beiden Explosionen über das Asdic-Gerät registrierte, die Notrakete in den Himmel zischen und gleichzeitig den Konvoi einen Schwenk nach Steuerbord machen sah. Eindeutig war der feindliche Angriff von der Backbord-Seite her gekommen, wo die *Scarborough* nun Unterstützung brauchte. Kapitän Aubrey befahl volle Kraft voraus — für sein Boot bedeutete das vierzehn Knoten —, kreuzte achtern um den Geleitzug herum und nahm eine Meile entfernt an der Steuerbordseite der *Scarborough* Aufstellung. Auch die *Bluebell* war von achtern herbeigeeilt. Alle drei Geleitschiffe setzten zu einer erschöpfenden Jagd bei Mondlicht auf den feindlichen Eindringling an. Sie blieb ohne jeden Erfolg. Wohin das U-Boot verschwunden war, blieb ihnen ein Rätsel. Nicht ein einziges Schiff bekam über das Asdic-Gerät Kontakt mit dem U-Boot.

So signalisierte die *Scarborough* der *Bluebell* per abgeblendeter Morselampe, sie solle umkehren und Überlebende aus dem Wasser fischen, während sie selbst zusammen mit der *Fowey* die Suche fortsetzen wolle. Keines der Frachtschiffe hatte gestoppt, um den Männern der getroffenen Schiffe zu helfen. So etwas wurde als zu gefährlich angesehen und war deswegen von oberster Stelle offiziell verboten worden.

Eine Stunde nach dem Angriff zeigte ein grünes Licht am Mast der *Assyrian*, daß der Verband wieder Kurs und Positionen aufnehmen solle. Alle Schiffe, die sich zerstreut hatten, gliederten sich planmäßig wieder ein. Bald darauf zog der Konvoi erneut in nahezu perfekter Formation seine Bahn.

Die *Bluebell* hatte inzwischen abgedreht, um in der Dunkelheit nach Überlebenden zu suchen. Ein Ausguck hielt zur Vorsicht Feind-Ausschau. Als die Korvette sich in der Nähe der treibenden *Languedoc* bewegte, wurde sie sogar beschossen. Es ließ sich nicht feststellen, von wo aus die Granaten abgefeuert wurden — das konnte irgendein Kanonier auf einem der Handelsschiffe sein —, aber wie dem auch war: Die Einschläge lagen verdammt zu nahe. Schließlich fand die *Bluebell* die Crew des französischen Tankers in ihren Rettungsbooten und konnte sie an Bord nehmen. Die Korvette setzte ihre Suche nach Überlebenden der *Scoresby* fort.

Kurz vor Tagesanbruch wurden auch sie ausgemacht. Etwas irritierte dabei die Männer auf der *Bluebell*: Die vier Rettungsboote waren nämlich von einer großen, dunklen Masse auf der Wasseroberfläche umgeben. Als die Korvette noch etwas näherkam, konnte man ein mahlendes Geräusch hören, das von der Masse herrührte, und ihnen ebenso unheimlich wie unerklärlich war. Kapitän Sherwood entschloß sich, das Tageslicht abzuwarten, um Klarheit zu gewinnen. Das war eine kluge Entscheidung; denn schließlich stellte sich heraus, daß es sich bei der schwarzen Masse um Baumstämme handelte, die sich vom Deck des torpedierten Schiffs gelöst hatten und nun auf- und abdümpelten. Das aneinander reibende Holz verursachte jenes mahlende Geräusch. Drähte, mit denen die Stämme an Deck festgemacht worden waren, zogen sich auch jetzt noch von einem Bündel zum anderen durch das Wasser. Wäre die *Bluebell* mit ihren Schrauben darin verwickelt worden, hätte sie mit einem Schlag manövrierunfähig gemacht werden können.

Nunmehr konnte Sherwood sein Schiff mit aller gebotenen Vorsicht heransteuern und die Überlebenden — allesamt gesund und in guter Verfassung — an Bord holen. Niemals würde er dabei die Erscheinung des Kapitäns der *Scoresby* vergessen, wie er aus seinem Rettungsboot an Bord der *Bluebell* kletterte — ein sehr großer, gut aussehender Mann von imponierender Statur und in der prächtigsten Uniform, die der Kapitän der *Bluebell* je gesehen hatte! Die Erklärung dieses ungewöhnlichen Auftritts: Nachdem Kapitän Weatherill den Befehl gegeben hatte, die Rettungsboote klarzumachen, war er noch einmal in seine Kajüte gestiegen, hatte seine neue Uniformjacke übergezogen und war dann, noch ein paar Sachen über dem Arm und einen Koffer mit Schiffspapieren in der Hand, in eines der Rettungsboote gestiegen — dergestalt ausstaffiert kam er an Bord der *Bluebell*.

Diese nahm noch einmal Kurs auf die angeschlagene *Languedoc*. Obwohl der Tanker sehr tief im Wasser lag, schien es noch eine gewisse Chance zu geben, daß er gerettet werden könnte. Deshalb ruderte sein Kapitän zusammen mit dem Ersten Offizier, dem Zweiten Ingenieur und ein paar Männern aus der Crew wieder zu ihm hinüber. Doch sie brauchten nicht lange, um zu entdecken, daß die Maschinen nicht wieder anzuwerfen waren und daß die Schiffshaut so beschädigt war, daß es nur noch eine Frage der Zeit sein konnte, bis die *Languedoc* sank. Doch bis sie das wirklich tat, war sie für andere Schiffe eine Gefahr. So feuerte die *Bluebell* eine paar Salven aus ihrer 10-cm-Kanone auf sie ab und drehte erst bei, als die *Languedoc* tatsächlich zu sinken begann.

Nun begann die *Bluebell*, dem Konvoi, der bereits vor Stunden in die Dunkelheit davongedampft war, nachzusetzen. Mit ihren siebzig Überlebenden an Bord, die damit an

Zahl schon die sechsundfünfzig Besatzungsmitglieder übertrafen, war sie ein wenig reichlich überladen.

Während die *Bluebell* mit ihren Rettungsaktionen beschäftigt war, hatten die beiden anderen Geleitschiffe die Jagd auf das U-Boot fortgesetzt, aber weiterhin ohne Erfolg. Schließlich schloß die *Scarborough* sich wieder dem Verband an und ließ die *Fowey* für eine Zeitlang allein weitersuchen. Doch kaum hatte die *Scarborough* ihre angestammte Position wieder erreicht, da tauchte am Himmel ein Flugboot vom Typ Sunderland auf und morste hinunter, daß es ein paar Meilen nordwestlich voraus ein U-Boot entdeckt und angegriffen habe. Es war 7.30 Uhr.

Das *mußte* der Angreifer aus der vergangenen Nacht gewesen sein. Das Flugzeug hatte ihn gezwungen, wieder unterzutauchen — mit der Folge, daß der SC 7 erneut einem unsichtbaren Angriff ausgesetzt sein konnte. Kapitän Dickinson faßte einen schnellen Entschluß. Die *Bluebell* und die *Fowey* würden in den nächsten Stunden wieder zum Geleitzug stoßen, außerdem wurden weitere Eskorten erwartet. Funksprüche, die vor anderen U-Booten in der Nähe warnten, hatte es weiter nicht gegeben. So drehte Dickinson sein Schiff wieder ab und ging erneut auf Feindsuche.

Nachdem sich U 48 sicher nach Westen zurückgezogen hatte, konnte die Mannschaft die Gefechtsstationen verlassen. Kapitänleutnant Bleichrodt wies den Smutje an, allen ein gutes Frühstück zu bereiten. Bleichrodt hielt es nun für das Beste, den Konvoi aus angemessener Entfernung zu beschatten und seinen Standort dauernd durchzugeben; denn U 48 hatte nur noch drei Torpedos in Reserve, und davon waren wiederum nur zwei direkt verwendungsfähig. Damit schien für die Dauer des Tageslichts die Operationsaufgabe des U-Boots geklärt. Doch plötzlich gerieten alle Pläne wieder durcheinander.

Bleichrodt stand selber auf der Brücke, als es dann passierte.

»Flugzeug voraus!« rief der Zwei WO.

Bleichrodt gab Befehl zu tauchen, und die Männer auf der

Brücke sprangen eilends durch das Turmluk. Er selbst schlüpfte als letzter hinab, und dabei beobachtete er mit einem Blick nach oben, wie die Sunderland-Maschine im Tiefflug auf sie zukam. Sie war bereits sehr nahe, und es hatte den Anschein, als würde sie sich gleich aus dem frühen Morgenhimmel auf ihre Beute stürzen.

»Flutventile auf!«

Bleichrodt schloß das Turmluk. Nach fünfzehn bis achtzehn Sekunden zeigte das Tiefenmanometer achtzehn Meter an. In diesem Augenblick fielen die Bomben der Sunderland. Zwei explodierten so nahe, daß die Männer im U-Boot den Eindruck hatten, als würden sie von einer Riesenfaust geschüttelt. Die Lichter gingen aus, und an mehreren Stellen brach Wasser ins Boot ein. Der Druckanzeiger platzte. Der Neigungswinkel beim Tauchen war so stark, daß alles, was nicht niet- und nagelfest war, gegen die Schotten polterte und im Boot herumrollte. Die Männer klammerten sich fest, woran sie konnten. Bleichrodt bekam einen solchen Schlag gegen die Hände, daß sie sich taub anfühlten. Auch seine Arme konnte er eine Zeitlang nicht mehr beugen, wie leblos hingen sie an seinem Körper herunter. Eingehüllt in totale Finsternis, setzte U 48 seine Fahrt in die Tiefe fort.

»Ruhig bleiben«, rief Bleichrodt seinen Männern gelassen zu und gab Befehl, bis auf 150 Meter Tiefe zu gehen.

»Notbeleuchtung einschalten!«

Es dauerte noch ein paar Sekunden, bis endlich das dämmerige Licht der Notversorgung schien.

Und schon folgte der zweite Angriff der Sunderland. Zuerst registrierte der Horchraum das Aufschlagen der Bomben auf dem Wasser, dann wurde das Boot von zwei Detonationswellen durcheinandergeschüttelt. Doch diesmal hatten es schon genügend Tiefe erreicht und mußte keinen weiteren Treffer mehr hinnehmen.

Die Tiefensteuer hielten 165 Meter Tiefe. Die Flutklappen wurden geschlossen. Bleichrodt gab Befehl, die Lenzpumpen einzuschalten und Ordnung zu schaffen. Die Crew war erfahren und brauchte nicht lange, um die aufgetretenen Schäden zu reparieren. Der Kreiselkompaß freilich ließ sich nicht mehr richten. Das Leck im Turm war an den Periskopdichtungen entstanden; von dort schoß Wasser in das Boot.

Die Sunderland-Crew hatte jedenfalls gute Arbeit geleistet. Die ersten Bomben muß sie recht präzise dort abgeworfen haben, wo U 48 weggetaucht war, sie explodierten direkt vor dem Turm. Hätten sie die Brücke genau getroffen, wäre es mit dem U-Boot wohl zu Ende gewesen.

Langsam fühlte Bleichrodt nun seine Hände und Arme wieder, befahl halbe Kraft, blieb aber getaucht und steuerte westwärts aus der Angriffszone hinaus. Er plante, für wenigstens eine weitere Stunde unter Wasser zu bleiben, dann jedoch erneut aufzutauchen und sich an den Konvoi zu hängen.

Der Koch hatte erneut Anordnung bekommen, das unterbrochene Frühstück zu verteilen, als aus der Funkkoje eine Meldung durchgegeben wurde: »Von achtern nähern sich Schraubengeräusche!«

Bleichrodt eilte in den Funkraum und klemmte sich den Kopfhörer auf die Ohren. Das Schraubengeräusch war deutlich zu hören. Es gab keinen Zweifel, daß es von einem Kriegsschiff, nicht etwa von einem Frachter stammte. Augenblicklich wurde ihm klar, was das bedeutete. Die Sunderland hatte die Geleitschiffe des Konvois benachrichtigt, daß sie U 48 unter Wasser gezwungen habe. Daher hatte er jetzt wohl mit einem Wasserbomben-Angriff zu rechnen — aber von wie vielen Schiffen aus? Er ließ das Boot auf Schleichfahrt gehen und verlangte von der Mannschaft absolute Ruhe. Sie erfuhren über das Horchgerät, daß das nach ihnen suchende Schiff mit der Fahrt heruntergegangen war und schließlich gestoppt hatte. Bleichrodt informierte seine Mannschaft, daß mit einem Wasserbomben-Angriff zu rechnen sei, und ließ das Boot auf 180 Meter hinuntergehen. Jetzt mußten die Lenzpumpen wieder angeworfen werden; denn bei der Tiefe war es nötig, das Boot auf Höhe zu halten und ein Wegsacken zu verhindern. Nach einiger Zeit ließ er die Pumpen wieder ausschalten: sie verursachten ihm zuviel Lärm.

Alles blieb ruhig. Sie konnten nur dasitzen und warten. Bei Gelegenheiten wie dieser, wenn sie von feindlichen Schiffen verfolgt wurden, hielt sich Bleichrodt immer ganz in der Nähe des Schotts auf, das die Zentrale und den Funkraum voneinander trennte. Dort saß er, den einen Fuß im Funkraum, den anderen in der Zentrale, um alles mitzubekommen, was der Funker auffing und was das Tiefenmanometer anzeigte. Alle Befehle und Informationen wurden nur noch im Flüsterton oder durch Handzeichen weitergegeben. Die Mannschaften saßen oder hockten an ihren Posten. Die Offiziere und Unteroffiziere waren alle so postiert, daß sie ihren Kommandanten direkt sehen, seine Zeichen entgegennehmen konnten.

Eine Zeitlang schien es so, als würde U 48 nicht entdeckt werden. Dann kam aus dem Funkraum: »Schiff nähert sich von Backbord.« Jetzt konnte jeder, auch ohne Kopfhörer, das Geräusch der rotierenden Schrauben hören. Und alle starrten sie hinüber zum Funker am Horchgerät, der per Handzeichen vorzählte, wie viele Bomben der Feind über ihnen abwarf — sechsmal ging die Hand hinunter. Die *Scarborough* hatte ihr Ziel ausgemacht und eine Serie Bomben abgeworfen.

An Bord von U 48 wurde per Stoppuhr nachgemessen, auf welche Tiefe die Wasserbomben zur Explosion eingestellt waren. Von dem Moment an, in dem die *Scarborough* auf volle Kraft voraus ging, tat Bleichrodt mit seinem Boot das gleiche, allerdings im Winkel von 90 Grad zum Kurs seines Verfolgers. Es war lebenswichtig, aus der Feuerlinie des Schiffs zu kommen, und sei's um wenige Meter. Die Wasserbomben explodierten der Reihe nach und schüttelten das U-Boot jedesmal durch, ohne allerdings Schäden anzurichten. Alle Bomben explodierten über ihnen. Laut Stoppuhr waren sie auf Tiefen zwischen 75 und 140 Meter eingestellt.

Als alles vorbei war, ließ Bleichrodt U 48 wieder auf Schleichfahrt gehen. Wieder folgte eine lange Wartezeit, als die *Scarborough* erneut lauschte und ihr Ziel auszumachen versuchte. Danach kam die nächste Serie Wasserbomben, und auch das U-Boot verfolgte wieder die bereits geübte Taktik.

Den Vormittag hindurch und bis in den Nachmittag hinein saß die *Scarborough* dem U-Boot im Nacken, verlor bisweilen den Kontakt, fand ihn wieder, griff an, verlor ihn wieder. Währenddessen war der Geleitzug ein gutes Stück weitergedampft. Die *Fowey* eilte ihm nach und erreichte ihn am Nachmittag gegen 15.15 Uhr. Als die *Bluebell* einige Stunden später ebenfalls den Anschluß gefunden hatte, bezog Kapitän Aubrey, der jetzt der Eskortenführer war, mit seiner Korvette Posten an der Backbordseite des Geleitzugs und beorderte die *Fowey* nach Steuerbord. Beide Schiffe hatten ihre Asdic-Geräte dauernd auf den Gegner unter Wasser ausgerichtet; doch den Nachmittag hindurch, auch noch am Abend und den ersten Nachtstunden blieb alles ruhig und ohne Zwischenfälle. Meile um Meile kam der SC 7 der Heimat näher. Sie passierten 15° W und folgten einem Kurs, der sie nördlich von Rockall führen würde, diesem steil aufragenden Felsen, 200 Meilen von den Hebriden entfernt.

Für die weit zurückgebliebene *Scarborough* war es ein enttäuschender Tag gewesen, ein Katz-und-Maus-Spiel, bei dem sie ihre Beute nie ganz erwischte. Über acht Stunden schaffte es aber auch U 48 nicht, sich dem unermüdlich suchenden Geleitboot zu entziehen. Das Beste, was Kapitänleutnant Bleichrodt tun konnte, war, sein U-Boot Meter um Meter aus dem Bereich hinauszuführen, in dem die *Scarborough* ihre Suchaktion ablaufen ließ, und darauf zu hoffen, daß sie schließlich aufgeben und sich wieder dem Konvoi anschließen würde. Zu ihrem Glück fiel keine der auf das U-Boot abgeworfenen Bomben tiefer als 140 Meter. Wären sie tiefer explodiert, hätte die Geschichte vielleicht anders ausgesehen.

Schließlich schien es so, als habe ihr Verfolger den Kontakt endgültig verloren. Es gab keine weiteren Detonationen, und Schraubengeräusch war nicht zu vernehmen. Doch Bleichrodt wagte nicht gleich aufzutauchen. Wie oft war es schon passiert, daß ein lauerndes Kriegsschiff seine

Maschinen gestoppt und gewartet hatte, nachdem es alle seine Wasserbomben abgeworfen hatte; so lange, bis ein U-Boot gezwungen war aufzutauchen, weil der Sauerstoffmangel zu groß oder seine Batterien zu schwach geworden waren — und dann hatte der Gegner es mit seinen Geschützen attackiert oder kurzerhand gerammt. So beschloß er, bis zum Einbruch der Dunkelheit auf Tauchstation zu bleiben; es war besser, übervorsichtig zu sein.

Als keine weiteren Wasserbomben mehr fielen, ließ die Spannung im Boot ein wenig nach. Irgendwer grummelte etwas von Hunger und Durst, und rundherum war erleichtertes Lachen zu hören. Bleichrodt mußte seine Männer ermahnen, weiterhin Ruhe zu halten, wenn ihm das auch selber nicht leichtfiel. Schließlich erlaubte er, daß die Ventilatoren wieder eingeschaltet wurden, so daß die stickig gewordene Luft wenigstens etwas in Bewegung kam. Endlich konnte der Smutje ihnen frischen Kaffee servieren, und in die bleichen Gesichter kam wieder Leben. Bleichrodt ließ das Boot auf 60 Meter Tiefe gehen. Es wurden alle Vorbereitungen zum Auftauchen getroffen: Er merkte, daß es höchste Zeit war, die Männer von der Spannung zu befreien, die den langen Tag über angehalten hatte — von den menschlichen Bedürfnissen einmal ganz abgesehen. Wenn das Boot getaucht war, konnte man nämlich die Toilette nicht benutzen; statt dessen gab es in einer Ecke der Zentrale einen Eimer, nicht weit entfernt vom Sehrohr, wo sie mehr oder weniger ungestört ihr Geschäft verrichten konnten. Seit der vergangenen Mitternacht, als es eine warme Suppe gegeben hatte, war keine warme Mahlzeit mehr zubereitet worden — und das war vor dem Angriff auf den Geleitzug gewesen. Seitdem hatten die Ereignisse dafür gesorgt, daß sie keinen Bissen mehr ungestört hinunterbringen konnten. Jetzt aber konnte die Mannschaft wieder ihr Lieblingsessen bestellen: Rindsuppe mit Reis und Fleischeinlage.

Als die Nacht einbrach, ging U 48 auf Sehrohrtiefe. Die Geschützbedienung stand fertig in der Zentrale bereit, die Mündungsklappen waren geöffnet, alle Sicherheitsvorkehrungen für den Notfall wurden noch einmal durchgegangen, die Tauchapparaturen ein letztesmal geprüft. Alle warteten gespannt, als Bleichrodt den Horizont mit dem Sehrohr abpeilte. Nichts zu entdecken. Er fuhr das Periskop noch weiter aus, sah aber immer noch nichts Verdächtiges. Da gab er Befehl zum Auftauchen. Durch das Boot ging ein leichtes Schütteln, dann durchbrach es die Wasseroberfläche. Bleichrodt öffnete das Turmluk und kletterte allein in den Turm hinauf. Tief sog er die frische Luft in seine Lungen. Nachdem er sich vergewissert hatte, daß U 48 wirklich allein war, ließ er die Tauchzellen entlüften, bis das Boot ganz aus dem Wasser war. Die Brückenwache nahm ihren Platz ein. U 48 begann wieder seine Fahrt über Wasser. Die Dieselmotoren wurden angeworfen, die Batterien aufgeladen. Einer nach dem anderen durfte nun hinauf auf Brücke und Oberdeck und seine Lungen mit lang entbehrter Luft anfüllen ...

Irgendwo dort draußen in der Nacht fuhr die *Scarborough*, immer noch auf der Suche nach der schwer zu fassenden Beute. Grimmig setzte sie die Nacht über ihre Suche fort. Ihren Lohn erhielt sie am nächsten Morgen, dem 18. Oktober, als sie U 48 weit entfernt über Wasser sichtete. Sofort begann die *Scarborough* wieder ihre verschärfte Jagd und feuerte ihr altes 10-cm-Geschütz auf den Gegner ab. Doch der Deutsche befand sich außer Reichweite. Und diesmal hatte U 48 es gar nicht nötig, unterzutauchen. Als die *Scarborough* sich vielmehr mit äußerster Anstrengung und voller Fahrt abmühte, das U-Boot einzuholen oder doch wenigstens auf Feuerreichweite heranzukommen, machte sich U 48 mit westlichem Kurs davon. Es fiel ihm leicht, Fersengeld zu geben, denn es war um gute drei bis vier Knoten schneller als sein bejahrter Widersacher. So wuchs der Abstand zwischen den beiden, bis er für den Engländer hoffnungslos wurde.

Enttäuscht und verzagt brach Fregattenkapitän Dickinson die Jagd ab und begann am frühen Nachmittag, mit den 14 Knoten Höchstgeschwindigkeit seiner *Scarborough* dem Geleitzug nachzusetzen. Alle seine Bemühungen schienen

Die seltsam anmutenden ›Süßwasser‹-Schiffe der Großen Seen, die sich im SC-7-Verband zusammenschlossen. Oben die *Trevisa;* unten die *Eaglescliffe Hall.*

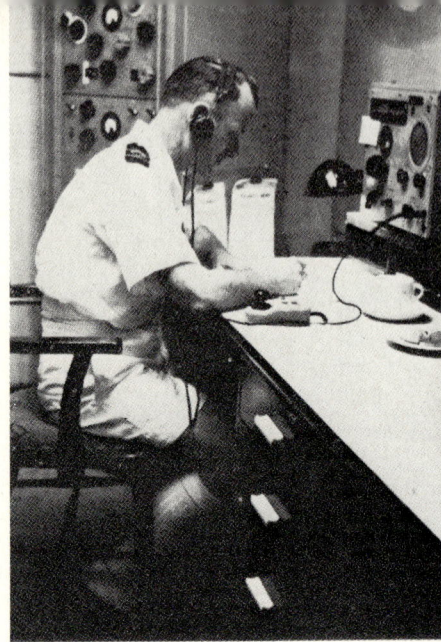

Links: Charles R. Madsen, Kapitän der *Eaglescliffe Hall*. Rechts: Funkoffizier Charles P. Littleboy an seinem Arbeitsplatz auf der *Trevisa*.

Funkoffizier Kenneth C. R. Howell am 10-cm-Geschütz des aus Hull stammenden Schrottfrachters *Corinthic*.

Links: Korvettenkapitän Robert Evan Sherwood von der *Bluebell*. Rechts: *Scarborough*-Chef Fregattenkapitän N. Vincent Dickinson.

Links: Kapitänleutnant Neil K. Boyd, Navigationsoffizier, und Artillerie-offizier Albert Burton von der *Scarborough*. Rechts: Leutnant Patrick N. Culverwell an Bord der *Fowey*.

Oben: Ein Blick von der Brücke: Korvettenkapitän Robert Aubrey auf der *Fowey*. Unten: Das Motorschiff *Fowey* mit Erkennungszeichen ›U 15‹. In Friedenszeiten kreuzte es im Persischen Golf.

Links: *Empire-Brigade*-Funkoffizier Leonard Dewar. Rechts: Ronald Coultas, Erster Offizier auf der *Scoresby*.

fehlgeschlagen zu sein, noch schlimmer: Bei dieser Geschwindigkeit hatte er nur mehr wenig Hoffnung, den Konvoi jemals wieder einholen zu können.

Tatsächlich sollte ihm das nicht gelingen, aber ebenso erging es — zum großen Mißfallen der Führung der deutschen U-Boot-Waffe — U 48. Als Bleichrodt die Entdeckung des Geleitzugs an den U-Boot-Stützpunkt in Lorient gemeldet hatte, waren von dort umgehend entsprechende Instruktionen an fünf weitere U-Boote gegangen, die zu dieser Zeit östlich und nördlich von Rockall im Atlantik kreuzten. Alle fünf sollten sich mit Ziel auf den Konvoi zusammenziehen. Dabei hatte man erwartet, daß U 48 weiterhin den SC 7 beschatten, seinen jeweiligen Standort und Kurs durchgeben und auf diese Weise die anderen U-Boote auf direktem Weg auf ihre Beute ansetzen würde. Doch die ununterbrochene Verfolgungsjagd der *Scarborough* auf U 48 hatte all diese Pläne vereitelt und Bleichrodt daran gehindert, je wieder Kontakt zum Konvoi zu finden.

Die Deutschen hatten keinerlei weitere Informationen über die gegenwärtige Route des SC 7, und so mußte man sich im Hauptquartier des U-Boot-Stützpunkts mit der Frage herumschlagen: Wie kommen wir wieder an den Geleitzug heran? Der Mann, dem dazu die einfache, aber wirkungsvolle Antwort einfiel, war der Befehlshaber der U-Boot-Waffe selbst, Vizeadmiral Dönitz.

6.
Die Wölfe im Rudel

Vizeadmiral Dönitz, Befehlshaber der deutschen U-Boot-Waffe und in jeder Hinsicht ihr führender Kopf, hatte nun jene Position im Seekrieg erreicht, auf die er seit Ausbruch der Feindseligkeiten hingearbeitet hatte. Er verfügte im Nordatlantik über genügend U-Boote, um sie in verschiedene Gruppen einteilen zu können, die dann gemeinsame

Angriffe auf gegnerische Schiffe unternahmen — die sogenannten »Wolfsrudel«, als die sie sehr bald schon berühmt-
berüchtigt werden sollten.

Zu Beginn des Zweiten Weltkriegs verfügte Deutschland
über nur siebenundfünfzig Unterseeboote. Viele davon gehörten zu einem eher kleinen Typ, der kaum atlantiktüchtig
war. In den ersten neun Monaten des Krieges waren diese
Boote an allen möglichen Kriegsschauplätzen eingesetzt
worden, darunter auch bei der Eroberung Norwegens. Auch
jetzt war die Gesamtzahl der Boote kaum gewachsen, weil
den größeren Bauzahlen größere Verluste gegenüberstan-
den. Aber im Sommer 1940 waren doch immer mehr große,
ozeantüchtige Unterseeboote in Dienst genommen worden
— schnelle, moderne Schiffe mit ihren tödlichen Torpedo-
ladungen, die von Männern kommandiert wurden, die ihr
Handwerk verstanden: seit Mitte der dreißiger Jahre hatte
Dönitz sie für diese Aufgabe ausbilden lassen. Nun war es
möglich, im Nordatlantik besser präsent zu sein, was für die
Briten schlimme Folgen haben sollte.

Es war Dönitz' feste und unerschütterliche Überzeugung,
daß Deutschland dann am sichersten und schnellsten den
Krieg gewinnen würde, wenn es ihm gelänge, Großbritanniens Lebensadern zu zerschneiden — und die liefen über
den Atlantik. Diesen Auftrag aber, davon war er genauso
überzeugt, konnten am besten die U-Boote erledigen, viel
besser jedenfalls als über Wasser operierende Kriegsschiffe.

Als Kapitänleutnant war Karl Dönitz im Ersten Weltkrieg
eines der U-Boot-›Asse‹ der Deutschen gewesen. Jetzt, als
›Befehlshaber der U-Boote‹, nutzte er seine langen Erfahrungen für die Führung der Seeschlacht gegen England.
Dazu hatte er sorgfältig ausgeführte Pläne, die er in den
vergangenen fünf Jahren ausgiebig geprüft und wieder geprüft hatte, in seiner Schublade.

Dönitz entstammte einer preußischen Familie und trat
1910 der Kaiserlichen Kriegsmarine bei. Als der Erste Weltkrieg begann, war er dreiundzwanzig Jahre alt, und am
Ende war er ein kampferprobter Mann von siebenund-

zwanzig Jahren. Für Hitler erneut in den Krieg gezogen, war er erst knapp achtundvierzig. Unter seinem ersten aktiven Kommando sollten jene Lektionen, die er im Krieg für den Kaiser gelernt hatte, von seinen ihm ergebenen U-Boot-Kommandanten in die Tat umgesetzt werden.

Dönitz war vor allem schon lange zu dem Schluß gekommen, daß die U-Boote dann besondere Erfolgschancen hätten, wenn sie nicht einzeln, sondern im Verband angriffen. Im Ersten Weltkrieg war dies unmöglich gewesen, weil die Ausrüstung mit Funkgeräten noch ziemlich primitiv gewesen war. Damals konnte man nur über Langwelle funken; zudem mußte ein U-Boot erst einmal auftauchen und eine Antenne ausfahren, bevor es überhaupt senden bzw. empfangen konnte. Das war natürlich ein um so hinderlicheres Verfahren, als es oft gerade dann angewendet werden mußte, wenn die Bedingungen für einen Angriff besonders günstig waren. Außerdem kostete es nicht nur Zeit, sondern war unter vielerlei Umständen gar nicht praktizierbar, vor allem dann, wenn feindliche Gegenangriffe drohten oder alles davon abhing, das U-Boot bedeckt zu halten. Aus diesen Gründen war es auch nicht möglich gewesen, immer zu ganz bestimmten Zeiten gemeinsamen Funkkontakt aufzunehmen: die ständig sich wandelnden Voraussetzungen beim Operieren auf hoher See waren vorweg nicht berechenbar. Vermied man indes den zuverlässigen Funkkontakt, dann gab es nur noch begrenzte Möglichkeiten: Die Boote mußten auf Sichtweite zusammenbleiben, um sich per Flaggen- oder Lichtsignale verständigen zu können.

Trotz dieser Handikaps hatte es Dönitz als aktiver U-Boot-Kommandant einmal versucht, zusammen mit einem anderen U-Boot anzugreifen. Aber ohne Erfolg.

Jetzt, im Jahr 1940, war alles anders. Es gab das Kurzwellen-Funkgerät. Die U-Boote konnten untereinander und auch meistens mit dem Stützpunkt in ständiger Verbindung bleiben. Auch standen Dönitz die Mittel zu seinen Rudel-Attacken zur Verfügung.

Zuerst stellte er sich vor, daß bei dieser ›Rudeltaktik‹ ein normales Kriegsschiff oder ein U-Boot das Kommando übernehmen und die U-Boote zu ihren Einsätzen befehlen sollte. Aber er nahm davon schon bald wieder Abstand, weil die bei weitem beste Methode darin bestand, alle U-Boote engen Kontakt mit dem Stützpunkt halten zu lassen und von dort aus die Operationen selber zu leiten. Die Aufgabe des endgültigen Angriffs verblieb bei dem jeweiligen Kommandanten vor Ort. Die Lösung stellte sich nach dem Fall Frankreichs, als den Deutschen damit Lorient als Stützpunkt zufiel, als äußerst praktikabel heraus.

Theoretisch war ein Angriff im ›Wolfsrudel‹ eine ganz einfache Sache. Entdeckte ein U-Boot einen Geleitzug, dann meldete es dies an den U-Boot-Stützpunkt und beschattete den Geleitzug weiter, während andere Boote in dieses Gebiet dirigiert wurden.

Die zweite Lektion, die Dönitz aus dem Ersten Weltkrieg mitgebracht hatte, lautete: Ein bei Nacht mit hoher Geschwindigkeit angreifendes U-Boot war auch über Wasser immer im Vorteil, weil seine schmale Silhouette nur äußerst schwer zu entdecken war. Diese Überraschungstaktik hatten einige U-Boot-Kommandanten, darunter auch Dönitz selbst, gegen Ende des Ersten Weltkriegs mit sehr großem Erfolg praktiziert.

So sah also der meisterhafte, doppelseitig angelegte Plan aus: Die U-Boote greifen nachts über Wasser in Gruppen an, um ihr Zerstörungswerk zu beginnen.

Unbekannt ist, ob und wie Dönitz diese revolutionäre Taktik geheim gehalten hat bzw. halten konnte. Immerhin hatte die deutsche Kriegsmarine ihre ersten weiträumigen Manöver, bei denen die U-Boote ihre Gruppenangriffe übten, schon 1937 durchgeführt. Dieses und die darauf folgenden Manöver konnten den Geheimdiensten der anderen Mächte kaum entgangen sein. Was speziell die Nachtangriffe anging, so hatte Dönitz die Welt sogar ausdrücklich vor ihnen gewarnt, indem er sie mit seinen Vorstellungen bekanntgemacht hatte. So wie Adolf Hitler seine Doktrin in ›Mein Kampf‹ ausführlich genug niedergelegt hatte, gab auch Dönitz seine Ideen offen preis. ›Die U-Bootwaffe‹ hieß

das Buch und war im Januar 1939 erschienen — direkt nach
›München‹ und acht Monate vor Kriegsbeginn. In diesem
Buch betonte Dönitz die großen Vorteile nächtlicher
U-Boot-Angriffe über Wasser, von Illustrationen sogar noch
unterstützt.

Aber offenbar hatte in Großbritannien niemand davon
Notiz genommen.

In der Zeit bis 1939, als die deutsche Kriegsmarine sich
auf die Perfektionierung ihrer Unterwasserhorchgeräte kon-
zentrierte, fühlte sich die Royal Navy sicher, weil sie ihr
weit überlegenes Asdic-Gerät hatte. Mit diesem konnte man
einen Ultraschall-Ton senden, der, wenn er unter Wasser
auf ein Objekt traf, eine sehr genaue Peilung gab. Daher
war die Teilnahme von Unterseebooten bei Manövern der
britischen Flotte, soweit es um Angriffe über Wasser
ging, eher ein Zufall. Der Akzent lag eindeutig auf
dem Unterwasserangriff; dementsprechend waren auch die
Verteidigungsmethoden ausgerichtet. Das Ganze lief also
darauf hinaus, daß man das U-Boot als ein unter Wasser
operierendes Kriegsschiff ansah und nicht, wie Dönitz jetzt,
als ein Überwasser-Angreifer in der Rolle eines Torpedo-
boots, das tauchen kann. Was die Royal Navy anging, so
erwartete man feindliche U-Boot-Attacken stets tagsüber
und unter Wasser, und dafür war das Asdic-Gerät die beste
Abwehrwaffe, die sich ein britisches Kriegsschiff nur wün-
schen konnte.

Bald schon sickerte durch, daß die Deutschen von der
Effektivität des Asdic-Geräts überrascht waren, doch es
stellte sich gleichzeitig heraus, daß es nur unter Wasser
funktionierte, gegenüber einem aufgetauchten U-Boot aber
gänzlich nutzlos war. Radar wurde auf See aber noch nicht
eingesetzt. Erstens steckte es noch in den Kinderschuhen,
und zweitens wurde es hauptsächlich als Warnsystem vor
feindlichen Flugzeugen benutzt.

Im Oktober 1940 lagen bereits Berichte von Überwasser-
Angriffen deutscher U-Boote bei Nacht vor — sie stammten
von einigen britischen Kriegsschiffen, die diese Beobachtung
in den vergangenen zwei, drei Monaten gemacht hatten —,

aber man nahm sie nicht zum Anlaß, deswegen irgendwelche neuen Taktiken zu entwickeln. Dementsprechend wurde auch auf Meldungen, daß bei Angriffen auf Geleitzüge mehrere U-Boote beteiligt gewesen seien, nicht mit speziellen Gegenmaßnahmen reagiert. Doch in Wahrheit hatte Dönitz' neue Methode des U-Boot-Kriegs bereits begonnen. In den ersten September-Tagen hatte er von Lorient aus den ersten erfolgreichen U-Boot-Angriff im Rudel organisiert: Fünf Geleitzugschiffe waren dabei versenkt worden. In der zweiten Septemberhälfte hatte ein zweiter Gruppenangriff ein noch erschreckenderes Ergebnis erzielt: Elf Schiffe hatten die deutschen U-Boote aus einem fünfzehn Schiffe zählenden Geleitzug herausgeschossen. Doch trotz dieser schlimmen Verluste war die Idee von bewußt organisierten U-Boot-Angriffen in Gruppen noch nicht bis an die Spitzen der britischen Admiralität durchgedrungen. Sollte dies doch der Fall gewesen sein, dann hatte sie noch keine entsprechenden Warnungen an die Kommandanten der Geleitschiffe durchgegeben.

Das war die Situation, als Vizeadmiral Dönitz seinen ›Wolfsrudel‹-Schlag gegen den SC 7 plante. Nachdem Heinrich Bleichrodts U 48, das den Geleitzug beschattet hatte, endgültig verjagt worden war, kannte man in Lorient nur die letzte Position des Konvois, die Bleichrodt hinübergefunkt hatte. Welchen Kurs würde der SC 7 nun nehmen? Es war nicht möglich, diese Frage mit einiger Sicherheit zu beantworten, weil man nicht voraussehen konnte, welche Ausweichmanöver er vollführen würde. Aber es *gab* einen anderen Weg, ihn dennoch wieder zu lokalisieren. Dönitz ließ daher neue Instruktionen an die fünf patrouillierenden U-Boote ergehen, mit denen er bereits vorher Kontakt gehabt hatte. Diesmal erhielten sie den Befehl, sich bis zu einem Punkt zurückzuziehen, der der letzten gemeldeten Position des Geleitzugs weit voraus lag. Dort sollten sie sich querab in einer Linie von Norden nach Süden formieren, jeweils ein paar Meilen voneinander getrennt, oder auch hin- und herstreifen. Mit ein wenig Glück würde der SC 7 in diese Falle hineindampfen. Wenn alles nach Plan ging, sollte dieses Vorhaben noch bei Tageslicht des 18. Oktober ausgeübt werden.

Die zu diesem Hinterhalt ausersehenen fünf U-Boote wurden von Kommandanten befehligt, die zur Elite jener Offiziere gehörten, die Dönitz sich sorgfältig herangezüchtet hatte. Vier von ihnen waren seit 1930 bei der Marine. Alle waren Pioniere der ersten Stunde, mit denen er 1935 die neue U-Boot-Waffe aufzubauen begann, nachdem Deutschland aufgrund des Deutsch-englischen Flottenabkommens das Recht wiedererlangt hatte, seine Flotte zu erweitern. Dönitz lehrte sie, was er selber wußte, und war mit ihnen zum Manöver in See gegangen. Jetzt waren sie reife, junge Männer zwischen achtundzwanzig und dreißig Jahren mit überdurchschnittlichen Erfahrungen und Fähigkeiten. Alle waren von kleineren Booten umgestiegen und aufgerückt. Ihre neuen, großen Boote hatten sie seit dem Frühsommer mit Erfolg geführt. Ihre Talente konnten sie auf ganz individuelle Weise weiterentwickeln, da Dönitz seinen Offizieren stets erlaubte, eigene Taktiken aufgrund eigener praktischer Erfahrungen anzuwenden. Auf diese Weise hatten die ›Asse‹ unter ihnen ganz von selber, ohne daß das Prinzip des Nachtangriffs über Wasser schon in den Lehrbüchern gestanden hätte, fast unabhängig voneinander diese Methode mit der Zeit entwickelt.

Die fünf Kommandanten mußten also ihre Boote wie eine kleine Flotte einsetzen und in vorgesehener Position auf die erwartete Beute lauern. Es waren U 101 mit Fritz Frauenheim, U 123 mit Karl-Heinz Möhle, U 46 mit Engelbert Endraß, U 100 mit Joachim Schepke und U 99 mit Otto Kretschmer als Kommandanten. Von ihnen allen waren wohl die beiden letzten die bekanntesten U-Boot-Kommandanten außerhalb der Marine: Schepke, 28 Jahre alt, groß gewachsen und gut aussehend, mit gewinnendem Lächeln, und Kretschmer, genauso alt, aber ernst in Aussehen und Verhalten.

Otto Kretschmer, Sohn eines Lehrers, war bereits auf dem Wege, Deutschlands größtes U-Boot-As des Zweiten Weltkrieges zu werden. ›Otto der Schweigsame‹ war ein disziplinierter, kühler und selbstbewußter Marineoffizier. Schneller als die anderen hatte er die Vorteile nächtlicher Angriffe über Wasser begriffen und die alte Praxis des Unterwasserangriffs auf einen Geleitzug bei Tage fast völlig aufgegeben, es sei denn, daß er nicht bis zum Einbruch der Dunkelheit warten konnte. Seine Taktik bestand darin, tagsüber zu beschatten, die Beute nicht aus dem Auge zu verlieren und in der Nacht anzugreifen. Dabei versuchte er, zwischen die Linien des Geleitzugs zu kommen und jeden Torpedo genau abzuschießen, einen auf jedes Schiff. Das war etwas ganz anderes als die klassische Attacke des getauchten Bootes; sie bestand nämlich darin, daß das U-Boot aus einer gewissen Distanz ganze ›Fächer‹ von drei oder vier Torpedos so abschoß, daß sie den Kurs des Konvois kreuzen mußten und dabei möglicherweise als Treffer ankamen. Diese und andere Taktiken hatte Kretschmer für sein U 99 abgeschafft, für dieses Boot mit dem berühmten goldenen Hufeisen auf dem Turm. An ihre Stelle setzte er die Ergebnisse harter und äußerst erfolgreicher Erfahrung.

Er hatte schon die erstaunliche Zahl von zwanzig Schiffen auf seiner ›Abschußliste‹ — ohne Ausnahme Überwasserangriffe.

Als die fünf U-Boote aus verschiedenen Richtungen aufeinander zuliefen, um im Osten von Rockall den geplanten Hinterhalt zu legen, war noch ein weiteres deutsches U-Boot in entgegengesetzter Richtung, nämlich Kurs Westen, auf Patrouille unterwegs. Es handelte sich um U 38 unter dem Kommando von Kapitänleutnant Heinrich Liebe. Es war spät am Abend des 17. Oktober. Liebe konnte mit seinem Tagewerk sehr zufrieden sein, hatte er doch am Morgen die griechische *Aenos* torpediert und mit seinem Geschütz endgültig versenkt. Jetzt war er auf Suche nach einem weiteren Opfer, und ganz unerwartet lief es ihm vor den Bug: der SC-7-Geleitzug.

Kurz vor Mitternacht präsentierte sich ihm geradezu der Traum eines Ziels: Im hellen Mondlicht zeichnete sich die Silhouette des Konvois vor dem Horizont ab. Er schlich sich, aus dem Dunkel kommend, vorsichtig näher, um neue Beute zu machen.

7.
Boote nicht wassern!

Freitag, 18. Oktober. Es war fünfzehn Minuten nach Mitternacht, als zwei weitere Geleitschiffe, die den Konvoi sicher nach Hause bringen sollten, den SC 7 sichteten. Der Mond war hinter Wolken verschwunden, aber die Sicht war gut, die See ruhig; der Konvoi zog seine Bahn durch die Nacht. Er hatte jetzt Position 58°50′ N, 14°12′ W erreicht und würde in weniger als sechs Stunden nördlich von Rockall stehen.

Die beiden Neuankömmlinge waren das Geleitschiff *Leith* und die Korvette *Heartsease*. Nach ihnen erwartete der SC 7 keine weiteren Eskorten mehr. Beim Nähern an den Geleitzug gab der Kommandant der *Leith* der Korvette Signal, Position an der Flanke zu nehmen, während es selber achteraus sicherte. Doch gerade als sie ihre Positionen bezogen, war es mit der friedlichen nächtlichen Szene aus.

U 38 hatte sich unbemerkt an die Backbord-Flanke des Konvois herangeschlichen, wo nur die *Bluebell* als Eskorte fuhr, deren Asdic-Gerät das aufgetauchte U-Boot nicht erfassen konnte. Die *Fowey* befand sich weit entfernt an der Steuerbord-Seite. Als sich die Wolken einen Augenblick lang verzogen und der Mond volles Licht gab, schoß Kapitänleutnant Liebe einen Torpedo-Fächer auf die in Linie fahrenden Silhouetten des Geleitzugs ab. Besonders erfolgreich war er nicht; denn er registrierte nur einen Treffer — und der erwischte Schiff Nummer 13 im Konvoi.

Die aus Glasgow stammende *Carsbreck*, bis oben hin mit Holz beladen, schüttelte sich unter der Explosion und bekam sofort heftig Schlagseite nach Backbord. Kaum waren alle Mann an Deck gehastet, begann das Schiff über den Bug zu sinken. Die *Carsbreck* schien verloren. Ein Teil ihrer Holzladung stand zudem in Flammen. Kapitän John Muir gab Befehl, die Rettungsboote klarzumachen und das Schiff zu verlassen.

An den Funkgeräten der anderen Schiffe hörte man die SOS-Notrufe der *Carsbreck*, die zweimal wiederholt wurden; dann folgte vier- oder fünfmal der Versuch, das eigene Rufzeichen ›GYXB‹ zu morsen. Aber dem Funker schien das nicht zu gelingen: sein letzter Versuch brach mittendrin ab. Auf den anderen Schiffen fürchtete man das Schlimmste.

Auf der *Carsbreck* stand die Mannschaft bereit, die Rettungsboote zu wassern, als sich herausstellte, daß zwei Schiffsjungen vermißt wurden. Der Bootsmann, ein Matrose und der Schiffskoch, Hilton Brodie, rannten hinunter zu den Kojen der beiden Jungen nach mittschiffs Backbord, nicht mehr als zwölf Meter von der Stelle entfernt, wo der Torpedo eingeschlagen hatte. Nur mit Mühe bekamen sie die verklemmte Tür auf und fanden die beiden heftig schnarchend vor: sie hatten nichts von dem mitbekommen, was passiert war. Eilig rissen die drei Männer die jungen Burschen aus ihren sanften Träumen und schickten sie ohne Umschweife an Deck.

Die Rettungsboote wurden gerade herabgelassen, als Kapitän Muir, ein Glasgower Anfang der Sechzig, plötzlich an Deck erschien und einen sehr aufgeregten Eindruck machte.

»Boote nicht wassern!« schrie er. »Nicht wassern! Es ist alles in Ordnung, wir sinken nicht! Kommt zurück, Männer, kommt zurück!«

Der Befehl des Kapitäns, von Mann zu Mann weitergegeben, sorgte für nicht wenig Verwirrung; denn von diesem strengen und entschlossenen Kapitän war man den Widerruf eines Befehls nicht gewohnt. Niemand schien zu wissen, wie man die Aufforderung, das Schiff zu verlassen, wieder rückgängig machen konnte. Doch schließlich kam der größere Teil der Crew, bis auf die Besatzung eines Rettungsboots, das bereits von dem Schiff weggerudert war, wieder zurück.

Die *Carsbreck* war schwer beschädigt. Die Gewalt der

Explosion hatte das Schiff auf Gegenkurs gedreht, weg von dem schnell verschwindenden Geleitzug. Es hatte weiterhin gefährliche Schlagseite nach Backbord, und das Vorschiff lag fast ganz unter Wasser. Aber Kapitän wie Erster Ingenieur behaupteten, die *Carsbreck* sinke nicht. Sie waren sogar überzeugt davon, daß sie die Fahrt fortsetzen könne. Nachdem sie dies erklärt hatten, akzeptierte die zurückgekehrte Mannschaft die neue Situation mit Erleichterung. Alles in allem gesehen, hatten sie einen Torpedo-Angriff ohne einen Verletzten überstanden, was für sich schon eine ermutigende Tatsache war, und ihr Schiff wollte sie auch nicht verlassen. Sogar die eigentlich immer sehr leicht erregbaren arabischen Heizer zeigten eine erstaunliche Gelassenheit. Eigentümlicherweise schien niemand mehr die Möglichkeit eines weiteren Torpedotreffers zu fürchten.

Und tatsächlich gab es auch keinen mehr. U 38 war nämlich mit voller Kraft davongeeilt und hatte sich eine neue Position gesucht, aus der es einen weiteren Angriff gegen den Verband unternehmen konnte. Eine halbe Stunde nach der Torpedierung der *Carsbreck* feuerte Kapitänleutnant Liebe den nächsten Fächer ab. Aber diesmal verließ ihn das Glück gänzlich: nicht ein Torpedo traf. Admiral a. D. MacKinnon sah von der Brücke der *Assyrian* die Blasenspur eines Torpedos, der seine Bahn kreuzte, und signalisierte dem Konvoi umgehend einen Schwenk nach Steuerbord, um ihm auszuweichen.

Die *Fowey*, einige Meilen entfernt an Steuerbord, begann mit Höchstgeschwindigkeit um den Konvoi herum an dessen Backbord-Flanke zu gelangen und der *Bluebell* bei der Suche nach dem feindlichen Eindringling zu helfen. Aber mit ihren vierzehn Knoten war sie einfach zu langsam und erreichte die *Bluebell* erst fünfunddreißig Minuten nach Abschuß des zweiten Torpedofächers. Doch der Deutsche fuhr währenddessen keinen weiteren Angriff mehr. Endlich konnten die beiden Geleitschiffe ihre gemeinsame Suche aufnehmen, aber ohne Resultat. Später kamen die beiden Neuankömmlinge, die *Leith* und *Heartsease*, hinzu. Doch so sehr sie auch immer wieder die Flanke des Konvois absuchten: das U-Boot war verschwunden. Wäre es getaucht, dann hätten sie eine reelle Chance gehabt, es zu entdecken; aber der Deutsche war an der Oberfläche geblieben und hatte seine schnellen Diesel-Motoren angeworfen, um seinen Verfolgern zu entkommen.

Was sie nicht wissen konnten: U 38 hatte tatsächlich keinen weiteren Angriff mehr auf den SC 7 vor. Nachdem Kapitänleutnant Liebe die Position des Geleitzugs nach Lorient durchgegeben hatte, setzte er vielmehr seine Patrouille fort.

In diesen ereignisreichen frühen Stunden des 18. Oktober übernahm nun *Leith* als das größte unter den Geleitschiffen das Kommando. Sie schickte die *Fowey* dem Konvoi nach, befahl der *Heartsease*, sich um die torpedierte *Carsbreck* zu kümmern, und versuchte, zusammen mit der *Bluebell*, wieder Anschluß an den Geleitzug zu finden. Dabei war es jedoch die *Leith* selbst, die nach dem Abbruch der Verfolgung als erste die *Carsbreck* sichtete und dazu das Rettungsboot, das sich als einziges von dem Handelsschiff abgesetzt hatte. Es war morgens, 6.10 Uhr.

Im frühen Morgenlicht konnte man das ganze Ausmaß der Beschädigungen sehen, die der Torpedo angerichtet hatte. Er hatte mitschiffs an Backbord den Laderaum Nr. 2 getroffen. Zum Glück hatte das Schiff Holz geladen, wodurch es zusätzlich Auftrieb erhielt. Das Loch in der Backbordwand maß fast zehn Meter; aus ihm quollen Stämme und Bretter ins Meer hinaus.

Die *Leith* drehte bei. Ihr Kommandant verständigte sich per ›Flüstertüte‹ mit dem Kapitän der *Carsbreck*. War sie in Seenot? Wie schwer war sie beschädigt?

Kapitän Muir antwortete, sein angeschlagenes Schiff habe durchaus gute Chancen, sich über Wasser zu halten. Sie kämen mit sechs Knoten voran.

Das war eine gute Nachricht, aber sie beinhaltete auch ein Problem: In diesem Zustand konnte man die *Carsbreck* nicht allein lassen. Also signalisierte die *Leith* der *Heartsease*, zurückzubleiben, die Männer aus dem Rettungsboot aufzunehmen und dem beschädigten Dampfer Flankenschutz zu geben. Dann machten sich die *Leith* und die *Bluebell* auf, den Geleitzug wieder einzuholen. Mit ihren vierzehn Knoten hatten sie das kurz nach 9.30 Uhr geschafft.

Von der *Leith* wurden kurz Signale mit Geleitschutzkommandant MacKinnon auf der *Assyrian* ausgetauscht. Kommandant des Geleitschiffs war Fregattenkapitän Roland Charlton Allen, ein in Dartmouth ausgebildeter, sehr tüchtiger Offizier, der bei seiner Mannschaft aus regulären Kriegsmarine-Angehörigen sehr beliebt war. Nach seinem abrupt unterbrochenen Anschluß an den Konvoi — die *Carsbreck* war gerade getroffen worden —, sollte er eine gewichtige Rolle während jener Ereignisse spielen, die nun folgten.

Die *Leith*, die er seit fünf Monaten kommandierte, war mit ihren weniger als tausend Tonnen etwas kleiner als die *Fowey*; aber jünger und ein wenig schneller. Sie verfügte über ein Asdic-Gerät der ersten Generation, das, auf der offenen Brücke befestigt, noch mit einem Handrad betätigt werden mußte. Außerdem besaß sie nur einen Magnet-Kompaß, statt des modernen Kreisel-Kompasses, der weniger auf Schwankungen reagierte. Bewaffnet war sie wie die *Fowey*, mit einem 12-cm-Geschütz auf dem Vorschiff und einem 7,5-cm-Geschütz auf dem B-Deck.

Wie die *Fowey* hatte auch die *Leith* die meiste Zeit vor Kriegsausbruch in wärmeren Gewässern zugebracht. Zuletzt war sie an die Royal Navy von Neuseeland ausgeliehen und zu einem offiziellen Besuch der Tonga-Inseln ausgelaufen, wo sie deren Königin Salote an Bord genommen und zu einer Rundfahrt um ihr Königreich mitgenommen hatte. Alle erinnerten sich noch lebhaft an die Schiffsreise mit der fidelen Königin. Natürlich hatte man ihr an Bord das Beste geboten, was das Schiff zu bieten hatte, und das war die Kapitänskajüte. Königin Salote war eine recht stattliche Dame gewesen, über 1,80 m groß, an die 120 Kilo schwer — was die Kapitänskoje dann auch prompt nicht ausgehalten hatte: Sie brach unter der Last Ihrer Majestät zusammen. Nach diesem unterhaltsamen Zwischenspiel sollte die *Leith* gerade eine sechsmonatige Reise durch die Südsee antreten, als sie plötzlich zum Kriegseinsatz abgerufen wurde.

Ihr vierzig Jahre alter Kapitän war ein ruhiger, peinlich genauer Mann, den seine Freunde ›Maudie‹ nannten (nach einem damals bekannten Tänzer namens Maudie Allen) und die anderen ›Auntie‹ (Tante) Allen, womit sie auf seinen offensichtlichen Hang anspielten, alles genau und gewissenhaft nach Vorschrift zu machen. Allen, ebenso liebenswürdig wie geradeaus, verfügte über enorme Fertigkeiten und Einfälle, die seine Offizierskameraden oft inspirierten. Wenn er zum Beispiel des Nachts zu einem kurzen Schlummer die Brücke verlassen konnte, schlief er in einer Koje, über der er ein schwaches blaues Licht angebracht hatte. Entdeckte nun der Wachhabende Offizier irgend etwas Meldenswertes, brauchte er nur einmal kurz die Glocke zu läuten: zwei Sekunden später war Kapitän Allen auf den Beinen, stürmte durch den ebenfalls mit blauem Licht erleuchteten Waschraum, durch die stets offenen Türen auf die Brücke. Nach seiner Rechnung dauerte das alles in allem fünf Sekunden. Zudem konnten sich die Augen, da kein helles Licht eingeschaltet werden mußte, gleich der Dunkelheit anpassen, die ihn draußen erwartete. ›Tante‹ Allen konnte man so leicht nichts vormachen ...

Für die anderen Kommandanten der SC 7-Geleitschiffe stellte er indessen eine unbekannte Größe dar. Keinem von ihnen war er jemals zuvor begegnet. So ergab es sich, daß alle vier Kommandanten der Begleitschiffe einander völlig fremd waren. Gemeinsame Abwehrpläne feindlicher Angriffe fehlten ebenfalls. Und jetzt war es Allens Sache, sie als Führer der Eskorte richtig einzuteilen.

Die späten Morgenstunden sahen den SC 7 auf stetem Südost-Kurs nördlich von Rockall. Die Lücke in der Backbord-Linie war geschlossen: Die *Shekatika*, bisher an 14. Stelle, war an die Position der *Carsbreck* gerückt. Von abergläubischen Anfällen einmal abgesehen, war diese ›Beförderung‹ für die Mannschaft kaum ein Fortschritt, nachdem die *Carsbreck* schließlich direkt vor ihrer Nase getroffen worden und dann allein zurückgeblieben war. Doch mit diesen Gedanken waren sie nicht allein. Keiner unter den Crews der Handelsschiffe wiegte sich in Sicherheit, vor allem dann nicht, wenn sie beobachten konnten, wie sich die geretteten Schiffbrüchigen auf den Decks der *Bluebell* und der *Fowey* ansammelten. Bei solchen Gelegenheiten fragte sich so mancher, an welcher Stelle ein Torpedo wohl sein eigenes Schiff treffen könnte. Würde es eine riesige Explosion geben, mit Flammenblitz und Getöse? Oder würde man kurzerhand von diesem in ein anderes Leben befördert, ohne erfahren zu haben, was eigentlich passiert war? Gedanken, die einen erstarren ließen, geboren aus einer eigentümlichen Mischung aus Angst, Fatalismus und einer davon fast abgelösten Form von Neugier.

Sie bewegten sich jetzt auf jene Zone zu, die als die gefährlichste galt. Verglich man die neunundzwanzig Schiffe, zwangsläufig über eine weite Wasserfläche verteilt, und die kleine Sicherheits-Eskorte, die sie begleitete, dann erschien es fast als unmögliche Aufgabe, mit den paar Kriegsschiffen einem so großen Geleitzug den notwendigen Schutz zu garantieren. Kurz nach Mittag wurden ein paar unheildrohende Wrackstücke im Wasser gesichtet; später kamen zwei Rettungsflöße langsam auf sie zu, deren Besatzungen wild gestikulierend auf sich aufmerksam machten – ein verlorenes Häufchen Leben inmitten des riesigen Ozeans. Die Geretteten hatten ihre Flöße aneinandergebunden, damit der Seegang sie nicht trennte, und beide waren hoffnungslos überfüllt: Einige Überlebende mußten aufrecht stehen.

Da sie dauernd mit Fallen rechnen mußten – vielleicht lag ein U-Boot in der Nähe auf der Lauer und benutzte die Schiffbrüchigen als Köder –, suchten die *Leith* und die *Bluebell* zunächst einmal den Bereich rund um die Flöße ab, bevor die *Leith* schließlich beidrehte und die Überlebenden an Bord nahm. Es waren der Kapitän und achtzehn Besatzungsmitglieder der aus Estland stammenden *Nora*. Sie waren bereits fünf Tage und Nächte auf den Rettungsflößen unterwegs gewesen und hatten, verzweifelt sich anklammernd, Stoßgebete entsandt, daß ein Schiff ihren Weg passieren möge, seit sie fünfzig Meilen westlich von Rockall torpediert worden waren. Krank und erschöpft kletterten sie die Wand des Geleitschiffs hoch. Doch so sehr sie auch in Seenot geraten waren, zwei wertvolle ›Gepäckstücke‹ hielt der Kapitän noch immer fest an sich gepreßt: seinen Sextanten und eine Aktentasche mit den Schiffspapieren.

Es war eine Szene, die düstere Ahnungen aufkommen ließ und allen nicht wenig an die Nerven ging.

Am späten Nachmittag gab Geleitzug-Kommandant MacKinnon eine ganze Reihe Flaggensignale. Danach sollten alle Schiffe um 20 Uhr den Kurs des Geleitzugs um 40° nach Steuerbord ändern, um 23.30 Uhr das gleiche nach Backbord zurück.

Währenddessen legte Fregattenkapitän Allen seine Pläne für die Bewegungen der Eskorte im Falle eines Angriffs fest und signalisierte sie der *Fowey* und der *Bluebell*. Tagsüber würde demnach die *Leith* auf Gegenkurs und durch die Reihen des Konvois fahren. Die Eskorte, die auf der kursbestimmenden Seite fuhr, sollte sich voraus postieren, die andere achteraus. Nach dem Kurswechsel würde man das Ganze umkehren. Im Falle eines Angriffs sollte das Schiff, das sich auf der nicht attackierten Seite befand, seine Position dort behalten und beim Verband bleiben. War nicht klar, von welcher Seite der Angriff ausgeführt wurde, sollten beide Eskorten die Verfolgung des Gegners aufnehmen.

Nachdem diese Taktik geklärt war, gab Allen der *Fowey* Anweisung, bis Anbruch der Dunkelheit fünf Meilen achteraus nach eventuell sie beschattenden U-Booten zu suchen und danach ihren Platz an der Backbord-Flanke des Geleitzugs einzunehmen. Währenddessen sollte die *Bluebell* ihre Position an Steuerbord nicht verlassen.

Als die *Leith* auch diese Instruktionen durchgegeben hatte, zog sie an die Spitze des Geleitzugs vor und nahm dort den Platz ein, den bis dahin die *Scarborough* innehatte. Die *Heartsease* war in diese taktischen Züge noch nicht einbezogen, weil sie ja weit zurückhing und die beschädigte *Carsbreck* zu begleiten hatte.

Wie deren Kapitän es versprochen hatte, kämpfte sich der Frachter aus Glasgow bei fünf bis sechs Knoten Geschwindigkeit mühevoll durch die Wellen in Richtung Heimat. Aber die Crew hatte einiges an Bord durchzumachen, rollte das Schiff doch hin und wieder gefährlich nach Backbord über, und zwar immer dann, wenn aus dem vom Torpedo geschlagenen Loch wieder ein Stoß Hölzer ins Wasser schwappte.

Für die *Heartsease* war es eine reichlich ungewohnte Rolle, das Kindermädchen für ein einzelnes und dazu noch beschädigtes Schiff zu spielen. Die Korvette war es eher gewohnt, immer im Mittelpunkt aller möglichen Aktionen zu stehen, wie zum Beispiel kürzlich, als sie ihr blaugelbes Angriffssignal gegeben und ein U-Boot mit Wasserbomben eingedeckt hatte. ›Heart Disease‹ hieß sie bei ihrer Crew; denn ein wenig ›krank‹ machte es sie schon, wenn dieses ansonsten hervorragende Schiff bisweilen sehr heftig und furchterregend ins Rollen geriet. Sie war mit der *Bluebell* praktisch identisch, in derselben Woche wie sie vom Stapel gelaufen; und wie bei der *Bluebell* war auch ihr Kommandant, Korvettenkapitän North, noch während der Fertigstellung zu seinem neuen Schiff abkommandiert gewesen.

North war achtunddreißig Jahre alt und eigentlich an weit größere Schiffe gewöhnt, die er zwanzig Jahre lang im Dienste der P. & O.-Line gefahren hatte. Als der Krieg ausbrach, war er gerade Kapitän des Linienschiffs *Strathaird* gewesen. Doch dann war er erst einmal auf noch kleinere Schiffe gekommen, hatte zum Beispiel zur U-Boot-Abwehr umgebaute Trawler befehligt, ehe ihm die *Heartsease* anvertraut wurde. North stammte vom Lande, aus Oxfordshire, und war ein anspruchsloser, bescheidener Mann mit einem herzlich-kräftigen Lachen. Bei seinen Offizieren wie bei den Mannschaften war er sehr beliebt. Er verlor selbst dann seinen Humor nicht, als sich herausstellte, daß er sich niemals an diese kleinen Schiffe gewöhnen und auf ihnen eher seekrank werden würde: Prompt mußte er sich beim Verlassen des Hafens an Bord der *Heartsease* mehrfach mit seinem Signalgast den Eimer auf der Brücke teilen, der für solche Fälle bereitstand. Trotzdem trug er keinen Groll gegenüber dem Schiff in sich, sondern war im Grunde von ihm ganz angetan. Bezeichnend, daß ein kleines Bild in der Offiziersmesse sogar einen Ehrenplatz bekam: Es zeigte jene kleine Blume, von dem sein ebenso kleines Schiff den Namen bekommen hatte — ein wildes Stiefmütterchen in der Felsenlandschaft bei Tynemouth, das ein Freund des Kapitäns für ihn während seines letzten Urlaubs gemalt hatte.

In ihrem kurzen Leben hatte die *Heartsease* bereits mit dem Schlimmsten Erfahrungen gemacht, was der Atlantik bieten konnte. Die halbe Zeit ihres letzten Einsatzes hatte sie mit einem furchtbaren Sturm zu kämpfen gehabt. Fast zwei Tage lang konnte sie ihrem Einsatzauftrag nicht nachkommen. Das nun herrschende ruhigere Wetter war damit gar nicht zu vergleichen, und einige Männer an Bord fragten sich, ob sie wirklich Oktober hätten und sich auf einem der wildesten Ozeane befänden.

Ähnliche Gedanken bewegten die Mannschaften jener Frachter, die sich jetzt im Verband schon außer Sichtweite der *Heartsease* und der *Carsbreck* befanden. Ein paar Tage lang waren See und Wetter rauh gewesen, nunmehr schienen sie ihnen fast zu sanft und ruhig. Und das war gar nicht so wünschenswert, weil stürmischer Seegang auch dem Feind hinderlich ist.

Gegen 20 Uhr erlosch das letzte Tageslicht, die Nacht brach herein. Admiral a. D. MacKinnon ließ den Konvoi um 40° nach Steuerbord schwenken. Das Manöver bereitete unter dem freundlichen Nachthimmel und in der nur leichten Dünung keinerlei Schwierigkeiten. Doch dann verzog sich der helle Mond hinter dunklen Wolken und schaute nur noch ab und zu hervor. Eine leichte Brise wehte hier und da Nebelschwaden heran.

Der Konvoi zog seine Bahn durch die Nacht. Niemand konnte ahnen, daß sie in wenigen Minuten zum Tag werden sollte: rundherum von Explosionsblitzen und Feuer erleuchtet.

Die fünf U-Boote hatten ihre Hinterhalt-Linie inzwischen gezogen. Der letzte Funkspruch von U 38, der ihnen die Position des SC 7 durchgegeben hatte, kam ihnen dabei sehr zustatten. Der Geleitzug war am Nachmittag zum letztenmal gesichtet worden; jetzt, bei Einbruch der Nacht, lagen die ›Grauen Wölfe‹ bereit, zuzuschlagen. Über die Stärke der Eskorte wußten sie nicht genau Bescheid. Es schien so, als würde der Geleitzug von wenigstens drei Zerstörern und einigen kleineren Kriegsschiffen beschützt; aber auch das galt noch keineswegs als besonders abschreckend. Jeder U-Boot-Kommandant hatte seine eigenen Pläne, wie er vorgehen wollte. Einige planten außerhalb der Linien Torpedo-Fächer abzuschießen und im Laufe des Kampfes näher an den Feind heranzurücken. Andere würden gleich die Vorteile des Überwasser-Angriffs aus naher Distanz nutzen. Die verwegenste Methode hatte Otto Kretschmer, der Kommandant von U 99, entwickelt: Er versuchte stets, die Geleitschiffe zu umgehen und gleich zwischen die Linien des Konvois vorzudringen.

Nun warteten alle auf ihre große Möglichkeit; auf die große Nacht.

Um 20.15 Uhr schoß Oberleutnant z. S. Engelbert Endraß eine erste Salve von drei Torpedos von U 46 auf die Backbord-Flanke des Geleitzugs, die völlig ungedeckt war, ab — die *Fowey* befand sich noch fünf Meilen achteraus auf Suchkurs. Ein Torpedo traf sein Ziel.

Die Vernichtung des SC 7 hatte begonnen.

8.

Die Nacht wird zum Tag

Der Torpedo von U 46 schlug Backbord am Heck der schwedischen *Convallaria* ein. Die riesige Explosion ließ das Schiff vom Bug bis zum Heck erzittern und schleuderte ganze Teile der an Deck vertäuten Fracht in die Luft. Sie begann sofort übers Heck zu sinken. Eilends wurde Befehl gegeben, die beiden Rettungsboote zu wassern, was binnen drei Minuten geschehen war. Die komplette Besatzung hatte sich in sie retten können und ruderte mit allen Kräften von dem tödlich getroffenen Frachter weg. Nur fünf Minuten vergingen, da ragte der 2000-Tonner nur noch mit dem Bug steil in den Himmel. Wenige Augenblicke später war die *Convallaria* in den Fluten versunken. Aber unter der Wasseroberfläche hielt sie sich dann noch eine volle Viertelstunde, weil ihre Holzladung Auftrieb gab. Doch dann ging sie, fast hörte es sich wie ein Seufzer an, endgültig auf den Grund des nachtschwarzen Atlantik, der an dieser Stelle um die zweitausend Meter tief ist.

Die *Leith*, die dem Konvoi vorwegdampfte, hatte gerade die äußerste Grenze ihres Operationsbereichs an Steuerbord erreicht, als das schwedische Schiff getroffen wurde. Sie wendete scharf und hielt mit voller Kraft auf die Backbord-Flanke zu, wobei sie Leuchtkugeln abschoß, um die gesamte Szene in Licht zu tauchen. Über zehn Seemeilen suchte sie den dunklen Ozean nach dem Angreifer ab, fand aber nicht die leiseste Spur, gab darum auf und schloß sich wieder dem Konvoi an.

Die *Fowey*, immer noch mit dem Asdic-Gerät auf der Suche nach Angreifern, die sich von achtern näherten, sah die Leuchtkugeln von der Leith und versuchte — um herauszubekommen, was passiert war — über die entsprechende Welle mit der *Leith* Funkkontakt aufzunehmen. Es handelte sich um eine spezielle Wellenlänge, auf der sich gut ausgerüstete Eskortenschiffe per Morsezeichen gegenseitig informieren konnten. Aber die *Fowey* erhielt keine Antwort und eilte deswegen auf ihre angestammte Position an der Backbord-Seite des Geleitzugs — doch das dauerte: Schließlich hing sie eine Stunde hinter dem Geleitzug zurück, und bei ihrer begrenzten Geschwindigkeit würde es eine lange Aufholjagd werden. Unterwegs sichtete sie zwei Rettungsboote voraus. Obwohl sich die Admiralität in ihren Anordnungen dagegen ausgesprochen hatte, daß Geleitschiffe stoppten, um Überlebende aufzunehmen, entschloß sich Korvettenkapitän Aubrey anders. Er tat das mit der Begründung, daß er von den Geretteten ein paar nützliche Informationen über den Angriff bekommen könnte. Hinzu kam natürlich auch noch die Überlegung, daß kein anderes Schiff in der Nähe war und er die Männer in den Booten sonst völlig allein und sich selbst überlassen hätte; humane Beweggründe standen aber immer noch über bürokratischen Vorschriften. Die Boote beherbergten die gesamte Mannschaft der *Convallaria*, die zu diesem Zeitpunkt längst gesunken war. Der kurze Aufenthalt, den die Aufnahme der Schweden kostete, wurde also gewagt. An Informationen aber kam nichts heraus. Das einzige, was ein Offizier Aubrey auf der Brücke berichten konnte, war: »Es gab einen großen Knall, und ich sprang rasch ins Rettungsboot ...«

Noch einmal versuchte Aubrey, mit der *Leith* Funkkontakt zu bekommen, aber wieder ohne Erfolg; entweder war die *Leith* nicht entsprechend ausgerüstet oder ihr Gerät nicht richtig eingestellt. Das war eine höchst frustrierende Angelegenheit. Nach einer Ewigkeit — so schien es jedenfalls dem Kommandanten der *Fowey*, der sonst schnellere Zerstörer gewohnt war — zog sein Schiff mit der *Leith* gleich, und im Kielwasser des Konvois machten sie sich erneut auf die Suche, fanden aber immer noch keine Spur vom Feind. Währenddessen — der Konvoi dampfte, nur noch von der *Bluebell* an Steuerbord geschützt, weiter — kamen die Wölfe heran.

Die *Beatus* aus Cardiff, mit Stahlblöcken und darüber hoch mit Holz beladen, sichtete im Mondlicht an Backbord den Schatten eines U-Boots. Der Funker konnte gerade noch

Alarm geben, da schlug auch schon ein Torpedo ein und ließ den Dampfer erzittern. Der Treffer riß zwischen den Lagerräumen 2 und 4 ein Loch in die Backbordwand. Die *Beatus*, mehr als doppelt so groß wie die *Convallaria*, stoppte. Wasser drang in das Schiff ein. Schon eine kurze Untersuchung des Schadens ergab, daß es nur noch eine Frage der Zeit war, bis es sank. So gab Kapitän Wilfred Brett Befehl, das Schiff zu verlassen.

Doch eines der beiden Rettungsboote verunglückte: die Heizer kappten gleichzeitig die Trosse an der es aufgehängt war — mit dem Ergebnis, daß das Boot in die See stürzte und so beschädigt wurde, daß es praktisch ausfiel. Doch zum Glück gab es auf der *Beatus* noch ein zusätzliches Beiboot, das zusammen mit dem zweiten Rettungsboot losgemacht und zu Wasser gelassen wurde. Schließlich waren alle bis auf Kapitän Brett, einen indischen Heizer und den Richtkanonier, der das Schiffsgeschütz bediente, in den Booten untergebracht. Der Heizer, ein Fatalist, lehnte es ab, das Schiff zu verlassen. Seine Zeit sei nunmehr gekommen, sagte er, und er sei's zufrieden, wolle daher auf dem Schiff bleiben und mit ihm untergehen. Er verhielt sich vollkommen starrsinnig und unbeugsam. Kapitän und Artillerist konnten ihn schließlich nur dadurch zum Verlassen überreden, daß sie ihm sagten, sie beide seien laut Vorschrift die letzten, die von Bord müßten; folglich habe er *vor* ihnen zu gehen. Widerwillig und laut protestierend kletterte er daraufhin in eines der Boote. Kaum war er von Bord, da bestand der nicht weniger stur seine Pflichten betonende Artillerist darauf, als letzter zu gehen, nachdem der Kapitän in Sicherheit sei. Da es kaum der richtige Zeitpunkt für lange Diskussionen war, lösten sie das Problem damit, daß beide zugleich ins Rettungsboot sprangen.

Die schwer getroffene *Beatus* brauchte vierzig Minuten, bis sie gesunken war. Sie dümpelte noch über Wasser, als der holländische Frachter *Boekolo* sich näherte und zur Überraschung der Männer in den Rettungsbooten seine Maschinen stoppte, um sie offensichtlich aufzunehmen. Diese kameradschaftliche Geste verstieß gegen alle Vorschriften und sollte unglücklicherweise auch katastrophale Folgen zeitigen. Erst ein einziger Seemann aus den Booten der *Beatus* war an Bord des holländischen Handelsschiffs geklettert, als auch dieses von einem Torpedo getroffen wurde und heftig ins Schlingern geriet. Die Maschinen fielen aus und waren auch nicht wieder in Betrieb zu setzen.

Von der Brücke der *Bluebell* konnte man das Ganze, meilenweit entfernt, beobachten. Sie alle wollten ihren Augen nicht trauen, als das Trampschiff aus Amsterdam mit den holländischen Farben am Schornstein plötzlich stoppte und beidrehte.

»Guter Gott, warum stoppt der?« rief Kapitän Sherwood zu einem seiner Offiziere hinüber.

In der nächsten Minute dann traf schon der Torpedo, und damit hatten die Deutschen ihr drittes Opfer. Die Holzladung auf der *Boekolo* ging bereits in Flammen auf, als die Mannschaft sich in die Boote rettete.

An Bord der großen *Shekatika*, die der *Beatus* in Kiellinie folgte, als diese plötzlich wankte und versank, hatte Raymond Baldwin, der Zweite Funkoffizier, die dringenden Notrufe von allen drei Schiffen aufgefangen. Umgehend stürzte er hinauf auf die Brücke, um seinen Kapitän zu informieren, und der las die Nachrichten im Schein der Kompaßbeleuchtung.

Kaum wieder in seinen Funkraum zurückgekehrt, erfolgte ein furchtbarer Schlag, der das Schiff regelrecht taumeln ließ, die *Shekatika* zum vierten Opfer des ›Wolfsrudels‹ machte.

Sein Stuhl kippte um, aber mit letzter Kraft verhinderte er es, zu Boden geschleudert zu werden. Sich aufrappelnd, dachte er nur: »Das kann doch nicht wahr sein . . .« Trotz angelegter Kopfhörer konnte er hören, wie Holz von Bord polterte und ins Wasser stürzte. Sein Funkraum fing an, sich heftig zu neigen; — zehn Grad, zwanzig Grad. Auf dem Oberdeck hörte er das Getrampel vieler Füße. Der Erste Funkoffizier erschien: »Jetzt hat's uns erwischt! Wir haben einen Torpedo gefangen!« Er griff nach seiner Schwimmweste und zog sie über. Auch Baldwin schnappte seine

Weste, die in seiner Koje lag, und schnürte sie sich fest um den Leib.

Der Torpedo hatte die *Shekatika* in Höhe des Laderaums 4 an Backbord getroffen und einen ganzen Haufen Stämme und Stempel in die Luft geschleudert. Mit schrecklichem Lärm krachten diese Hölzer wieder auf das Deck zurück oder klatschten in die See. Dazu regneten die Splitter des explodierten Torpedos auf das Schiff herab. Um ein Haar wäre ein Maat von einem langen Holzstück getroffen worden.

Der Torpedo war nicht weit entfernt von der achtern gelegenen Mannschaftsmesse explodiert und hatte alle möglichen losen Gegenstände mit furchtbarer Gewalt durch den Raum geblasen. Glücklicherweise war niemand verletzt worden. Die Lichter achtern erloschen sofort. Das Wasser schoß in dicken Fontänen herein, so daß es schien, als sei das Heck bereits überflutet. Die Männer flohen Hals über Kopf und nahmen sich nicht einmal die Zeit, ein paar persönliche Dinge zusammenzuraffen. Über die hoch aufgetürmte Holzladung krabbelten sie im Dunkeln nach mittschiffs und zu den Booten, sich gegenseitig stoßend und rempelnd und langsam den Weg vorwärts suchend. Zu diesem Zeitpunkt war das Heck des Schiffs schon ziemlich tief im Wasser.

Harris und Baldwin, die beiden Funkoffiziere, hörten vom Funkraum aus, wie ihr Kapitän eilig hin- und herrannte. »SOS-Rufe senden!« Kapitän Robert Paterson stürzte mit rotem Gesicht vorbei in seine Kapitänskajüte, wo er Schiffspapiere und Geldkassette an sich riß. Harris funkte SOS. Auf dem Rückweg schaute Paterson noch einmal kurz in die Funkbude hinein, griff sich eine dicke Aktentasche und rannte mit schweren Schritten wieder zur Brücke hinauf.

Plötzlich schien das krängende Schiff sich von selbst wieder aufzurichten. Das kam sehr überraschend, hatte aber einen einfachen Grund: Nachdem das Wasser auf einer Seite eingedrungen war, hatte es schnell seinen Weg über den mittleren Schraubenwellentunnel auf die andere Seite gefunden und die beiden anderen Hälften der Laderäume 3 und 4 überflutet, wodurch sich das Wasser gleichmäßig verteilte. Auf diese Weise lag die *Shekatika* wieder lotrecht im Wasser und wurde überdies von ihrer Holzladung oben gehalten.

Die Mannschaft versammelte sich im Mondlicht auf dem Bootsdeck. Die Dampfpfeife gleich neben dem Schornstein pfiff im Dauerton ihr ohrenbetäubendes Notsignal; denn das Schiff stand weiterhin unter Dampf. Keine Maschine war ausgefallen; die Kesselräume standen noch voll unter Feuer, nachdem der Torpedo getroffen hatte. Allerdings entwich der Dampf nach oben, wenn er nicht auf die Maschinen geleitet wurde, so daß die Dampfpfeife ununterbrochen tönte. An Deck konnte man sich nur unterhalten, indem man sich gegenseitig ins Ohr schrie.

Der Kapitän kam in den Funkraum zurückgeeilt. Man beschloß, den Land-Stützpunkt zu informieren, daß die *Shekatika* getroffen sei. Daher ging nun ein internationaler SOS-Notruf hinaus und wurde beruhigenderweise von der Küstenstation in Valentia im Südwesten Irlands beantwortet.

Der Erste Offizier Leask und der Obermaat Alexander Smith begaben sich auf das Achterdeck, um den Schaden zu inspizieren. Die Explosion hatte die Schraubenwelle gebrochen und das Schott zwischen dem Lagerraum 3 und dem Maschinenraum verbeult. Man konnte daher die wasserdichte Tür zum Wellentunnel nicht mehr schließen, und das hatte zur Folge, daß das Meerwasser ziemlich schnell in den Maschinenraum eindrang.

Der Dynamo, extrem unter Dampf und nun unkontrolliert, brachte entsprechend extrem hohe Stromleistungen, und der Funkraum war so hell erleuchtet, daß die Lampe durchzubrennen drohte. Es wurde Zeit, das Feld zu räumen. »Was ist mit dem Logbuch?« Es lag ein ganzer Stapel von Papieren und Aufzeichnungen herum. »Alles liegen lassen, wir nehmen nur die Kladden mit den Codes mit.« Baldwin zog das Glas mit dem Siliziumkarbid aus dem Regal, das nach Verfügung des Handelsministeriums von allen Schiffen mitgeführt werden mußte. Dieses Karborund erlaubte den Empfang von Funksprüchen auch dann noch, wenn jegliche Stromzufuhr abgebrochen war. Jetzt wanderte das Glas als Souvenir in die Taschen des Funkers, als sie, den schweren Sack mit den Code-Büchern über der Schulter, hinaus ins Freie strebten.

Auf dem Bootsdeck begegnete Baldwin dem aus Schottland stammenden Ersten Ingenieur. Ihm schob er ein Päckchen Patience-Karten in die Hand, die er sich einmal ausgeborgt und jetzt schnell mit seinem Mantel aus der Kabine gerettet hatte. »Es soll nicht heißen, ich hätte sie verloren, Chef«, brüllte er. Der Ingenieur schaute ihn an, als habe er einen Irren vor sich, aber dann steckte er das Päckchen in seine Taschen.

Ein gutes Stück weiter unten prüfte zur gleichen Minute der Zweite Ingenieur die Lage im Maschinenraum, in den durch die verzogene wasserdichte Tür das Meerwasser flutete. Er gab dem Dreizylindermotor ein wenig Dampf, mit dem Ergebnis, daß er gleich losdonnerte und das ganze Schiff durchschüttelte. Die derart in Schwung gebrachte Kurbel hatte nämlich nichts mehr, worauf sie ihre immense Kraft übertragen konnte. Die Haupt-Schraubenwelle war gebrochen, das Schiff deswegen völlig hilflos. Aber der Kapitän hatte darauf bestanden, daß dieser Umstand doppelt und dreifach untersucht und bestätigt werden müsse, ehe man das Schiff aufgeben dürfe. Der wachhabende Ingenieur hatte die stampfende Maschine zuvor abgedrosselt und war nach oben geflohen.

Auf dem Achterdeck herrschte ein ziemliches Durcheinander. Die vorher so ordentlich gestapelten Grubenhölzer lagen kreuz und quer übereinander verschoben, und Hunderte von ihnen trieben draußen auf dem Wasser, schwarz im Mondlicht glänzend. Das Schiff schwankte noch einmal matt; auch seine Decks glänzten vom Wasser, das nach der Detonation des Torpedos über alles hinweggespritzt war. Nunmehr hatte Kapitän Paterson aus Edinburgh, ein Mann Ende Dreißig, seine Entscheidung zu treffen . . .

In diesem Moment sichtete die *Fowey* auf ihrem Suchkurs

den dunklen Schatten der *Shekatika*, ungefähr eine halbe Meile entfernt. Sofort ließ sie ihre Signallampen hinüberblinken.

Ein halbes Dutzend Augenpaare las die Botschaft, die von dem Geleitboot hinübergemorst wurde. Der Erste Offizier der *Shekatika* bestätigte am Ende jedes Wortes mit einem Aufblitzen seiner Stablampe den Empfang.

»Seid ihr in Seenot?« fragte die *Fowey*.

Eine Frage, auf die man nur mit grimmigem Gelächter antworten konnte. Doch die einschlägigen Kommentare gingen im schrillen Ton der Dampfpfeife unter.

»Ja«, blitzte die Stablampe zurück.

»Verlaßt ihr das Schiff?«

Kapitän Paterson schaute sich unter den Männern um, die in der Dunkelheit um ihn versammelt waren. Es waren mehr als zwei Dutzend, die auf ein Wort von ihm warteten. Traurig, widerwillig nickte er zu seinem Ersten Offizier hinüber.

»Ja«, morste die Lampe erneut.

In Ruhe und Ordnung kletterten sie in die Rettungsboote, aber trotz des stets höflichen Umgangs miteinander gab es fast so etwas wie einen heftigen Wettbewerb darum, wer als letzter oben an Bord blieb und die Trosse endgültig kappte. Die Boote ruckten an den stählernen Wänden das Schiff entlang hinab in die See. Als sie aufgesetzt hatten, fanden sich die Insassen in einem Wellengang wieder, der sie rund zweieinhalb Meter auf und ab schleuderte. Die Fallreeps wurden ausgehakt, und der Mann, der die Trossen oben gekappt hatte, kam nun die Schiffswand hinabgerutscht. Warnrufe wie »Paß auf die Beschläge auf!« waren kaum zu hören; denn oben schrie noch immer die Dampfpfeife. Endlich konnten sie sich in die Riemen legen und Distanz zwischen sich und das sinkende Schiff bringen. Es war nicht leicht zu bewerkstelligen weil sie sich den Weg durch herumtreibende Hölzer, die immer wieder gegen die Bootswände schlugen, bahnen mußten. Zum letztenmal konnten sie, als sie einen Bogen um den Bug beschrieben, den Namenszug ihres Schiffes *Shekatika* lesen, obwohl man ihn eigentlich grau überpinselt hatte. Die Männer, von denen einige bloß ihre Unterhemden anhatten, rückten näher zusammen.

Kapitän Paterson kommandierte das eine, Erster Offizier Leask das andere Boot, während sie durch die Dünung auf die *Fowey* zuhielten. Erst als die Männer an Deck des Geleitschiffs zu gelangen versuchten, erlitten sie Verletzungen: Es war nämlich etwas für Akrobaten, bei dem Seegang heil vom Boot auf das Schiff zu gelangen. Der Kapitän, zwischen Boots- und Schiffswand eingeklemmt, brach sich den Fuß. Ein Matrose stürzte zurück und brach sich ein paar Rippen.

Schließlich konnte die *Fowey* wieder auf volle Fahrt gehen; die leeren Rettungsboote verschwanden achteraus im Dunkel. In den Messedecks begannen die Geretteten von der *Shekatika*, ihre Schwimmwesten abzustreifen und vor sich auf den Boden zu legen.

»He, laßt das bleiben!« rief einer von ihnen den anderen zu. »Es heißt, daß sich dieser Eimer keine zehn Sekunden über Wasser hält, wenn er 'n Torpedo einfängt!«

Als die *Fowey* von der *Shekatika* abdrehte, wurde der große Frachter aus Schottland von seiner Holzladung immer noch gut über Wasser gehalten. Die *Fowey* wollte gerade mit Höchstgeschwindigkeit dem Konvoi nacheilen, als sie auf zwei weitere Rettungsboote stieß. Und erneut stand ihr Kommandant vor der verzweifelten Frage, ob er stoppen und die Überlebenden aufnehmen, oder ob er seine Fahrt fortsetzen solle. Aber Korvettenkapitän Aubrey zögerte nicht. Die *Fowey* drehte bei und nahm die Besatzung der *Boekolo*, zusammen mit dem einen Mann von der Beatus, der es geschafft hatte an Bord des Holländers zu klettern, ehe er torpediert wurde, an Bord. Dann ging es weiter hinter dem Konvoi her, der nun mehrere Seemeilen entfernt war.

Doch die Wölfe schlugen wieder zu — und das mit schrecklichem Erfolg. Dem alten britischen Dampfer *Creekirk*, der schon einen ganzen Krieg heil überlebt hatte, blieb keine Chance, als ein Torpedo ihm ein klaffendes Loch in die Wand riß. Das 4000-Tonnen-Schiff hatte Eisenerz geladen und sank sofort. Welche Dramen sich in den wenigen letzten Minuten abgespielt haben, wurde nie bekannt: Nicht ein Mann überlebte. Vom Kapitän, dem aus Guernsey stammenden Elie Robilliard, bis hinunter zum sechzehnjährigen Schiffsjungen wurden alle entweder sofort getötet oder von ihr mit in die Tiefe gerissen, als sie wie ein Stein wegsackte und an der Wasseroberfläche kaum eine Spur hinterließ — bis auf ein paar kleine verstreute Wrackteile.

An Bord eines ehemaligen amerikanischen Dampfers, der *Empire Miniver*, die an der Steuerbord-Seite der *Assyrian* eine Kolonne anführte, hatte man eine Explosion der anderen folgen gesehen und den Himmel erhellt von Geschützfeuer, Leuchtraketen und Leuchtfallschirmen. Die schützende Dunkelheit, die die Wolkendecke geboten hatte, wurde von einem leuchtenden Mond abgelöst. Alle fühlten sie sich nackt und dem Auge des lauernden Feindes ausgesetzt.

Während sie also das beginnende Inferno rundherum beobachteten, kletterte der Bootsmannsmaat der *Empire Miniver* die Brücke hinauf, um den Kapitän zu sprechen. Kapitän Robert Smith aus North Shields war ein erfahrener Seefahrer und hatte befohlen, daß die Mannschaft wach und in vollem Zeug blieb; jeder mußte seine Schwimmweste tragen. Nun kam der Bootsmannsmaat und bat für einige Männer um eine Ausnahme; für jene nämlich, die die mittlere Wache von Mitternacht bis vier Uhr morgens zu absolvieren hatten — sie sollten Gelegenheit bekommen, ein wenig zu schlafen. Aber Kapitän Smith machte ihm klar, daß es in der gegenwärtigen gefährlichen Situation wichtiger denn je sei, alle Männer in voller Montur und nicht in ihren Kojen anzutreffen. Um ganz sicher zu gehen, gab der Kapitän einen weiteren schlauen Befehl. Den Chefsteward wies er an, jedem, der nicht auf Wache war, eine große Sonderportion Rum zuzuteilen. Dazu müsse man nach mittschiffs kommen, um das Glas zu trinken. Das Ganze klappte vorzüglich.

Nachdem er gesehen hatte, wie verschiedene Schiffe seines Konvois torpediert worden waren — zwei davon ganz in der Nähe seiner *Empire Miniver* — wälzte Kapitän

Smith den Gedanken, ob es nicht klüger sei, sich per Flucht aus der Gefahrenzone zu retten. Die *Empire Miniver* war ein turbinengetriebenes, mit Dieselmotoren ausgerüstetes Schiff. Sie hatte ihre Geschwindigkeit während der Konvoi-Fahrt noch gar nicht ausfahren können. Der Kapitän wußte zwar, daß er sich regelwidrig verhielt, wenn er aus dem Geleitzug ausbrach, aber das war jetzt in Wirklichkeit eine zweitrangige Frage. Wenn es ihm nämlich gelänge, mit äußerster Fahrt aus dem Bereich der tödlich drohenden Gefahren hinauszukommen, dann hätte er reelle Chancen, seine Männer und das Schiff zu retten. Endlich kam er zu einem Entschluß und gab über den Maat Order an den Ersten Ingenieur, alles, was in ihnen steckte, aus den Maschinen herauszuholen.

Der Maat, Gilbert Hing, begab sich unter Deck, lief durch den Gang an Backbord zur Koje des Ersten Ingenieurs und gab ihm den Befehl des Kapitäns weiter. Der Leitende Ingenieur Paul aus Glasgow, ein besonnener, freundlicher Mann, verschwand umgehend in seinem Maschinenraum, um das große Wettrennen einzuläuten.

Als Hing den Mittelgang weiterlief, traf er auf den Dritten Ingenieur Sneddon, mit nichts als einem Handtuch um die Hüften und Sandalen an den Füßen bewaffnet. Ganz ruhig meinte Sneddon, er wolle jetzt ein Bad nehmen. Hing erinnerte ihn an den Befehl des Kapitäns, voll im Zeug zu bleiben; aber das zeitigte keinerlei Wirkung — der Ingenieur war zum Bad entschlossen.

Von der Brücke konnte man beobachten, daß die *Assyrian* Geschützfeuer gab. Andere Schiffe schienen ebenfalls zu feuern. Einige Granaten schlugen gefährlich nah ein. Danach schien alles sehr schnell zu gehen.

Der Torpedo, der die *Empire Miniver* als Ziel fand, hätte sie von Rechts wegen gar nicht treffen dürfen. Er war eigentlich für die *Clintonia*, die nur halb so weit von dem abschießenden U-Boot entfernt lag, vorgesehen. Aber Kapitän Thomas Irvin von der *Clintonia* war dem Torpedo noch geschickt ausgewichen, und der war dann weiter auf das größere Schiff zugeschossen. Kapitän Irvin sah das und bat im Geiste Kapitän Smith um Abbitte, daß er dem Torpedo aus dem Wege geschlüpft war: Beide Kapitäne hatten ihre Laufbahnen bei derselben Schiffahrtslinie, der Stag Line, begonnen, und sie kannten sich sehr gut.

Der Erste Offizier, John Green, hatte gerade die Brücke der *Empire Miniver* betreten und sein Fernrohr nach Backbord gerichtet, als er die Blasenbahn des Torpedos, wie er auf sie zukam, entdeckte. »Achtung! Alles festhalten!« konnte er gerade noch brüllen, als schon Sekunden später der Torpedo einschlug. Er traf die *Empire Miniver* mittschiffs an Backbord, und zwar zwischen Maschinenraum und Öltank, riß einen Teil der Backbordwand weg und ließ die Rettungsboote hinunterkrachen — sie gingen allesamt zu Bruch, obwohl es amerikanische Rettungsboote aus Stahl waren. In den Zwischendecks verstaute Eisenbarren wirbelten in die Luft und donnerten um den Schornstein herum aufs Achterdeck hinunter. Den Schrecken im Nacken, sprang die dort postierte Geschützbedienung umgehend ins Wasser, in das sie mit letzter Not noch ein Floß hinunterlassen konnte. Ausfließendes Öl hatte sich bereits entzündet. Die Maschinen des Frachters blieben stehen, und sofort war alles in Dunkelheit getaucht. Von unten verließ Dampf zischend den leckgeschlagenen Kessel. Gleich daneben lag der Leitende Ingenieur Paul tot am Boden; die Explosion hatte ihn zusammen mit dem Vierten Ingenieur und einem Heizer voll getroffen.

Das Schiff, mit Eisen und Stahl schwer beladen, begann sehr schnell zu sinken. Seine Welldecks waren sofort überflutet. Alle Schotten unterhalb der Brücke hatte die Explosion weggerissen — ein riesiger Riß quer durch das Schiff. Es war sehr leicht möglich, daß es mitten auseinanderbrechen und umgehend in den Fluten verschwinden würde. Kapitän Smith gab daher Befehl, das Schiff zu verlassen, indem er seine Anweisungen von der Brücke aus den Matrosen auf dem Deck zurief.

Der Erste Offizier Green leitete das ›Stopp‹-Kommando in den Maschinenraum hinunter. Der Aufwand war überflüssig; denn mit dem Maschinenraum gab es keine Verständigungsmöglichkeiten mehr. Der wachhabende Maat Hing ließ die anderen Schiffe per rotem Lichtsignal wissen, daß sie von einem Torpedo getroffen worden waren. Als er auf die untere Brücke rannte, sah er Kapitän Smith, wie er sich abmühte, die Tür zu seiner Kajüte zu öffnen, und er half ihm dabei. Doch trotz gemeinsamer Anstrengungen ließ sich die verklemmte Tür nicht öffnen.

An Deck versuchten Hing und der Zweite Maat, Reginald Leach, das Steuerbord-Rettungsfloß aus seinen Davits zu lösen, aber auch das klappte nicht. Also begaben sie sich nach achtern und kletterten den Niedergang zum Bootsdeck hinunter. Eine Gräting im Maschinenraum war aus ihren Halterungen gerissen worden, und sie mußten sehr vorsichtig sein, um nicht in dem schwachen Mondlicht einen Fehltritt zu tun. Dann entdeckte der Erste Offizier Green plötzlich seinen Kapitän beim Überqueren des Bootsdecks. »He, springen, Käptn!« schrie er hinüber. Der Kapitän reagierte fast automatisch und wurde sich erst später darüber klar, daß er sonst tief ins Schiff hinuntergestürzt wäre.

Während alle anderen damit beschäftigt waren, die Rettungsboote an Steuerbord flottzumachen, tauchte plötzlich eine seltsame Erscheinung in Gestalt des Dritten Ingenieurs Sneddon auf dem Bootsdeck auf — außer seinen Jockey-Unterhosen hatte er nämlich nichts an. Die Druckwelle des Torpedos hatte ihn im Baderaum zu Boden geschleudert und mit herabfallenden Fliesen halb zugedeckt. Ein weiterer Zuspätkommer war ein Hilfsmaschinist, der als einziger aus der Maschinenraum-Crew überlebt hatte. Als der Torpedo traf, befand er sich ganz am Ende des Schraubenwellen-Tunnels, den er zu schmieren hatte. Von dort aus war es ihm gelungen, unverletzt zu fliehen und sich durch die totale Dunkelheit vorzutasten, bis er auf einen Niedergang traf, über den er das Deck erreichte.

Die Pfeifen im Bootsdeck und die Schiffssirenen tönten, als die beiden Rettungsboote ins Wasser gingen. Das eine kommandierte der Kapitän, das andere sein Zweiter Offizier. Erst zehn Minuten waren seit dem Torpedotreffer vergangen, und doch schien das schon eine Ewigkeit hergewe-

Links: Vizeadmiral Karl Dönitz, führender Kopf der deutschen U-Boot-Streitkräfte. Rechts: Kapitänleutnant Heinrich Bleichrodt, Kommandant von U 48, der ›Jäger‹-Spitze.

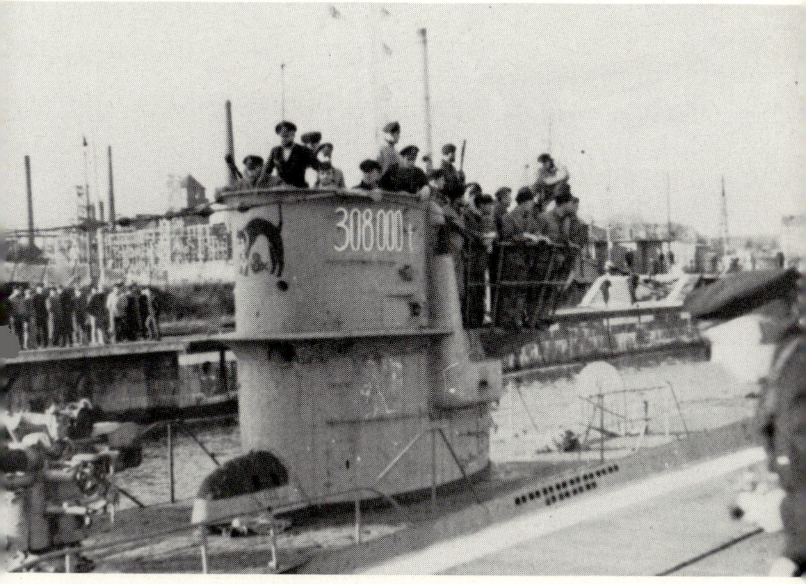

U 48 mit gebuckelter Katze als Wahrzeichen. Auf der Brücke: Kapitänleutnant Bleichrodt.

Die *Trident*, das waghalsige alte Trampschiff aus Newcastle. Bei rauhem Wetter dampfte sie mehr unter als über dem Atlantik.

Einige der *Trident*-Offiziere zur Zeit des SC-7-Geleitzugs. Von links: Erster Ingenieur Frank W. Tate, Maat William Simpson, Zweiter Funk- offizier Clifford Atkinson und Obermaat Reginald E. Jones.

Links: Fregattenkapitän Roland C. Alen vom Motorschiff *Leith*. Rechts: *Leith*-Leutnant Anthony S. Tyers.

Oben: Die *Leith* in Picton, Neuseeland, bevor sie zum Kriegseinsatz in den Atlantik gerufen wurde. Unten: Der kleine, mit Fasernhölzern beladene schwedische Dampfer *Gunborg*.

Links: Korvettenkapitän Edward J. R. North von der *Heartsease*. Rechts: Navigationsoffizier Leutnant John D. Hill mit Leutnant J. B. Hider vom Motorschiff *Heartsease*.

Links: Telegraphist Eric R. Semmens (rechts) und Kollege an Bord der *Leith*. Rechts: Oberleutnant J. Robertson, Schiffsarzt auf der *Leith*, ein tüchtiger junger Doktor.

sen zu sein. Das eine Boot nahm alle Männer von dem Rettungsfloß über, auf das sich die Geschützbedienung gerettet hatte. Nur einer von ihnen fehlte, ein junger Schiffszimmermann, der das Floß nicht erreicht zu haben schien. Alle nahmen an, daß sie ihn wohl aufgeben müßten. Da hörten sie plötzlich eine Stunde später lautes Rufen, sahen eine Lampe im Wasser schwimmen und entdeckten so den Zimmermann, der nach seinem Sprung von Bord rufend und die Lampe im Wasser vor sich her stoßend umhergeschwommen war.

Die beiden Boote achteten auf gebührenden Abstand, als sie auf die nächtliche Unglücksszene zurückschauten. Von anderen Rettungsbooten und -flößen konnte man hier und dort Lichter aufblitzen sehen. Auch die Silhouetten einiger Schiffe waren zu erkennen, möglicherweise Nachzügler, die den Anschluß zum Verband etwas verloren hatten. Selbst jetzt, wo die Betrachter in ihren Booten selber kaum vom Fleck kamen, schien ihnen das Tempo, mit dem diese Schiffe sich vorwärtsbemühten, denkbar schwach.

Die Cardiffer *Fiscus* hatte es geschafft, ihre Geschwindigkeit auf zehn Knoten hochzupuschen — mehr erlaubte ihr die stählerne Ladung in ihrem Bauch beim besten Willen nicht. Kapitän Ebenezer Williams, den schon lange vor dem Auslaufen des Geleitzugs ein fatalistisches Gefühl von einer bevorstehenden Katastrophe heimgesucht hatte, fühlte sich durch das, was diese Nacht an Zerstörungen gebracht hatte, in seinen schlimmsten Befürchtungen bereits übertroffen. Mehr als alle anderen müssen ihn die Schrecken dieser Schlächterei rundherum heimgesucht haben. Aber wie sehr es ihn mitnahm, seine Vorahnungen plötzlich derart von der Realität eingeholt zu sehen, hat er niemandem mehr erzählen können; denn der Torpedo, der jetzt die *Fiscus* voll traf, verursachte eine der gewaltigsten Explosionen in dieser Nacht. Sie zerriß das Schiff fast unter den Füßen ihres Kapitäns in Stücke. Wie ein Stein versank es in den Fluten und nahm die gesamte Mannschaft mit sich — : achtundzwanzig Männer, vom achtundvierzig Jahre alten Kapitän bis zu den beiden jüngsten Mitgliedern seiner Mannschaft, zwei vierzehn- und fünfzehnjährigen Brüdern, die eine verwitwete Mutter in Cardiff zurückließen.

Diese unbegreifliche Tragödie spielte sich vor den Augen der Mannschaft an Bord der *Somersby* ab. Vor einer Minute war die *Fiscus* noch mit voller Kraft vorausgedampft, in der nächsten war sie praktisch in die Luft geflogen und von der Wasseroberfläche verschwunden, als hätte sie ein Strudel in die Tiefe gerissen.

Weit achteraus, nun schon Meilen hinter dem Geleitzug, gab es noch eine andere Explosion. Aber diesmal traf der Torpedo ein bereits leeres, von seiner Besatzung aufgegebenes Schiff — die *Shekatika*. Ein U-Boot hatte, nachdem der erste Angreifer abgedreht war, das einsam driftende Schiff entdeckt und ihm den Gnadenschuß versetzt. Dann drehte auch der zweite Deutsche ab, nachdem er einen Abschuß in seinen Büchern verzeichnet hatte; aber erstaunlicherweise hielt sich die *Shekatika* noch immer über Wasser.

An Bord der *Gunborg* hatten die Männer beobachten können, wie ihr schwedisches Schwesterschiff, die *Convallaria*, von einem Torpedo getroffen worden war. Hilflos hatten sie nicht einmal stoppen und die Schiffbrüchigen aus dem Wasser holen können. Doch jetzt waren auch sie an der Reihe, wurden auch sie Opfer des U-Boot-Rudels.

Der Torpedo traf die *Gunborg* an Backbord und verursachte eine derart heftige Explosion, daß eine riesige Sturzsee über das Schiff ging und der Kapitän gleich zweimal auf die Deckplanken geschmettert wurden. Das Schiff bekam ziemliche Schlagseite nach Backbord. Alles rannte zu den Rettungsbooten, unter ihnen der jüngste Leichtmatrose, Sture Mattsson, den nun innerhalb weniger Wochen schon der zweite Torpedo erwischt hatte — er hatte ein Schiff bereits auf der Fahrt nach Amerika verloren; nun versank auf der Rückfahrt auch das neue Schiff unter ihm. Als Mattsson das Bootsdeck erreichte, wurde er sich plötzlich bewußt, wie fremdartig diese vom Mond beleuchtete Szene sich vor seinen Augen ausbreitete: Es herrschte totale Stille; nicht ein Wort war zu hören, als die Männer die Rettungsboote flottmachten. Alles ging so routiniert und reibungslos vor sich, als täten sie hier etwas, was ihnen alle Tage passierte.

Als die Boote von der *Gunborg* weggerudert wurden, fiel Mattsson plötzlich mit einem Schlag ein, daß er bei seiner eiligen Flucht seinen Hund an Bord zurückgelassen hatte. Es war ein schönes Tier, ein deutscher Schäferhund, der nun, in seiner Kajüte eingesperrt, zu einem schrecklichen Tod in dem untergehenden Schiff verurteilt war. Mattsson erzählte seinem Kapitän von dem unglücklichen Tier. Der warf einen kritischen Blick auf die *Gunborg*. Sie sank nur langsam, weil die Holzladung Auftrieb gab. So kam er zu dem Schluß, daß noch Zeit genug war, zurückzurudern. Als das Rettungsboot nah genug an der Bordwand des Schiffs war, sprang Mattsson hinauf und rannte zu seiner kleinen Kajüte, riß die Tür auf, befreite den Hund, eilte an Deck zurück und warf ihn regelrecht ins Rettungsboot hinunter; denn das Tier war sehr erschreckt und nicht weit davon entfernt, sich mit Bissen zu wehren. Es dauerte nur ein paar Minuten, bis sie wieder weit genug von der *Gunborg* entfernt waren. Und wieder schauten sie nun hinüber zu ihr, wie sie langsam in der schwarzen See versank — grimmig die Männer, glücklich aber der Junge, der seinem Hund noch das Leben hatte retten können.

Als die See sich über der *Gunborg* geschlossen hatte, begannen sie, sich in die Riemen zu legen. Rundum sahen sie brennende Schiffe. Dann tauchte ein großer Dampfer aus der Dunkelheit auf, vom Mond schattenhaft beleuchtet: die alte griechische *Niritos*.

»Bereitmachen! Wir holen euch an Bord!« scholl es unerwartet von dort zu ihnen herüber, und der Grieche drosselte tatsächlich seine Geschwindigkeit, um ihnen zu helfen.

Die überraschten Schweden verständigten sich schnell untereinander und beschlossen, das Angebot nicht anzunehmen. Die Wahrheit war: Sie fühlten sich, solange die feindlichen Angriffe auf den Geleitzug noch anhielten, in ihren Rettungsbooten alle viel sicherer. Also riefen sie ihren

Dank zu den Griechen hinüber und teilten ihnen ihre Entscheidung mit.

»Viel Glück!« kam es von der *Niritos* zurück, und der Dampfer nahm wieder Fahrt auf und verschwand in der Nacht. Kaum zehn Minuten später wurden die Rettungsboote der *Gunborg* von der Druckwelle, die der Torpedotreffer auf das griechische Schiff auslöste, durcheinandergeschüttelt. Sie konnten das alte, mit Schwefel beladene Trampschiff sogar noch mit eigenen Augen im Mondlicht sehen, als die Stichflamme aufblitzte und später eine Wolke aus Dunst und Rauch die *Niritos* einhüllte. Sie sank sehr schnell und brannte dabei lichterloh. In dem Boot, in dem Mattsson saß, sprach niemand ein Wort. Schweigend folgten die Augen der Männer dem glücklosen Griechen, bis er verschwunden war und nur noch ein paar rauchende Wrackteile von der Stelle kündeten, an der er sein Grab gefunden hatte. Dann ruderten sie weiter und entdeckten bald ein Licht auf dem Wasser, auf das sie zuhielten, um zu sehen, was es bedeutete. Es handelte sich um ein Rettungsboot mit einer kleinen Laterne am Bug. Sein einziger Insasse war ein toter Seemann. So ruderten sie weiter.

Über die ganze See verstreut schwammen die Wrackteile der vielen versenkten Frachter; durch sie zog ein einsames Boot mit Überlebenden der *Niritos* seine Bahn. Die Männer legten sich kräftig in die Riemen, obwohl es ihnen reichlich nutzlos schien, irgendeinen Kurs einzuhalten. Einzig sinnvoll war offenbar das Ausweichen vor Treibgut, das ihnen gefährlich werden konnte. Sie waren, einschließlich Kapitän, nur noch vierzehn Mann. Mehr als die Hälfte der Mannschaft war bei der Explosion umgekommen oder ertrunken, oder vielleicht waren jetzt noch einige dort draußen im dunklen Wasser und kämpften um ihr Leben. Es würde ihnen nichts nützen ...

Es war kurz nach 22.30 Uhr. In den letzten zwei Stunden hatte der SC 7, soweit man das im Funkraum auf der *Assyrian* bei dem großen Durcheinander von Notrufen hatte feststellen können, neun Schiffe verloren. Geleitzug-

Kommandant MacKinnon hatte mit ansehen müssen, wie ihm der Konvoi zerrissen und zerschmettert wurde. Die übriggebliebenen zwanzig Schiffe eilten nun mit äußerster Anstrengung davon und hielten größtenteils noch verzweifelt an der gewählten Formation fest.

Alles war wie ein Alptraum gewesen, konnte nicht Wirklichkeit sein, was da im immer wieder durch Wolken und Dunst hervorbrechenden Mondlicht geschehen war: Flammenblitze und Explosionen, brennende Schiffe, Rettungsboote und Flöße mit ihren auf- und abschwankenden Laternen in der weiten See, aufschießende Leuchtkugeln. Und durch diese Szene hindurch waren die unbeschädigten Schiffe weiter vorwärtsgedampft, auf der Flucht vor dem Mondlicht und einem unsichtbaren Feind, manchmal einer Kollision nur knapp entkommend, wenn ein Schiff vor einem Torpedo plötzlich auswich und dabei aus dem Verband ausscherte. Jede Wolke, die sich vor den Mond schob und die Schiffe in Dunkelheit hüllte, wurde daher begrüßt, als bestimme sie darüber, wann das Ende der Schiffe gekommen sei oder ob sie überleben würden.

Für die unaufhörlich nach den Eindringlingen suchenden Geleitschiffe, die den Anschluß an den Verband inzwischen verloren hatten, war diese nicht endenwollende Abschlachterei ebenso entsetzlich wie rätselhaft. Wie konnten ein oder auch zwei U-Boote solche dauernden Angriffsmanöver überhaupt ausführen? Wieso schafften sie es nicht, den Feind zu entdecken? Natürlich störten die Maschinengeräusche der getroffenen Handelsschiffe den Empfang der Unterwasserhorchgeräte, und das galt gewiß noch mehr für die Torpedoexplosionen, für die Echos, die die Wrackteile und die im Sinken begriffenen Schiffe zurückwarfen; das alles erschwerte die Bedingungen extrem, unter denen die angreifenden U-Boote aufgespürt werden sollten. Aber wieso konnte es geschehen, daß nicht ein einziger Kontakt mit ihnen gelang? Die schnelle Aufeinanderfolge von Explosionen einmal in dieser, dann in der entgegengesetzten Richtung, ließ in den Männern auf den Kriegsschiffen ein Gefühl von Ohnmacht hochkommen. Wie ein blinder Boxer tappten sie im Ring herum und mußten Schläge einstecken, von denen sie nicht wußten, woher sie kamen.

Aber dann präsentierte sich ihnen im Durcheinander dieser Nacht doch endlich etwas Handgreifliches: Um 22.40 Uhr sichtete die *Leith* plötzlich direkt voraus ein aufgetauchtes U-Boot, das sich mit hoher Geschwindigkeit exakt auf dem gleichen Kurs wie das Geleitboot befand. Die Entfernung betrug etwa zwei Seemeilen. Sofort feuerte die *Leith*, während sie die Jagd aufnahm, mehrere Salven Leuchtkugeln ab. Das U-Boot und sein Kielwasser waren deutlich erkennbar, aber die Zeit reichte nicht aus, um das 12-cm-Geschütz gefechtsklar zu machen, bevor der Deutsche vor ihren Augen unter der Wasseroberfläche verschwand. Doch die *Leith* setzte die Verfolgung fort, bekam auch noch einmal Asdic-Kontakt und hielt ihn über die kurze Strecke von einer halben Seemeile — aber dann ging er wieder verloren.

Es war eine bittere Enttäuschung. Entweder hatte das U-Boot seinen Kurs bei einer viel höheren Geschwindigkeit, als man für möglich halten konnte, gewechselt, oder man hatte Kontakt mit einem falschen Objekt und gar nicht mit dem Boot selbst gehabt.

An Bord der *Fowey* gab es wenig freundliche Worte darüber zu hören, daß die *Leith* eine Leuchtkugel nach der anderen abschoß. Das schien nämlich völlig unnötig in einer Nacht, wo eine Leuchtrakete auch nicht mehr erhellen konnte, als es der Mond bereits tat; dafür bot sie dem Feind aber eine zusätzliche Hilfe beim Ausmachen des Standorts eines Schiffes. Und hinzu kam noch, daß die eigenen Männer am Ausguck erst einmal für ein paar Augenblicke geblendet waren, wenn die Kugel aufblitzte. Oder hatte die *Leith* etwa spezielle Instruktionen bekommen, von denen die anderen nichts wußten?

Die *Bluebell* hatte sich zurückfallen lassen, um die *Leith* zu unterstützen, und bekam nun Befehl, sich an der Jagd nach dem U-Boot zu beteiligen. Die dauerte eine weitere Stunde, doch die Zeit war verschwendet, weil der Deutsche sich spurlos davongemacht hatte. So erhielt die *Bluebell* den Auftrag, die Überlebenden einiger torpedierter Schiffe, die noch in ihren Booten auf Rettung warteten, an Bord zu nehmen, während die *Leith* sich wieder an die Verfolgung des längst außer Sicht befindlichen Konvois machte.

Die *Bluebell* hatte indessen eine mühevolle und lange Suche nach Schiffbrüchigen vor sich, in einer See, die eine einzige Szene der Verwüstung war, überall bedeckt mit Wrackteilen versunkener Schiffe. Es war kurz vor Mitternacht, als die Korvette mit der Erfüllung ihres traurigen Auftrags begann. Wenn sie ein Rettungsboot ausgemacht hatte, suchte sie zunächst die Umgebung genau ab, um sich nicht einem eventuell lauernden Feind leichtsinnig auszuliefern. Erst dann drehte sie bei und nahm die Männer an Bord, was bei dem heftiger werdenden Wind und der zunehmenden Wellenbildung keine leichte Arbeit war. Es waren die Überlebenden der *Gunborg*, deren Kapitän besonders wütend war, weil die Schweden als Neutrale eigentlich nicht hätten torpediert werden dürfen; und es waren die Mannschaften der *Empire Miniver* und der *Niritos*. Die Griechen, von denen einige — wenn auch nicht schwer — verletzt waren, brauchten endlos, bis sie schließlich an Bord waren. Für Kapitän Sherwood wurde es dann endgültig zuviel, als er mit aufgerissenen Augen mit ansehen mußte, daß die Schweden einen Hund mitbrachten.

»Jetzt machen wir hier noch einen Zoo auf«, war sein bissiger Kommentar.

Da die *Bluebell* vor dieser Rettungsaktion bereits siebzig Seeleute an Bord genommen hatte, wurden ihre Mittel spürbar knapp.

»Bringt alles mit rauf, was ihr in den Rettungsbooten habt«, hieß es daher. »Nahrungsmittel, Decken, Kleider — alles, was nützlich ist. Beeilung!« Mit jeder Minute, die die Korvette keine Fahrt machte, vergrößerte sich die Gefahr.

Der Maat Hing von der *Empire Miniver* war für die Rettungsboote seines Schiffs verantwortlich gewesen und wußte daher genau, wo alles verstaut war. So waren in wenigen Minuten Decken, Konserven und eine Flasche Brandy an Bord der *Bluebell* geschafft; unglücklicherweise driftete das andere Boot mit seinem Brandyvorrat weg, ehe man ihn sichern konnte. Normalerweise wurden die Rettungsboote nach dem Verlassen versenkt, damit sie nicht auf See herumtrieben. Diesmal aber hatte man sie intakt gelassen — vielleicht retteten sie dem einen oder anderen Seemann, der noch im Wasser schwamm, das Leben. Um 3.15 Uhr funkte die *Bluebell* an das Küstenkommando: »Haben Kapitän und Crew des britischen Schiffs *Empire Miniver* ... Kapitän und 22 Mann des schwedischen Dampfers *Gunborg* ... Kapitän und 13 Mann des griechischen Dampfers *Niritos* an Bord ... Suche nach Überlebenden wird bei Tageslicht fortgesetzt.«

Die *Bluebell*, deren junge Mannschaft selbst noch nie in ihrem Leben ein U-Boot gesehen hatte, hatte nun über 140 Überlebende von Torpedo-Angriffen an Bord. Doch damit hatte sie ihre Aufgabe noch keineswegs erledigt.

Nachdem die *Leith* die *Bluebell* gegen Mitternacht hinter sich gelassen hatte, war sie dem Konvoi mit äußerster Kraft nachgefahren. Zehn Minuten später sichtete sie die *Fowey*. Per Signallampen gaben sie sich die notwendigen Informationen. Auf der *Fowey* befanden sich mehr als 150 Gerettete — die Mannschaften der *Convallaria, Shekatika* und *Boekolo*; dazu jene Männer, deren Schiff auf dem Weg in die andere Richtung, nach Amerika, verlorengegangen war.

Die *Fowey* mußte eine Meile von der *Bluebell* entfernt an Backbord Position beziehen. Beide stampften sodann mit der für die *Fowey* erreichbaren Höchstgeschwindigkeit von 14 Knoten dem Konvoi hinterdrein. Eine halbe Stunde nach Mitternacht erleuchteten an Steuerbord hohe Flammenblitze den Horizont. Die beiden Geleitschiffe änderten sofort ihren Kurs und hielten darauf zu, aber sie kamen hoffnungslos zu spät: Der ungeschützte Geleitzug war von dem lauernden Wolfsrudel mit einer neuen Vernichtungswelle überzogen worden.

9.

Das Schlachten nimmt kein Ende

Fast zur selben Zeit, als die *Leith*, Meilen vom Geleitzug entfernt, ein U-Boot sichtete, wurde auch von der *Assyrian*, die noch immer den dezimierten Konvoi anführte, eines entdeckt.

»Da, ein Deutscher!«

Kapitän Reg Kearon rief den Zweiten Ingenieur William Venables zu sich auf die Brücke. Er rannte hinauf und fand den Kapitän und den Geleitzug-Kommandanten aufgeregt über den Bug die See absuchen.

»U-Boot voraus«, sagte der Kapitän. »Holen Sie alles aus den Maschinen raus, was sie hergeben. Wir wollen versuchen, es zu rammen!«

Venables riskierte einen Blick voraus, bevor er in den Maschinenraum zurückeilte. Kaum hundert Meter entfernt konnte er im Mondlicht den dunklen Turm eines U-Boots erkennen. Unten im Heizraum hatten die beiden diensttuenden Heizer, zwei junge Burschen aus Liverpool auf ihrer ersten Fahrt, dafür gesorgt, daß ihr Kessel stets genug Dampf bekam, um gute sieben Knoten Geschwindigkeit zu halten. Ihre Augen fingen an zu leuchten, als Venables ihnen sagte, was der Kapitän plante und daß er dazu alles brauchte, was in ihrem Schiff steckte. Die beiden grinsten sich an bei dem Gedanken, daß ihr alter Kahn ein U-Boot rammen sollte, und gingen wie vom Teufel gejagt ans Werk, machten ein Feuer unterm Kessel, wie sie noch nie zuvor eines gemacht hatten. Mit Volldampf ging es dann voraus.

Von der Brücke aus gab Admiral a. D. MacKinnon per Lichtsignal den Plan, daß er das aufgetauchte U-Boot angreifen wolle, an die anderen Schiffe weiter, und gab Order, daß alle Schiffe in Schußreichweite zum Feind feuern sollten. Gleichzeitig machte sich die *Assyrian* zu ihrem Rammversuch auf.

Als der Druck anstieg, öffnete Venables die Ventile beider

Maschinen ganz. Normalerweise machte die *Assyrian*-Maschine bei voller Fahrt etwa 104 Umdrehungen in der Minute; jetzt hatte sie 110 Umdrehungen erreicht, das höchste Tempo, das die Maschinen je gemacht hatten. Nie zuvor hatten solche Kräfte das alte Schiff zum Vibrieren gebracht. Zum erstenmal in seinem Leben war es auf zehn Knoten.

Vierzig Minuten lang hing sie so nah am Schwanz des U-Boots, daß sie nicht den kleinsten Schwenk wagte — hätte sie sich doch damit dem Achterdeck-Geschütz des U-Boots ausgesetzt. Doch wenn die *Assyrian* auch ihr Bestes gab, es war nicht genug. Als eine Wolke für einen Moment den Mond verdunkelte, ergriff das U-Boot die Gelegenheit und verschwand nach Steuerbord in die Finsternis.

Einen kurzen Augenblick bot sich der Geschützmannschaft auf der *Assyrian* an ihrer 10-cm-Kanone aber eine gute Sicht auf den fliehenden Deutschen. Sie gab zwei Schüsse ab, verfehlten aber beide Male. Dann wurden die Lichtverhältnisse wieder schlechter, und sie konnten nicht einmal sagen, ob das U-Boot nun getaucht war oder ob es sich mit hoher Geschwindigkeit über Wasser abgesetzt hatte.

Frank Bellas, verantwortlicher Geschütz-Offizier, ärgerte sich, daß sie auf dem Vorschiff kein Geschütz hatten; denn in dem Fall hätten sie das Heck des Deutschen hervorragend unter Feuer nehmen können. Doch Bug-Geschütze waren nach den Internationalen Richtlinien auf Handelsschiffen nicht zugelassen.

Ingenieur Venables, der schnell an Deck zurückgestiegen war, um die ganze Aktion mit eigenen Augen zu erleben, kehrte wieder nach unten zurück, um den Befehl zum Drosseln des Tempos zu geben, um eine Überhitzung des Kessels und der Maschinen zu verhindern. Die Geschützbedienung erhielt Kommandanten-Order, ein paar Rauchpatronen abzuschießen und das Schiff einzunebeln. Beim Abschuß gab es natürlich zuerst kurze Flammenblitze, die das Schiff zu einem idealen Ziel machten, aber dann verschwand es in einer dicken Wand von Rauch. Es war gerade so, als breite eine Glucke die Schwingen über ihre Küken, um sie gebührend zu schützen.

Langsam ließ die *Assyrian* sich wieder zurückfallen, bis sie ihre Position an der Spitze des Konvois erneut eingenommen hatte.

Auch zwei andere Schiffe in ihrer Nähe hatten das U-Boot gesehen. Der Holländer *Soesterberg* gab sogar einen Schuß auf das Boot ab, verlor, bevor er wieder nachgeladen hatte, dann aber den Deutschen aus den Augen. Die *Empire Brigade* entdeckte das U-Boot nur etwa 200 Meter voraus. Es bewegte sich mit, als gehöre es zum Konvoi. Aber außer einem Warnruf an die anderen Schiffe »U-Boot voraus« konnte die *Brigade* nichts unternehmen.

Auf der *Soesterberg* befanden sich bis auf die Wachhabenden alle Mann in Schwimmwesten bei den Rettungsbooten. Der Erste Offizier überzeugte sich noch einmal, ob alle Vorbereitungen zum Wassern der Boote getroffen worden waren, während die Geschütz-Mannschaft auf Gefechtsstation war. Aber sie mußte in ihrem Betätigungsdrang vorsichtig gebremst werden; denn wenn auch der Ausguck hier und da den Schatten eines U-Boots auszumachen glaubte — ehe gefeuert wurde, nahm Kapitän de Jong lieber noch einmal sein Fernglas zur Hand und überzeugte sich zusammen mit seinen Offizieren, ob und was sich da draußen in der Dunkelheit bewegte. Schließlich war es ja auch möglich, daß ein Schiff aus dem eigenen Verband irrtümlich für ein U-Boot gehalten wurde. Er gab Anweisung, erst auf seinen ausdrücklichen Befehl hin das Feuer zu eröffnen.

Auch auf der *Assyrian* herrschte unter der Geschützbedienung besondere Spannung. Nach der aufregenden Jagd auf das U-Boot war man jetzt in Sorge, daß sich das Leitschiff durch dieses mutige Manöver zu weit vom Konvoi abgesetzt haben und damit für den Feind zu einem besonders guten Ziel geworden sein könnte. Die Spannung wuchs noch, als zwei Torpedos das Schiff nur knapp am Heck verfehlten. Zwei weitere sausten am Bug vorbei.

Auf der Brücke erkundigte sich Chefsteward James Daley beim Kapitän, ob er eine Kanne Tee hinaufschicken solle.

Kapitän Kearon verwies ihn an den Admiral a. D., der an Steuerbord angestrengt in die Nacht hinausstarrte. Daley ging zu ihm hinüber.

»Soll ich Ihnen einen Tee hinaufschicken, Sir?«

Ohne sich umzudrehen oder seine Stimme zu heben, meinte der ruhig: »Eine hervorragende Idee, mein Lieber. Aber nur, wenn alle einen kriegen.«

An diese Antwort erinnerte sich Daley später noch oft und mit Bewunderung: Selbst in der Stunde höchster Gefahr dachte der Geleitschutz-Kommandant kameradschaftlich an seine Leute.

Daley verließ die Brücke und begab sich in die Küche. Er war jetzt ohne jede Hilfe, wie er merkte; denn alle anderen Stewards waren zur Geschützbedienung abkommandiert. Unterwegs begegnete er dem wachfreien Ingenieur Venables, der ihm gleich seine Hilfe anbot. Zusammen bereiteten sie den Tee, und Venables marschierte mit einer großen Kanne in der einen, einem Krug in der anderen Hand aufs Achterschiff, um die Männer am Geschütz zu versorgen.

Die Brücke sollte ihren Tee nie mehr erhalten.

Es war zwanzig Minuten nach Mitternacht. Zwar zeigten die Uhren unten im Maschinenraum kurz vor Mitternacht an; aber im Eifer der Verfolgungsjagd hatte man nicht darauf geachtet, die Uhren wie üblich vorzustellen und damit den Zeitverlust durch die Bewegung in Richtung Osten auszugleichen. Diese Diskrepanz der Uhrzeiten sollte sich für die drei Heizer in ihrem Heizraum schicksalhaft auswirken; denn sie hätten nun eigentlich schon wachfrei und an Deck sein müssen; aber es betraf natürlich auch die drei Männer, die längst zu ihrer Ablösung den Niedergang zum Kesselraum hinuntergeklettert sein müßten.

Es war also, laut Maschinenraum-Uhr kurz vor Mitternacht, als Bill Venables nach seinem Gang zur Geschützbedienung zu den Heizern hinunterschaute und den drei Männern gratulierte, wie großartig sie bei der Jagd nach dem U-Boot gearbeitet hätten. Dann ging er wieder an Deck, um die nächste Wache darauf aufmerksam zu machen, daß sie, wenn sie gleich an die Arbeit ginge, nicht zuviel Dampf produzierte.

Die Wache, zwei Heizer und ein Kohletrimmer, war bereits auf dem Wege, um die vielen Niedergänge und Grätings hinabzuklettern, bis endlich zwölf Meter tiefer ihre Arbeitsstätte erreicht war. Venables mußte daher an der Backbord-Seite des Schiffs entlangrennen, um sie noch einzuholen. Gerade als er bei ihnen war, erschütterte ein gewaltiger Explosionsknall die *Assyrian*: An Steuerbord hatte sich ein Torpedo in ihre Wand gebohrt. Venables wurde von der Druckwelle mit Wucht auf die Deckplanken geschleudert, wo er bewußtlos liegen blieb.

Eine Minute nach dem Torpedo, der die Assyrian *traf, riß ein weiterer den Rumpf der* Empire Brigade *auf. Ganz in der Nähe fuhr auch die* Soesterberg, *dessen Kapitän de Jong sofort »Steuer hart Backbord!« befahl. Mit einer Wendung um 180 Grad wollte er so dem U-Boot entkommen. Doch der Holländer hatte noch keine vier Grad hinter sich, als auch er einen Treffer erhielt.*

Fünf Männer starben in der furchtbaren Explosion, die die *Assyrian* in Höhe des Heizraums traf. Auch an Deck wurden drei Heizer der Freiwache Opfer des Torpedos. Sie standen, die Schwimmwesten umgebunden, im Bootsdeck an Steuerbord, als die plötzliche Explosion sie mit ungeheurer Kraft über Bord in die See schleuderte. Der Bug des Steuerbord-Rettungsboots ging zu Bruch, das Boot selbst hing nur noch an einem Davit baumelnd ins Meer hinab. Lukenverschlüsse rissen unter dem Druck der Detonation auf, die Maschinen stoppten auf einen Schlag. Alle Lichter erloschen, und überall hörte man zischend Dampf entweichen.

Ohne sich bewußt zu werden, daß er wohl mehrere Minuten lang besinnungslos dagelegen hatte, rappelte Bill Venables sich wieder auf und lief zur Tür des Maschinenraums. Ein dünner Strahl Mondlicht kroch durch die Wolken und ließ das schwarz-ölige Wasser aufglänzen, das eindringend schon die Maschinen bedeckte und immer höher stieg. Darüber quoll dicker Dampf auf der Suche ins Freie.

Ohne große Hoffnung, den Vierten Ingenieur noch unversehrt zu finden, kletterte Venables den Niedergang zum Maschinenraum weiter hinunter und rief dessen Namen. Er bekam keine Antwort. Noch lauter rufend stieg er eine weitere Sprosse hinab, rutschte aus und fiel ins schwärzliche Wasser. Von Panik erfaßt, fuchtelte er im Dunkeln herum, bis er endlich wieder die Leiter zu greifen bekam. Jetzt mußte er wieder, um etwas Atemluft zu bekommen, hinauf. Erst als er sich das ölige Wasser aus den Augen wischte, bemerkte er, daß er seine Brille verloren hatte und daß seine Stirn vom Sturz auf das Deck blutete.

Er stolperte in seine Kajüte, um nach Ersatzgläsern und einer Taschenlampe zu suchen, dann tastete er erneut im einflutenden Wasser den Maschinenraum ab. Aber er fand nicht eine Spur des Ingenieurs oder irgendeines anderen Überlebenden. Schweren Herzens eilte er schließlich wieder an Deck.

In Wirklichkeit war dem Vierten Ingenieur William Dean eine bemerkenswerte Flucht gelungen. Die gewaltige Explosion hatte ihn mit Wucht gegen die gestoppte Backbord-Maschine geschleudert. Aber so heftig der Schock und so schmerzhaft die Prellungen, die er dabei erlitten hatte, auch waren, so war es ihm doch gelungen, an Deck zu kommen und nach Backbord zu rennen. Hier hatten, vom Mondlicht erhellt und vom Kapitän beaufsichtigt, Männer das Backbord-Rettungsboot gewassert und Strickleitern hinabgelassen. So brauchte Dean nur noch hinunterzuklettern. Schon hatte das Boot begonnen, sich von der sinkenden *Assyrian* abzusetzen.

Steward Jim Daley wurde von dem Schlag und der Dunkelheit überrascht, als er gerade mit dem Tee auf dem Weg zur Brücke war. Auch er fand durch die Dunkelheit tastend seinen Weg zum Bootsdeck. Doch das Backbord-Rettungsboot war, voll beladen, schon ein Stück von der Wand der *Assyrian* weggerudert worden. Allerdings gab es Probleme mit dem Boot; es hatte ein Leck. Das Wasser drang sehr schnell ein, so daß das Boot bereits unter der Wasserlinie war. Man sah also von dem Boot eigentlich nichts mehr; vielmehr schien es, als würden die Männer in ihm in der See stehen. Dabei hockten sie auf den Dollbords, die ebenfalls schon unter Wasser waren. Zu ihnen gehörte auch Ingenieur Dean, noch immer wie unter Schockwirkung nach dem, was er im Maschinenraum erlebt hatte. Er zitterte so, daß ein neben ihm sitzender Hilfsmaschinist sich auf Deans linkes Bein hockte, damit es zu zittern aufhörte — und dieses Zittern war keineswegs eine Reaktion auf die herrschende Kälte, obwohl Dean nur seinen Overall und Socken anhatte, sondern Folge des Schocks.

Vom Bootsdeck aus rief Kapitän Kearon dem Maat Robinson, der das unsicher hin- und herstampfende Boot führte, zu, er solle weiter von der *Assyrian* wegrudern lassen, um nicht in den Strudel des vielleicht sehr plötzlich sinkenden Schiffs zu geraten. Währenddessen hatte sich der junge Dritte Ingenieur nach Tarzan-Manier an einem Tau entlanggeschwungen, um das Boot noch zu erreichen. Das gelang ihm auch; aber als er sah, daß das Boot ebenfalls fast sank, griff er lieber wieder nach einer Strickleiter, die von der Reling hing, und zog sich an Bord zurück.

Alle, die jetzt noch an Bord waren, beeilten sich, die Rettungsflöße zu wassern.

Drüben, im Dunst, mal vom Mondlicht erhellt, mal wieder in der Dunkelheit verschwindend, taumelte die *Soesterberg* wie betrunken im Wasser. Der Torpedo hatte sie im rückwärtigen Teil des Maschinenraums getroffen. Die Explosion hatte eine riesige Welle über das Schiff ergossen. Die wasserdichten Türen zum Maschinenraum, die möglichst immer geschlossen gehalten wurden, um Notfällen vorzubeugen, rissen unter dem enormen Druck; das Steuerbord-Rettungsboot verschwand mitsamt seinen Aufhängevorrichtungen in der See. Vier Mann wurden von der Welle erfaßt und über Bord gespült.

Von der Brücke wurde, während alle Lichter ausgingen, der Befehl an den Maschinenraum ausgegeben, alle Maschinen zu stoppen; aber das war schon von selbst geschehen. Alles, was man nun noch von der Brücke aus sehen konnte, war ein schwarzes Durcheinander verbogener Metallteile und zerbrochener Hölzer. So ordnete Kapitän de

Jong denn an: »Alle Mann von Bord! Rettungsboot an Backbord klar zum Fieren!«

Das Schiff bekam bereits schwere Schlagseite; doch das Rettungsboot war klar und brauchte nur noch ins Wasser gelassen zu werden. Hierzu wollte der Kapitän seinen beiden Deckoffizieren ein paar Anweisungen geben, aber die beiden Maate waren in dem Wirrwarr auf dem Bootsdeck zur Geschütz-Mannschaft aufs Achterdeck gerannt, wo man ein kleines Floß über die Reling warf und hinterhersprang. Jetzt waren sie gerade dabei, es schwimmend zu erreichen.

Der Kapitän eilte in seine Kajüte, ergriff den Sack mit den Geheimpapieren und rannte zum Bootsdeck zurück. Alle saßen schon im Boot bereit; der Erste Offizier hatte das Ruder übernommen. Der Kapitän griff nach einer Axt und schlug, von einem Maat unterstützt, die Taue, die das Boot noch hielten, durch. Kurz darauf waren sie im Wasser.

Der Maat, Ort mit Namen, der im Funkraum Dienst gehabt hatte, tauchte an Bord auf und bemühte sich, zusammen mit einem Matrosen, das letzte kleine Boot, das sich noch an Bord befand, loszumachen. Aber das Takelwerk hatte sich verknotet; das Boot blieb auf halber Höhe an der Schiffswand hängen. Der Matrose gab auf, sprang hinaus und schwamm zum Rettungsboot hinüber. Dort hatte man es eilig, von der *Soesterberg* wegzukommen. Dem Kapitän aber fiel auf, daß die Schiffsingenieure, die zur Zeit des Angriffs Dienst gehabt hatten, fehlten. Also gab er Order an das Boot, so lange zu warten, bis er und ein Maat, mit einer Taschenlampe bewaffnet, nachgesehen hätten. Sie stiegen in den Maschinenraum, wo das Wasser bereits über zwei Meter hoch stand und in dem eine Menge Hölzer herumschwammen, hinab, riefen in den dunklen Raum hinein, erhielten aber keine Antwort. Als sie nicht mehr tiefer klettern konnten, brachen sie die Suche wieder ab: die Explosion mußte alle diensthabenden Männer getötet haben.

Die *Soesterberg* lag schon ziemlich tief im Wasser, und das Rettungsboot in ihrer Nähe stampfte und schwankte. »Spring als erster!« befahl der Kapitän dem Maat, einem

Mann, klein von Wuchs, aber groß in Mut und Tapferkeit. Der Maat weigerte sich und bestand darauf, erst den Kapitän heil im Boot zu sehen. Am Ende sprangen sie gleichzeitig, wobei der Kapitän direkt ins Boot fiel, sich aber nichts Schlimmeres als einen blauen Fleck holte; während der Maat fürchtete, zwischen Schiff und Boot eingeklemmt zu werden und deshalb im hohen Bogen ins Wasser sprang. Die Taue wurden gekappt, der Maat binnen Sekunden ins Boot gezogen. Schon zeigte sich, daß man ziemlich tief lag. Zum Erstaunen des Kapitäns war das Boot nämlich, mit zunehmender Tendenz, schon halb voll Wasser. Es mußte durch herumfliegende Teile nach der Explosion leckgeschlagen worden sein, aber niemand tat jetzt etwas gegen das einströmende Wasser.

»Ausschöpfen!« befahl der Kapitän. »Schöpft mit allem, was ihr habt, oder wir gehen unter!«

Aber diejenigen, die nicht zu rudern hatten, saßen einfach da, mit vom Schock starren Blicken. Keiner rührte sich. »Ich bin verletzt«, entschuldigte sich einer von ihnen schwach. Zornig griff Kapitän de Jong nun selber nach einem Eimer und fing an, das Boot auszuschöpfen so schnell er konnte. Dabei hielt er immer ein Auge auf die Rudernden, um sich zu vergewissern, daß sie auch den rechten Kurs einhielten — schließlich mußten sie noch die Geschützbedienung vom Floß ins Boot holen. Maat Ort, der einzig zuverlässige Helfer des Kapitäns, tastete währenddessen im schwarzen Wasser nach dem Leck zu seinen Füßen. Schließlich fand er ein großes Loch im Boden.

»Zieht eure Stiefel und Schuhe aus und schöpft mit ihnen, was ihr könnt!« wandte sich der Kapitän erneut an alle. »Eure Socken könnt ihr mir geben — schnell!«

Jetzt endlich taten sie, was er von ihnen verlangte. Die Socken wickelte der Kapitän zu einem Ballen zusammen, den er Ort gab. Der stopfte ihn in das Leck und stellte seinen Fuß darauf, um ihn zu halten. Das alles geschah noch gerade rechtzeitig; denn das Boot lag schon gefährlich tief. Mit Stiefeln, Schuhen und dem Eimer wurde so lange geschöpft, bis man im Trocknen saß.

Mittlerweile hatten sie das Rettungsfloß erreicht. Die vier Männer auf dem Floß hatten eine Leuchtkugel abgeschossen — aber selbst wenn man die vom Boot aus nicht gesehen hätte: der Lärm, den die Artilleristen verursachten, hätte ihnen schon den Weg gewiesen. Nachdem sie ins Boot geklettert waren, wurde das Floß, da man ja nie wissen konnte, ob es im Notfall nicht noch einmal von Nutzen sein konnte, ins Schlepptau genommen.

An Bord der *Assyrian* waren alle eifrig damit beschäftigt, die kleinen Rettungsflöße hinunterzulassen. Mehr besaßen sie nicht, nachdem das bereits halb untergegangene Rettungsboot aufgegeben werden mußte. Da tauchte vor ihnen die leblose graue Hülle der *Soesterberg* aus der Dunkelheit auf. Sie schien noch um einiges höher zu liegen als die *Assyrian*.

»Könnten wir nicht dort an Bord gehen?« fragte Ingenieur Venables den Kapitän.

Kapitän Kearon sah sich den dahintreibenden Holländer ein paar Augenblicke lang an.

»Nein«, sagte er dann, »das Schiff sinkt — wenn es auch noch einige Zeit dauern kann.«

Die *Soesterberg* trieb näher und näher auf die *Assyrian* zu, bis beider Hecks fast aneinanderstießen. Dann driftete der Holländer ab.

Schon kurz danach war sein Schicksal besiegelt. Noch ganz in der Nähe, hob die *Soesterberg* leicht ihren Bug und sank bedächtig über das Achterschiff in die Fluten. Ihr Bug stieg fast senkrecht in die Höhe. Es hörte sich wie ein Stöhnen an, als sie endlich in die Tiefe glitt. Während sie versank, suchten Tausende von hölzernen Stämmen ihren Weg ins Freie und kamen an die Oberfläche geschossen, ehe sie die See bedeckten. Einige krachten sogar gegen die Wände der *Assyrian*. Alle im Wasser treibenden Flöße bekamen etwas dabei ab, einige wurden sogar völlig zerstört.

Venables und einer der Signalgasten des Geleitzug-Kommandanten waren gerade auf eines der Flöße gestiegen, als die Baumstamm-Kanonade begann. Ihr Floß wurde getroffen und brach auseinander. Der Signalgast kletterte an Bord der *Assyrian*, die bereits ziemlich tief im Wasser lag, zurück. Auch Venables versuchte, zur Schiffswand hinüberzuspringen, aber seine Hände waren steif vor Kälte: er konnte das Fallreep nicht greifen und stürzte in Wasser, von herumschwimmenden Baumstämmen bedrängt und gestoßen. Er kämpfte sich zu den Resten des Floßes zurück und machte einen erneuten Versuch, auf das Schiff zu gelangen. Diesmal kam ihm von oben eine starke Hand zu Hilfe, die ihn an Bord zog. Es war der Admiral a. D.

»Alles in Ordnung?«

Wer sich jetzt noch dort oben aufhielt, befand sich in einer äußerst mißlichen Lage. Sie hatten keine Boote und keine Flöße mehr. Der Bug ihres Schiffs war schon unter Wasser und hatte Schlagseite nach Backbord. Das Wasser ergriff immer mehr von dem sinkenden Dampfer Besitz.

Venables rannte los und leuchtete mit einer Stablampe in den Maschinenraum hinunter. Überraschenderweise war hier aber kein Wasser mehr eingedrungen, und in ihm glomm die schwache Hoffnung auf, daß das Schiff sich vielleicht doch noch über Wasser halten könnte. Er schaute in den Raum über dem Kurbelgehäuse und entdeckte dort einen Heizer, der benommen dasaß, Arm und Kiefer gebrochen. Venables rief den Steward Daley zu sich, und zusammen leisteten sie dem Verletzten die allernotwendigste Erste Hilfe.

Ungefähr ein Dutzend Männer befanden sich noch an Bord, unter ihnen Kapitän Kearon, Geleitzug-Kommandant MacKinnon, zwei Männer aus seinem Stab, die drei Franzosen, Daley, Venables, Funker Stracy und der Schiffszimmermann. Kapitän Kearon rief sie zusammen.

»Also los«, sagte er mit Nachdruck, »bauen wir uns unser eigenes Floß.«

Unter seinem Kommando setzten sie sich auf dem Achterdeck zusammen und fingen an, aus Holzteilen und Planken ein großes Floß zu basteln. Sie waren alle klatschnaß; ihre kalten Hände waren kaum in der Lage Knoten zu binden. Trotzdem machten sie Scherze, sangen, während der Zimmermann die Holzstücke entsprechend zusägte — aber ganz hinten in ihrem Hinterkopf fragten sich doch so manche, wie es wohl sein würde, wenn sie nun stürben.

MacKinnon, ein Bündel aus Mut und Zuversicht, gesellte sich hinzu. Das Beispiel dieses Mannes, der sich bereits den Sechzigern näherte, feuerte die Ängstlicheren unter den jüngeren Männern wieder an. Hauptsache, daß man sich mit etwas beschäftigte und die Gedanken nicht nur um die Aussicht kreisen ließ, daß das Schiff nun plötzlich wegsinken und sie alle mit sich hinunternehmen könnte.

Ingenieur Venables eilte noch einmal in den Maschinenraum, um den Wasserstand zu überprüfen, als er von See her seinen Namen rufen hörte. Er schaute hinaus aufs Wasser, auf die schaukelnden Holzstämme und entdeckte zwischen ihnen den Ersten Offizier King: nur wenige Meter vom Schiff entfernt und zwischen Holzstämmen eingeklemmt. Venables suchte sofort nach einem Tau, um es ihm zuwerfen zu können. Doch in dem Augenblick schoben Wind und See die Hölzer so auseinander, daß King aus eigener Kraft bis zum Schiff schwimmen und an Bord klettern konnte. Einen Moment lang schauten sich die beiden Männer an; dann, als sie sich der Absurdität der Situation bewußt wurden, lachten sie laut auf — ausgerechnet das Deck eines sinkenden Schiffs sollte am sichersten sein?

Als Venables noch einmal über die Reling schaute, erkannte er den Dritten Ingenieur, an ein Tau geklammert, im Wasser schwimmen. Er schwang sich über die Reling und kletterte hinunter, um dem Mann zu helfen. Aber er schaffte es nicht, die eiskalten, verkrampften Hände vom Tau zu lösen. Der Mann starb in dem Moment, da Venables zu ihm hinunterstieg.

Kaum hinaufgeklettert, hörte er aus der Gegend des Kurbelgehäuses einen Hilferuf. Er rannte hin und leuchtete mit der Stablampe in das verschmierte Gesicht eines jungen Kohletrimmers. Er hing unter der Gräting, die Hände um die Sprossen geklammert. Von der Schulter an abwärts stand oder hing er im schmutzigen Wasser; aus einer Stirnwunde rann ihm Blut in die Augen. Den Mann da in seiner Falle gefangen zu finden, versetzte Venables einen doppelten Schreck, hatte er doch zuvor nachgeschaut, ob sich dort unten noch jemand befand. Seitdem war fast eine Stunde vergangen. Er rief nach Daley, Stracy und einem Hilfsmaschinisten namens Bishop, die ihm helfen sollten, den Trimmer zu befreien. Sie legten ihn sanft auf die Deckplanken. Er war sehr schwer verletzt, seine Beine waren bis zu den Oberschenkeln zerquetscht, die Bauchdecke war aufgerissen. Stracy, ein sensibler Mann, der normalerweise nicht einmal einen Finger bluten sehen konnte, drückte den hervorgetretenen Magen des Verletzten in die Bauchhöhle zurück und half, einen provisorischen Verband anzulegen. Daley legte dem Mann eine Morphium-Tablette auf die Zunge und gab ihm etwas Wasser zu trinken. Viel mehr konnten sie für ihn nicht tun, außer daß sie ihn in warme Decken einwickelten.

Der Junge war katholisch und stammte aus Liverpools Scotland Road. Wie er so dalag auf dem vom Mond erhellten Deck, hörte man ihn stöhnen und stöhnen: »Heilige Maria Mutter Gottes ... Heilige Maria ...« Er hatte, als die *Assyrian* im Dock lag, gerade geheiratet. Eigentlich hätte ihm die Explosion des Torpedos nichts anhaben dürfen; denn er war auf Freiwache und nur zu einem Schwätzchen in den Heizraum hinuntergegangen.

In der Nähe lag eine Gangway an Deck, die ihnen als Floß geeignet schien, das den Verletzten und seine Begleiter tragen könnte. Also zogen sie sie an die Reling, ließen sie ins Wasser hinab und wollten gerade nachspringen, als zu ihrer großen Enttäuschung die Gangway gleich in den Fluten versank.

Einer von ihnen entdeckte in kurzer Entfernung zwei Rettungsboote. Auf ihre lauten Rufe kam eine wenig erfreuliche Antwort übers Wasser zurück: »Tut uns leid, sind besetzt ... Außerdem sinken wir selber ...«

Eines der Boote stammte von der *Soesterberg*, randvoll mit Überlebenden belegt und das leere Floß im Schlepptau. Kapitän de Jong befand sich in einem schrecklichen Dilemma. Sein leckes Boot konnte niemanden mehr aufnehmen, deswegen wagte er auch nicht, allzu nah an die *Assyrian* heranzurudern. Das hätte sonst nur den einen oder anderen dazu ermuntert, von Bord des sinkenden Dampfers zu springen und zum Boot herüberzuschwimmen: sie wären allesamt untergegangen. So konnte er nichts weiter tun, als sein Boot leewärts von der *Assyrian* wegzurudern — allerdings unter Zurücklassung des Floßes, das auf das Schiff zutreiben würde. Wenn es ihnen gelänge, das Floß einzufangen, wären auch sie gerettet.

Das andere Rettungsboot, das ebensowenig riskieren konnte, auch nur noch einen Mann zusätzlich aufzunehmen, war von der *Empire Brigade*, einem 6000-Tonner, den ein Torpedo unterhalb der Brücke erwischt und versenkt hatte.

Unten im Funkraum hatte Funkoffizier Leonard Dewar die ganze Nacht über Notrufe von allen Seiten empfangen und gerade dankbar registriert, daß ihr Schiff bislang verschont geblieben sei, da schlug der Torpedo ein.

Dewar hatte gerade eine Tasse mit heißem Kakao zum Munde geführt und fluchte entsprechend: »Nicht mal austrinken lassen sie einen!« Sofort tippte er in seinen Morseapparat: »Nr. 53 an Steuerbord torpediert«, dann raste er auf die Brücke. Kapitän Parks, ein großer, glatzköpfiger Mann, war schon dabei, den Schaden einzuschätzen. Es gab wohl keinen Zweifel, daß die *Empire Brigade* tödlich getroffen war.

Kapitän und Offiziere liefen daher zum Bootsdeck hinunter, fanden dort aber unglaublicherweise kein Rettungsboot mehr vor. Die Mannschaften hatten die Boote schon gewassert und waren ohne Befehl von Bord gegangen.

Ein paar Männer hatten nicht einmal gewartet, bis die Boote im Wasser lagen, sondern waren sofort ins Meer gesprungen. Ein Kohletrimmer war den Niedergang zum Maschinenraum hinaufgeklettert und ohne Umschweife über Bord gesprungen — in den Tod. Auch der Dritte Ingenieur fiel dem Unglück zum Opfer. Oft genug hatte er verkündet: »Wenn wir einen Treffer einfangen, werd' ich

150

mich nicht auf euch verdammte Kerle verlassen, daß ich noch rauskomme — ich vertraue auf Gott, daß er mir hilft!« Nach der Explosion des Torpedos war er auch heil aus dem Maschinenraum herausgekommen, doch seit er auf dem Bootsdeck aufgetaucht war, hat ihn niemand mehr gesehen.

Für jene Männer, die von der Brücke aufs Bootsdeck gekommen waren, gab es keine Zeit mehr zu verlieren. Der Bug lag schon unter Wasser, das Heck ragte entsprechend hoch in die Luft. Der Kapitän und die anderen sprangen über Bord in die dunkle See. Funkoffizier Dewar sprang vom Dach eines der Lastkraftwagen, die auf dem Achterdeck vertäut waren. Doch kaum abgesprungen, bekam er es mit der Angst. Folge: Er landete unsanft auf der Wand des krängenden Schiffs. Als er ins Wasser rutschte, konnte er sehen, wie sich die Schiffsschraube in der Luft drehte. Er schwamm hinaus in die See, da traf ihn das nächste Unglück: Er wurde vom Riemen eines der Rettungsboote am Kopf getroffen. Die Insassen entdeckten den Besinnungslosen und zogen ihn zu sich hinauf.

Während alle Mann von der Brücke schließlich in den Booten saßen, wäre der Kapitän selbst fast nicht gefunden worden — hätte sein Glatzkopf nicht so auffallend im Mondlicht geglänzt ...

Sechs Männer von der *Empire Brigade* kamen zu Tode, entweder vom explodierenden Torpedo direkt getötet oder ertrunken, als das große Schiff zwanzig Minuten nach dem Treffer unter der Meeresoberfläche verschwand.

Auf der *Assyrian* beeilte man sich nach dem Pech mit den Rettungsbooten, das noch vertäute Rettungsfloß flottzumachen. Nicht wenige zweifelten, ob es überhaupt alle tragen könnte, auch wenn sie es glücklich im Wasser hätten. Da die Zeit drängte, warfen sie alles, was schwimmen konnte, über Bord, in der Hoffnung, daß das eine oder andere Stück vielleicht ein Leben retten könnte. Ingenieur Venables und Hilfsmaschinist Bishop schnitten sogar noch das eine Tau durch, an dem das Steuerbord-Rettungsboot in der Luft baumelte. Es fiel kieloben ins Wasser. Bishop, mit ihm ein Matrose und ein Heizer setzten sich auf das gekenterte Boot und machten es an der Reling fest, während sich Venables dem schwerverletzten Trimmer zuwandte, der stöhnend auf dem Deck lag. Dort stand er nun vor der schier unlösbaren Aufgabe, den armen Kerl auf das gekenterte Boot zu schaffen. Suchend schaute er sich nach Hilfe um.

Währenddessen hatte sich Chefsteward Daley an die Reling begeben und entdeckte überrascht eines der kleinen Flöße, die vorher schon über Bord gelassen worden waren. Es trieb keine vier Meter vom Schiff entfernt. Das Floß war mit Hilfsgütern ausgerüstet; es gab in einer Kiste Kekse und Brandy. Daley konnte es ohne besondere Mühe erreichen, wobei ihm die vielen herumtreibenden Baumstämme und seine ›Mae West‹, die Schwimmweste, halfen. Er manövrierte das Floß längsseit und rief nach dem Zweiten Steward, der sich von Bord herabließ und mit dem Rücken zu Daley auf dem Floß niederließ. Nun war es allerdings schwer, wieder vom Schiff wegzukommen, weil die vorher hilfreichen Baumstämme nunmehr hinderlich waren. Aber als sich noch ein Matrose zu ihnen gesellte, schafften sie es mit vereinten Kräften: Zwei ruderten, und der Dritte schob mit einer Holzlatte die Stämme aus dem Weg. Die *Assyrian* sackte von Minute zu Minute tiefer ab. Sie trieben mit ihrem Floß achteraus. Dort konnten sie Kapitän Kearon, MacKinnon und den Ersten Offizier King sowie drei andere Männer dabei beobachten, wie sie vom Achterdeck aus im Wettlauf mit der Zeit darum kämpften, ihr Floß loszumachen.

Plötzlich ging ein Zittern durchs Schiff, sicheres Anzeichen dafür, daß es endgültig sinken würde. »Verlaßt das Schiff!« schrie der Kapitän, und sie begannen, das Floß übers Heck zu schieben, wobei es auseinanderbrach. Die Hände der Männer waren zu kalt und steif gewesen, als daß sie die Taue hätten fest verknoten können. Das Heck stieg immer schneller aus dem Wasser in die Höhe. Die Männer kletterten über die Reling und sprangen. Einer ließ sich, bevor auch er zum Sprung ansetzte, zunächst auf die große Schiffsschraubennabe herab.

Ein Stück von ihnen entfernt hatte Ingenieur Venables

schweren Herzens den verwundeten Kohletrimmer allein zurücklassen müssen und war losgesprungen, um selber noch das gekenterte Boot zu erreichen. Dann schrien er und seine drei Kameraden aus Leibeskräften allen, die vielleicht im Wasser herumtrieben, zu, daß genug Platz für sie auf dem Kiel ihres Bootes sei. Als niemand antwortete, bemühten sie sich, das Boot aus der Nachbarschaft des Schiffs zu befördern, aber es gelang ihnen nicht: Der Sog des sinkenden Schiffs hielt sie fest. Plötzlich schien die Schiffswand neben ihnen in die Höhe zu springen. Der Steuerbord-Davit sauste auf sie zu und durchschlug zwischen Bishop und Venables das Boot. Die Männer wurden ins Wasser gescheudert und hatten nun direkt mit dem Sog zu kämpfen, der immer stärker wurde.

Venables kam nur mit Schwierigkeiten wieder hoch, die Haut zerkratzt, die Kleider zerrissen. Als er an die Oberfläche kam, drückte er seine Brille fest gegen die Augen, sah, wie der hintere Teil der *Assyrian* steil in die Luft ragte. Sie stand praktisch auf ihrer Bugspitze. Die Doppelschraube glitzerte im Mondlicht. Direkt vor ihm klaffte das schwarze Loch, das der Torpedo in die Schiffswand gerissen hatte; ein schrecklicher Anblick. Venables schwamm auf dem Rücken davon, denn er hatte große Angst, in das Loch hineingesogen zu werden. Ganz sicher wäre er noch schneller aus dem Gefahrenbereich hinausgekommen, wenn er sich zum Brustschwimmen entschlossen hätte, aber er konnte sich nicht von dem faszinierenden Anblick, den das untergehende Schiff bot, losreißen. Einen Augenblick lang hing die *Assyrian* wie in der Schwebe im Wasser, bis in ihrem Innern ein furchtbares Getöse losbrach, als ob im Maschinenraum alle Teile durcheinanderflögen. Schließlich glitt sie unter die Wasseroberfläche. Die restliche Luft, die durch die Ventilation den Weg ins Freie fand, verursachte ein Brummen und Dröhnen wie von mächtigen Orgelpfeifen. Danach war es still. Zurück blieben eine hoch aufschäumende See und aufschießende Wrack- und Ladungsteile. Das Schiff selbst fand sein Grab mehr als eine Meile tief auf dem Grund des Meeres.

Die Deutschen hatten die *Assyrian* einst gebaut und nun versenkt.

Aus vielen Richtungen waren Rufe zu hören. Die Kameraden suchten sich im Dunkeln und unter den Wrackteilen. Das Floß — oder besser das, was von ihm übrig geblieben war — hatte sich bereits weiter entfernt; so blieb einigen nur ein umhertreibender Baumstamm als einzige Lebensrettung.

Geleitzug-Kommandant Lachlan MacKinnon hatte das Floß nicht erreicht. Als er im Meer um sein Leben kämpfte, griff der Maat Frank Bellas nach seinen Füßen, den Kopf hielt Funker Stracy über Wasser, der dazu seine Arme durch die Hosenträger des Admirals a. D. geschoben hatte, um ihn hinter sich herzuziehen, bis er selber wieder genug Kräfte hätte, sich zu helfen.

Stracys eigener Rückzug vom sinkenden Schiff hatte irgendwie etwas Nonchalantes an sich gehabt. Er war nämlich einfach das Deck hinab ins Wasser marschiert, Schritt für Schritt, in Uniform und Mütze.

Kapitän Kearon befand sich noch in der Nähe des sinkenden Schiffes und wurde mit dem Sog hinuntergezogen; aber er war ein guter, kräftiger Schwimmer, kämpfte sich wieder nach oben und fand einen langen Sparren, an dem bereits der Erste Offizier King, fast doppelt so alt wie er, festgeklammert hing. Der Kapitän fischte sich ein Stück Tau, das in Greifweite herumschwamm, und band seinen Ersten Offizier damit an den Sparren fest. Danach vertäute er sich selbst am Holz.

Plötzlich intonierte jemand ein Lied. Es war der für die Offiziersmesse zuständige Steward. Mehr laut als wohltönend legte er mit ›Roll Out The Barrel‹ los. Irgendwo anders zog ein ebenfalls an einem Stück Holz hängender Matrose etwas aus seiner Unterjacke heraus, wedelte es über dem Kopf und brüllte jubelnd »Hab' meine Nylons!« Als er mit seinem Schiff im Hafen von New York gelegen hatte, hatte er die wertvollen Strümpfe als Mitbringsel für seine Freundin daheim gekauft.

Und da gab es noch eine halbwegs sitzende Gestalt, die

sich an einer Rettungsboje festhielt: Carrot, der Signalgast des Admiral a. D. »Bist du in Ordnung?« rief jemand hinüber.

Munter gab Carrot zurück: »Wenn es nicht so verdammt kalt wäre, könnte man meinen, wir wären im Serpentine-Teich im Hyde-Park!«

Doch bald wurden die Männer, als sie so ziellos dahintrieben, wieder ruhig. Und da der Mond manchmal hinter den Wolken verschwand und alles wieder dunkel wurde, verloren sie den Kontakt zueinander, bis jeder nur noch seinen eigenen Gedanken nachhängen konnte.

Plötzlich hörten Steward Daley und die zwei Männer mit ihm auf dem schmalen Floß Stimmen aus der Dunkelheit. Als sie in die Richtung schauten, entdeckten sie einen dunklen Schatten, der größer als sie selber war. Sie paddelten hinüber. Die Stimmen wurden stärker, der Schatten deutlicher. Es war das Backbord-Rettungsboot, das sich immer noch über Wasser hielt, obwohl von ihm selbst nichts mehr, sondern nur noch von seinen aus dem Wasser ragenden Insassen etwas zu sehen war. Boot und Floß drifteten wieder voneinander ab und verloren sich in dem Meer von Baumstämmen. Alle beteten nun, daß es Tag und damit die Chance zur Rettung größer werden würde. Konnten sie sich so lange über Wasser halten und den tödlichen Wirkungen des Schocks und der Kälte trotzen?

Das Rettungsboot war einige Zeit durch die Wellen getrieben, als plötzlich einer mit dem Ausruf: »Da, ein Zerstörer!«, für große Aufregung sorgte.

Tatsächlich war eine halbe Meile direkt voraus so etwas wie ein Zerstörer zu sehen. Doch die Stimmung schlug sehr schnell um, als sich beim Näherkommen herausstellte, daß es auch nur ein getroffenes Handelsschiff war, das ganz langsam über das Heck im Wasser versank.

Weiter weg davon hörten die Männer auf Daleys Rettungsfloß eine einsame Stimme in einer fremden Sprache rufen. Sie paddelten darauf zu und fanden einen Seemann, vermutlich einen Griechen. Er griff nach dem Floß auf Daleys Seite und hängte sich an. Daley hielt ihn an einer

Hand, dadurch konnte er die Tasche mit den Schiffs- und anderen Papieren, die er aus seiner Kajüte gerettet und so lange sicher aufbewahrt hatte, nicht mehr fest genug halten. Sie fiel ins Wasser und verschwand. Es war nicht möglich, den Griechen aufs Floß zu ziehen. Daley gab ihm einen Schluck Brandy, und der Mann redete und redete auf sie ein, obwohl sie kein Wort davon verstanden. Er hielt sich an Daleys Arm fest, bis dieser überhaupt kein Gefühl mehr hatte. Mit seinem freien Arm versorgte Daley den Griechen weiter mit Brandy.

Bald fand sich auch Bill Venables ganz allein im Meer schwimmend, in vollem Zeug, einschließlich Halstuch der Handelsmarine. Diese Ausrüstung wäre für einen Aufenthalt in einem Rettungsboot oder auf einem Floß wohl passender gewesen — um damit im Atlantik herumzuschwimmen, war sie sicher nicht das Richtige. Er versuchte, wenigstens seine Schuhe loszuwerden, um etwas mehr Bewegungsfreiheit zu gewinnen. Aber das Wasser hatte das Leder zusammengezogen; zudem waren seine Hände zu kalt, um die Schuhe mit Gewalt abzustreifen. Seine Schwimmweste war, seit er auf seiner Flucht von der *Assyrian* etwas unsanft hin- und hergeschleudert worden war, einigermaßen zerfetzt. Über eine Stunde lang schwamm er nun allein dahin, unter jedem Arm einen Baumstamm. Ihm begegneten Männer, die den Todeskampf bereits verloren hatten und in ihren Schwimmwesten, die Gesichter ins Wasser getaucht, dahintrieben. Jeden drehte er um, weil er sehen wollte, ob er einen von ihnen kannte.

Das Wasser schien nicht so kalt zu sein, wie es eigentlich hätte sein müssen. Doch seine Hände verloren bald jedes Gefühl, und sein Magen fühlte sich an, als sei er mit Eis gefüllt. Er begann zu fürchten, daß er selbst dann, wenn man ihn aus dem Wasser gerettet haben sollte, für den Rest seines Lebens physisch ein Wrack bleiben könnte.

Als ihm ein paar Packkisten in der See entgegenkamen, versuchte er, sie zu erklettern. Kaum oben angekommen, rollte die einfach über und drückte ihn unter Wasser. So hielt er sich lieber wieder an seine Baumstämme.

Plötzlich tauchte neue Gefahr vor ihm auf: Er entdeckte ein Sehrohr, wie es das Wasser teilte. Der Turm war noch fast überflutet, und er dachte, das U-Boot würde auftauchen. Er versteckte seinen Kopf hinter vorbeitreibenden Balken und hatte große Angst, gefangengenommen zu werden. Doch zu seiner großen Erleichterung glitt das U-Boot an ihm vorbei.

Mit der Zeit nahm das eisige Gefühl in seinem Magen immer mehr zu. Er hatte das Gefühl: erreichte es das Herz, dann würde er sterben. Der Mond verbarg sich hinter den jagenden Wolkenfetzen. Er fürchtete, daß er ganz verschwinden und ihn in der Dunkelheit allein lassen würde. Er schien weit und breit das einzige Lebewesen an der Oberfläche des Meeres zu sein.

Lebewesen? Er war fast so gut wie tot; es gab keine Hoffnung mehr auf Rettung. Die nicht von Torpedos getroffenen Handelsschiffe waren längst weit fort, und die Eskortenschiffe zweifelsohne auch. Ein Kriegsschiff konnte sich nicht einfach, wenn noch weitere feindliche Angriffe drohten, auf die Suche nach Überlebenden begeben. Das wußten sie alle.

Ihm wurde das alles plötzlich zuviel; die Lage schien ihm zu aussichtslos. Ganz bedacht steckte Bill Venables seinen Kopf unter Wasser und versuchte, sich selbst zu ertränken. Aber er konnte es nicht ...

Anderswo auf dem weiten Ozean hing ein anderer einsamer Überlebender hilflos an einem Stück Holz, das ihn über Wasser hielt: Geleitzug-Kommandant MacKinnon. Nachdem er sich vom ersten Schock des Eintauchens in die See erholt hatte, verlor er den Kontakt mit den Männern, die ihn gerettet hatten, und schwamm eine Zeitlang allein, bis er ein kleines Floß fand, auf dem bereits sechs Männer saßen oder lagen. Es war damit gefährlich beladen und nicht mehr fähig, einen weiteren Mann aufzunehmen. So griff er denn nach einer Planke und hielt sich nur in der Nähe des Floßes und wies alle Angebote ab, auf das Floß zu steigen.

Er klammerte sich so lange an das Floß, wie er konnte. Doch als seine Glieder immer tauber wurden, mußte er schließlich loslassen und sich auf der Planke treiben lassen, wie das Wasser es wollte. Zum erstenmal fühlte er das ganze Gewicht seiner siebenundfünfzig Jahre. Doch war es nicht die zunehmende physische Schwäche und auch nicht die schreckliche Einsamkeit in der weiten See, die ihm ins Herz schnitt, sondern die hoffnungslose Situation, in der alle sich befanden; alle, die jetzt noch unsicher, frierend und voller Angst auf den Wellen treiben mochten.

Sein Geleitzug war einem wahren Massaker zum Opfer gefallen. Sein eigenes Schiff war versenkt worden; lange zuvor schon das zweite Leitschiff, die *Scoresby*. Alle jene Handelsschiffe, die jetzt noch unbeschädigt unterwegs waren, hatte keine gemeinsame Führung und, soweit er das beurteilen konnte, wohl auch keine Eskorte mehr.

Doch als er an seinem lebensrettenden Stück Holz so dahintrieb und alle Hoffnungen auf eine persönliche Rettung fahrenließ, konnte er — tröstlicherweise — nicht wissen, daß die Schlächterei des SC 7 noch keineswegs zu Ende war.

Als die *Leith* und die *Fowey* auf ihrer scharfen Aufholjagd nach dem Konvoi kurz nach Mitternacht an Steuerbord Flammenblitze am Horizont sahen und Kurs darauf nahmen, trafen sie unterwegs auf die große, randvoll mit Holz beladene *Blairspey* aus Glasgow. Ihre Maschinen waren gestoppt, sie driftete nur noch: Ein Torpedo hatte sie getroffen.

An Bord der *Blairspey*, deren Crew ausschließlich aus Schotten oder Nordländern bestand, war in dieser Nacht unter den Maschinisten ein eigentümlicher Wandel vor sich gegangen. Anfangs, als der Konvoi noch ruhig dahinfuhr, hatten die Heizer die Feuer unter dem Kessel geschürt und waren danach wieder hinauf in die Kombüse gestiegen, weil sie sich dort sicherer fühlten. Als aber die Ereignisse der Nacht dieselben Männer in die allerhöchste Gefahr stürzten, waren sie unten im Heizraum geblieben und hatten geschuftet wie die Wilden, und zwar nicht nur die, die ohnehin Dienst hatten. Sie sorgten dafür, daß die *Blairspey* allen

Dampf bekam, dessen sie bedurfte, um dem Feind entkommen zu können. Sie war mit einer Geschwindigkeit durch die Nacht gestampft und gerollt, für die sie keineswegs ausgelegt worden war; sie machte — sämtliche Sicherheitsventile geschlossen — gute zwölf Knoten. Es reichte nicht! Sie drehte gerade hart nach Backbord, als sie an Backbord ein Torpedo in Höhe von Laderaum 1 traf. Die Maschinen stoppten sehr schnell, und der viele Dampf, unter dem sie stand, machte dem Schiff viel zu schaffen.

Im ersten Moment der Panik wurde das Steuerbord-Rettungsboot ins Wasser gelassen, aber Kapitän J. C. (›Jesus Christus‹) Walker, ein gebürtiger Glasgower wie alle seine Offiziere, befahl, das Boot umgehend wieder heraufzuhieven. Daß das Schiff aufgegeben würde, stünde noch gar nicht zur Debatte, erklärte er kurz und bündig — es sei denn, das Schiff beginne, von sich aus aufzugeben.

Von der *Leith* kam Lichtsignal: »Seid ihr in Schwierigkeiten?«

Kapitän Walker ließ zurücksignalisieren, daß er zuversichtlich sei, die *Blairspey* über Wasser zu halten; er könne ohne fremde Hilfe sechs Knoten machen.

Die *Leith* gab ihr Bedauern zurück, nicht in der Nähe bleiben zu können, wolle aber versuchen, bald eine andere Eskorte herzuschicken. Dann verschwand sie im Kielwasser der *Fowey*, um doch noch den Konvoi zu erreichen.

Nur zwanzig Minuten später ging eine zweite heftige Erschütterung durch die *Blairspey*. Wieder geriet sie ins Taumeln, als ein zweiter Torpedo, diesmal an Steuerbord in Höhe des Lagerraums 2, traf. Das war das Ende. Kapitän Walker befahl, das Schiff zu verlassen.

Eines der Rettungsboote ging mit dem Kapitän und neunzehn Besatzungsmitgliedern in See. Sie kamen gut weg. Der Erste Offizier John Glasgow übernahm das zweite Boot mit den restlichen dreizehn Männern, unter ihnen Funkoffizier John Crawford. Sie hatten weniger Glück. Sie befanden sich auf der dem Wind zugewandten Seite und hatten dadurch Schwierigkeiten, vom angeschlagenen Schiff wegzukommen. Sie bemühten sich noch immer, klarzukommen, als ein dritter Torpedo die *Blairspey* an Backbord unterhalb der Brücke traf. Die gewaltige Explosion schleuderte Holz in Mengen in die Luft, das aufs Wasser heruntergeprasselt kam, von wo es noch einmal in alle möglichen Richtungen aufschoß. Glücklicherweise konnte das Rettungsboot dem herumfliegenden Holz ausweichen, aber die hochschlagenden Wellen warfen das Boot so scharf herum, daß ein paar Männer ins Wasser stürzten. Wie durch ein Wunder wurde niemand verletzt. Die über Bord gegangenen Männer konnten in Sicherheit gebracht werden.

Die beiden Rettungsboote fanden aber nicht zusammen. Weit drüben im Boot des Kapitäns hatte man Minuten größter Angst zu bestehen, als ein U-Boot aufgetaucht auf sie zuhielt. Als es mit fast gestoppten Maschinen ganz nahe war, fürchteten alle, daß jetzt die Maschinengewehre sprechen würden.

»Welches Schiff?« rief der deutsche Kommandant herüber.

»*Blairspey*«, antwortete Kapitän Walker.

Zufrieden drehte das U-Boot ab und verschwand in der Nacht. Fünfundzwanzig Meilen südlich der jetzt schweigend dahindriftenden *Blairspey* ging auf einer Fläche von ungefähr dreißig Quadratseemeilen die unbarmherzige Zerstörung des SC 7-Geleitzugs weiter.

Der kleine norwegische Dampfer *Snefjeld* sank sehr schnell, als ihn ein Torpedo seitlich traf. Das neununddreißig Jahre alte Schiff schien geradezu hinabzufallen, und nicht einmal seine Holzladung konnte es für kurze Zeit über Wasser halten.

Die britische *Sedgepool* war dreimal so groß wie die *Snefjeld*, aber auch ihr reichte schon ein Torpedo. Die Explosion riß die halbe Brücke weg, Kapitän und Zweiter Offizier wurden ihre Opfer — nichts blieb von ihnen übrig. Auch im Maschinenraum schlug der Tod zu: Der Dritte Ingenieur starb auf der Stelle. Die Hauptantenne der Funkanlage brach ab, ein Teil von ihr hing am Schornstein herunter, und die Notrufantenne wurde völlig abgerissen.

Der Erste Ingenieur James Aves stoppte die Maschinen

und lief an Deck, wo er entdeckte, daß er ganz allein auf dem herrenlosen Schiff war: Die Rettungsboote waren, bis auf eines, das gegen die Schiffswand geschlagen und als beschädigt zurückgelassen worden war, weg. Verzweifelt bemühte er sich, das Boot doch noch klar zu bekommen, verletzte sich dabei eine Hand sehr schwer. Er gab auf, sprang über Bord und mußte eine Zeitlang umherschwimmen, bis ihn Leute aus seiner Mannschaft auf ihr Floß zogen. Etwas später wurden sie alle von einem Rettungsboot aufgenommen.

Fünfzehn Meilen weiter südlich waren die Griechen auf ihrer alten *Thalia* nicht so glücklich dran. Der fast 6000 Tonnen große Dampfer, mit Stahl für Liverpool beladen, sank sofort nach einem Torpedotreffer. Es gab nicht einen Überlebenden.

Zu dieser Zeit fing die *Shekatika*, die immer noch weit zurück im Atlantik trieb, ihren dritten Torpedo, vom dritten U-Boot abgeschossen. Das war, trotz ihrer Holzladung, zuviel für Sie. Durch die drei großen Löcher in den Bordwänden suchten sich die Stämme und Planken ihren Weg ins freie Wasser. Die *Shekatika* sackte schnell weg.

Die *Clintonia*, ein Schiff der Stag-Linie, das Zellstoff nach Manchester transportieren sollte, war auf ihrer blinden Flucht ganz weit in den südlichsten Teil des Angriffsbereichs, in dem das Wolfsrudel operierte, vorgedrungen. Kapitän Thomas Irvin hatte beobachten müssen, wie alle fünf Schiffe, die an Backbord jeweils eine Linie des Konvois anführten, direkte Treffer erhalten hatten. Eines davon war auch die *Assyrian* gewesen, die den Konvoi damit führungslos zurückgelassen hatte. Sprecher der Offiziere und Mannschaften hatten sich daher nach dem Verlust des Leitschiffes an Kapitän Irvin gewendet und ihm versichert, sie seien darauf vorbereitet, das letzte Stück ihres Weges auch allein zu gehen. Das bedeutete: nach eigenen Vorstellungen unabhängig zu operieren, so wie es die *Clintonia* immer gehalten hatte, bevor sie in den SC 7 eingereiht wurde. Sie hatte eine kurze Schießerei mit einem U-Boot bereits hinter sich. Das war auf ihrer Fahrt von England nach Amerika gewesen, und sie hatte sich dabei gut gehalten. Daher glaubte die Mannschaft, es mit jedem Gegner aufnehmen zu können. Nach diesen Versicherungen änderte Kapitän Irvin tatsächlich den für den Konvoi vorgesehen Kurs, wobei er hoffte, bei Tagesanbruch aus dem Bereich akuter Gefahr heraus zu sein.

Doch die Rechnung sollte nicht aufgehen. Es war drei Uhr morgens. Zwei Stunden lang hatte sich der Feind weder sehen noch hören lassen. Der Kapitän sagte auf der Brücke zu seinem Zweiten Offizier, wie glücklich er sich fühlte, als ein feindliches U-Boot an Backbord auftauchte, so nah, daß er eine Handgranate auf den Turm des Deutschen hätte werfen können. Die Geschützbedienungen der *Clintonia* gingen auf Gefechtsstation. Im nächsten Augenblick wurde Alarm gegeben.

Mit einem geschickten Manöver schaffte Kapitän Irvin es, daß der Deutsche achtern lag. Dann gab er Feuerbefehl. Trotz guten Mondlichts konnten sie ihr Ziel nicht genau erkennen. Wahrscheinlich lag das daran, daß die Brücke viel höher lag. Ein einziger Schuß hätte das U-Boot womöglich stoppen können. Aber die Chance wurde verpaßt. Was jetzt folgte, war ein angespanntes Suchen und Verstecken: Kapitän Irvin drehte sein Schiff in heftigen Kurswechseln einmal hier-, einmal dorthin, um den Deutschen zu verwirren, und achtete dabei stets darauf, in eine Position zu kommen, aus der seine Artilleristen feuern konnten.

Das Duell im Dunkeln dauerte bereits fast eine Stunde, als es Kapitän Irvin plötzlich dämmerte, daß diesmal *er* die Maus und nicht die Katze war: Denn auf einmal sah er sich einem zweiten U-Boot gegenüber, das aus einer anderen Richtung auf ihn zulief. Sein Befehl, hart abzudrehen, kam zu spät: Ein Torpedo traf die *Clintonia* an Backbord.

Die gewaltige Explosion riß den ganzen Hauptmast völlig weg — er krachte auf den Funkraum und zerstörte ihn mitsamt seiner Einrichtung, so daß nicht einmal mehr ein Notruf gesendet werden konnte. Den Chefkoch schleuderte die Druckwelle so heftig mit dem Kopf voran gegen das Geschütz, daß er regelrecht zerquetscht wurde.

Kapitän und Erster Ingenieur rannten zum Maschinenraum. Ein Blick nach unten zeigte ihnen, daß das Wasser schon bis zu den Zylindern gestiegen war. Schnell wurden die geheimen Schiffspapiere über Bord geworfen, die beiden Rettungsboote zu Wasser gelassen. Der Erste Offizier Buglass übernahm das Kommando über das eine, der Kapitän, bei dem auch der schwerverletzte Koch war, über das andere Boot. Sie waren kaum vom Schiff herunter, da schlug ein zweiter Torpedo ein. Noch einmal schüttelte sich die *Clintonia* unter der Explosion, die die gesamte Brücke in die Luft jagte. Aber noch hielt sich das 3000-Tonnen-Schiff über Wasser. Sie war zwar nicht mehr zu retten, aber die Zellstoffladung würde sie einige Zeit über Wasser halten.

Jetzt näherte sich wieder das erste U-Boot, mit dem die *Clintonia* den Zweikampf geführt hatte, und belegte das Schiff mit Granatfeuer. Den Männern in den Rettungsbooten stellte sich eine unglaubliche Szene dar: Zwei Hunde balgten sich um einen Knochen; während nämlich der eine Deutsche das Feuer eröffnete, mußte der andere sich schnell zurückziehen, weil er sonst in der Feuerlinie lag. Da die Deutschen nicht sehr genau zielten, bekamen auch die Männer in den Booten etwas ab. Drei Geschosse pfiffen direkt über ihre Köpfe hinweg: die Männer warfen sich flach auf die Planken. Mit äußerster Anstrengung ruderten sie aus der Gefahrenzone. Das U-Boot schoß weiter und weiter, als sei man entschlossen, das Schiff und seine Ladung in kleinste Teile zu zerlegen. Nach dreiundzwanzig Salven schwieg das Geschütz endlich.

Es gab noch eine weitere Explosion auf der *Clintonia*: ihr Kessel flog in die Luft; erst danach ging das schwer mitgenommene Schiff übers Heck und versank.

Die Männer in den Booten mußten sich kräftig in die Riemen legen, da die Ladung aus dem Wasser an die Oberfläche schoß und einen weiten Bereich um die Versenkungsstelle bedeckte.

Die beiden Boote hatten sich bei der Flucht aus den Augen verloren und mußten getrennt operieren. Der Kapitän beschloß, einen Treibanker auszuwerfen und den Tagesan bruch abzuwarten. Sie versorgten den verletzten Koch, so gut sie konnten. Weich bettete ihn der Kapitän zwischen seinen Beinen. Aber der Koch starb. Der Kapitän und sein Zweiter Offizier bestatteten ihn in den Fluten.

Die *Clintonia* war das letzte Opfer des angreifenden Wolfs-rudels. Doch während sie ihr verzweifeltes Duell mit dem Deutschen focht, vollzogen sich noch andere menschliche Dramen auf der weiten See.

Auf ihrer Verfolgungsjagd nach dem Geleitzug erreichte die *Leith* schließlich das Zentrum der Schlacht, wo das Leitschiff zusammen mit der *Soesterberg* und der *Empire Brigade* untergegangen war. Fregattenkapitän Allen stand vor dem Problem, weiterhin à tempo die Reste des Konvois zu verfolgen oder zu stoppen und an Menschenleben zu retten, was noch zu retten war. Auf diese Frage gab es für ihn nur eine vernünftige Antwort. Seine Entscheidung hat er später so gerechtfertigt: Die restlichen Schiffe des Geleit-zugs mußten so verstreut sein, daß die Chance, eines von ihnen in allernächster Zeit zu finden, sehr gering war. Zum zweiten war anzunehmen, daß die U-Boote inzwischen alle ihre Torpedos verschossen hatten. Also blieb die *Leith* und begann ihr Rettungswerk.

Die Überlebenden der *Assyrian* brachen erleichtert in Jubelrufe aus, als sie mit ihren vom Salz schon arg ange-griffenen Augen das Geleitboot geisterhaft im Mondlicht durch die Wrackteile auf sich zu halten sahen. Schon bald aber erstarben die Rufe auf ihren Lippen: Die *Leith* zog an ihnen vorbei und ließ sie unbeachtet. Die Männer mochten ihren Augen nicht trauen. Als sie sich klar wurden, daß sie sie tatsächlich zurückließ, hörte man so manchen verzwei-felten Schrei und wilden Fluch. Auch MacKinnon, der allein im Wasser schwamm, hatte das Geleitboot sich nähern und vorbeiziehen gesehen und verbittert den Kopf auf den Baumstamm gelegt, der ihn trug. Er wußte, daß die *Leith* offiziell nicht stoppen durfte, sondern den Feind zu verfol-gen hatte. Sie tat also nur ihre Pflicht, was gleichbedeutend mit dem Ende aller Schiffbrüchigen war.

Plötzlich war die *Leith* jedoch wieder da. Sie stoppte, um sie alle zu retten. Zuvor hatte sie nur den ganzen Bereich mit dem Asdic-Gerät abgesucht und gesichert; denn gestoppt gab sie für lauernde U-Boote ein ideales Ziel ab. Gequält marschierte Fregattenkapitän Allen auf der Brücke auf und ab und erinnerte dauernd daran, wie notwendig es sei, schnell wieder Fahrt zu machen. Rettungsnetze hingen am Achterdeck an beiden Bordwänden hinunter. Den Männern, die direkt im Wasser schwammen, wurden Rettungsleinen zugeworfen. Mit Hilfe von Bootshaken wurde jedes Wrackteil und jedes Holzstück, an dem ein Überlebender hing, herangezogen. Als einige Gerettete versuchten, die Leitern hochzuklettern, merkten sie, daß ihnen die Beine nicht mehr gehorchten. Da stiegen die hilfsbereiten Männer der *Leith* die Leitern und Netze hinunter, um den erschöpften Schiffbrüchigen an Deck zu helfen.

Von den Decks der *Leith* boten sich den Beobachtern Szenen, die sich in ihrer schrecklichen Eindringlichkeit tief in ihre Gedächtnisse eingraben sollten — Szenen, die, in dem kalten Mondlicht und der von Wrackteilen übersäten See, etwas Groteskes an sich hatten: mußten die Männer doch fürchten, zwischen all dem Treibgut gar nicht entdeckt zu werden.

Steward Daley und seine beiden Kameraden wurden von ihrem Floß gerettet. Der Grieche, der so lange im Wasser an ihnen gehangen hatte, starb, kurz nachdem man ihn an Bord gehievt hatte. So fand er wieder seinen Weg zurück in die See. Alle Männer aus dem mit Wasser vollgeschlagenen Rettungsboot wurden ebenso in Sicherheit gebracht wie einzeln Herumschwimmende. Unter ihnen waren der Maat Bellas, der an einem Baumstamm hing, und Kapitän Kearon. Als man ihn an Bord zog, gab es unter den Überlebenden seiner Mannschaft ein großes Hallo; denn er war bei seiner Crew ein beliebter Mann. Doch neben der Freude stand die Tragödie: Der Erste Offizier King, von seinem Kapitän an den Sparren gebunden, damit er sich über Wasser halten konnte, war vor Entkräftung gestorben. Auch für ihn wurde das Meer zum Grab.

Als Ingenieur Bill Venables, der immer noch allein schwamm, den dunklen Schatten des Geleitboots direkt voraus entdeckte, konnte er kaum glauben, daß das Wirklichkeit war und nicht nur ein Fiebertraum. Von hinten als Silhouette beleuchtet, schien es nämlich so, als komme das Schiff direkt aus dem Mond.

»Ahoi!« schrie er, und tatsächlich antwortete gleich eine menschliche Stimme. Er rief noch einmal, und dieselbe Stimme machte ihm Mut: »Weiterrufen! Wir kommen! Weiterrufen!« Sie konnten ihn nämlich nicht sehen, mußten die Richtung also nach seiner Stimme finden.

Als die Leith beidrehte, verließ Venables seine lebenserhaltenden Baumstämme und kraulte wie ein Verrückter auf das Schiff zu. Er sah, wie ein Rettungsring neben ihm ins Wasser klatschte, griff dankbar danach und zog ihn über seinen Kopf. Dann schaltete irgend etwas in ihm aus, und er wurde fast besinnungslos an Bord gezogen.

Fünf weitere Männer, die man aus dem Wasser holte, waren verletzt. Einem Heizer hatte ein Baumstamm die Rippen gebrochen, aber er hatte noch Kraft genug besessen, weiterzuschwimmen.

MacKinnon beobachtete aus einiger Entfernung, wie ein Torpedo plötzlich direkt auf die Leith zuschoß. Aber es folgte keine Explosion. Der Torpedo schlüpfte unter ihr durch: Er war auf eine größere Tiefe, für ein Handelsschiff, eingestellt gewesen und hatte sein Ziel verpaßt. Ein paar Minuten später fand man auch den Admiral a. D., der nicht mehr fähig war, auch nur noch eine Schwimmbewegung auf seine Retter zuzumachen. Sie mußten ein Netz hinunterlassen und ihn nach oben ziehen, wobei er mit dem Kopf nach unten zu ›stehen‹ kam: eine Lage, deren Komik er durchaus registrierte. In so vielen Jahren war er so oft mit allen Ehren seines Ranges begrüßt worden, wenn er an Bord eines Schiffes kam; jetzt hievte man ihn an Bord wie einen Sack Kartoffeln.

Es gab auch traurigere Entdeckungen: Viele Körper trieben bereits leblos dahin, und man mußte sie im Wasser lassen. Der verletzte Heizer von der Assyrian, den man auf einer Gangway dem Meer anvertraut hatte, war unter den Toten. Er wurde von seinem bizarren Leichengefährt losgebunden und dem Meeresgrab übergeben.

Eine schreckliche Situation gab es, als die *Leith* auf ein kleines, nur von einem Mann besetztes Floß stieß. Er hatte einen Arm gebrochen und stützte ihn mit dem gesunden. Wiederholt versuchten sie, in der Dunkelheit nahe genug an ihn heranzukommen, um ihm eine Leine zuwerfen zu können. Er aber wagte es nicht, mit seinem gesunden Arm nach der Leine zu greifen. Beim Abdrehen des Schiffs wurde sein Floß regelmäßig durch die von den Schrauben verursachte Strömung weit abgetrieben. Niemand konnte ihm helfen, und die *Leith* mußte weiter, schließlich die Rettungsversuche abbrechen und den unglücklichen Mann auf dem Floß zurücklassen.

Als man an Bord zu zählen begann, stellte sich heraus, daß nahezu die halbe Besatzung der *Assyrian* verloren war, darunter ein Unteroffizier und der junge Schiffszimmermann, der so fleißig geholfen hatte, das Floß zusammenzubauen. Unter den Geretteten befanden sich ein Matrose und ein Signalgast — beide aber schwer krank.

Plötzlich neue Rufe in der Nacht: Das Geleitboot näherte sich den Überlebenden der *Soesterberg*. Das lecke Rettungsboot der Holländer konnte dank dem Pfropfen aus den Socken der Seeleute über Wasser gehalten werden. Alle Männer hatten sich, völlig durchnäßt, im hinteren Teil des Bootes eng unter Decken zusammengekauert, um sich so ein wenig zu wärmen. Oben drüber hatten sie, um sich vor dem Wind zu schützen, das Bootssegel gebreitet.

Jeder bekam erst einmal einen guten Schluck Brandy zugeteilt. Nur Maat Ort hatte sich geweigert — er sei Antialkoholiker. Kapitän de Jong: »Ort, das ist kein Alkohol, sondern eine vom Doktor verschriebene Medizin.«

»Dann nehme ich sie«, hatte der Maat gehorsam geantwortet. »Medizin kann ich nicht verweigern.« Er nahm einen kräftigen Schluck — und meinte dann, wenn jede Medizin so gut schmecke wie diese, werde er sie künftig regelmäßig einnehmen.

Nach schier endlos langer Zeit sichteten sie in ziemlicher Entfernung weißen Rauch; dann tauchte etwas Schwarzes aus der Dunkelheit auf und kam mit großer Geschwindigkeit auf sie zu: die *Leith*. Sie war durch das ausgebreitete weiße Segel auf das Rettungsboot aufmerksam geworden. Die Maschinen wurden gestoppt, das Schiff so manövriert, daß die vom Achterdeck herunterhängende Sturmleiter genau ins Rettungsboot hinabreichte.

»Tempo!« rief Fregattenkapitän Allen von der Brücke hinunter.

Die Aufforderung war allerdings überflüssig; denn die Männer, die kaum noch Kraft hatten, ihr langsam sinkendes Boot weiter auszuschöpfen, erwachten zu neuem Leben und waren blitzschnell an Bord. Kapitän de Jong, den Sack mit den geheimen Schiffspapieren unter dem Arm, ging als letzter an Bord. Oben angekommen, bemerkte er zu seinem Bedauern, daß er die halb volle Flasche Brandy, aus der er noch nicht einen Tropfen getrunken hatte, in der Eile vergessen hatte.

Weiter durchkreuzte die *Leith* das Schlachtfeld auf der Suche nach Überlebenden. Als nächste fand sie die Männer der *Empire Brigade*, alle mehr oder weniger erschöpft, einige bis zur Unkenntlichkeit von einer schmutzigen Ölschicht überzogen. Unter ihnen befand sich ein Heizer von der *Soesterberg*, den die von der Torpedoexplosion verursachte riesige Wassersäule von Bord gefegt hatte. An zwei Baumstämmen konnte er sich so lange halten, bis das Boot ihn fand und aufnahm. Beim Klettern an Bord hatte er sich, ohne es überhaupt zu bemerken, einen Arm ausgekugelt. Kaum in Sicherheit, fiel er in tiefe Bewußtlosigkeit.

Die *Leith* setzte ihre systematische Suchaktion fort, fand aber nur noch Tote und Wrackteile. Kein lebendes Wesen; auch weit und breit kein Feind. Von vier Schiffen hatte sie die Überlebenden an Bord, einschließlich der Ersten von der *Nora*, und ähnelte einer schwimmenden Notarztstation. Offiziersmesse, Mannschaftsräume und Gänge waren mit ausgestreckten Leibern belegt. Der Schiffsarzt und Sanitäter sorgten für eine erste medizinische Betreuung. Jede Decke, jedes Handtuch und jedes Stück Kleidung, das entbehrt werden konnte, wurde den Geretteten zur Verfügung gestellt. Viele schliefen auf der Stelle ein und den Schlaf totaler Erschöpfung; so wie zum Beispiel Funkoffizier Dewar von der *Empire Brigade*, der im Gang vor der Offiziersmesse so, wie er war, durchnäßt und ölverschmiert, einschlief. Erwachend fand er sich unter dem wärmenden Überzieher des Kapitäns de Jong wieder. Der selbstlose holländische Kapitän war weitergegangen und hatte sich nach einem warmen Plätzchen im Maschinenraum umgesehen. Er fand auch eins; aber nach ein paar Stunden Ruhe auf einer metallenen Plattform tat ihm der ganze Körper weh, hatte sich das Muster eines ›eisernen Toasters‹ tief in seine Haut gedrückt.

Ingenieur Venables, der vor Erschöpfung zusammengebrochen war, wurde in die Kombüse getragen und mußte eine Stunde lang massiert werden, ehe er die ersten Lebenszeichen von sich gab. Danach hatten gleich zwei seiner Retter alle Hände voll damit zu tun, ihn von einem heißen Herd zurückzuhalten, an den er sich am liebsten gelehnt hätte. Er bekam heißen Kakao zu trinken und schlief wieder ein. Als er erwachte, fand er sich, in warme Decken gehüllt, in einem der Mannschaftsräume wieder. Sein Mund war vom heißen Kakao verbrannt. Ein freundlicher Grieche lag neben ihm und versuchte, dem geschwächten Mann eine Zigarette zwischen die Lippen zu schieben. Sie lagen eng beieinander, nur von schwachem Licht beleuchtet. Die Ventilation arbeitete auf vollen Touren. Schließlich entdeckte irgendwer, daß Venables Offizier war, und man brachte ihm seine Uniform zurück, die im Maschinenraum zum Trocknen aufgehängt worden war. Später kam er zu den anderen überlebenden Offizieren in die Offiziersmesse, von dessen Stirnwand Königin Salote breit lächelnd aus einem Foto auf sie hinunterstrahlte.

Nachdem Obersteward Daley die Gewalt über Beine und Füße wiedererlangt hatte, machte er sich auf den Weg durch die vollgelegten Gänge, um nach Überlebenden der *Assyrian* zu suchen. Er war glücklich, welche zu finden. Zurück in der Kombüse, erhielt er zur Stärkung eine Tasse dampfenden Kakao. Er staunte nicht wenig, dort auch den Koch von der *Assyrian* zu entdecken — er bereitete gerade Pfannkuchen zu.

Geleitzug-Kommandant MacKinnon spürte, nachdem man ihn an Bord gezogen hatte, erst mit der Zeit so richtig, wie sehr ihn der lange Aufenthalt im Wasser erschöpft hatte. Man flößte ihm ein heißes Getränk ein, hieß ihn sich ausstrecken, rieb und massierte ihn, damit er seine Glieder wieder spürte. Aber der Schüttelfrost wollte nicht aufhören. Ins Bett wollte er nicht. Ein Sessel, meinte er, tue es auch. Mit einem so hohen Offizier mußte strategisch umgegangen werden. Nachdem sich Fregattenkapitän Allen in Ruhe mit dem Schiffsarzt unterhalten hatte, betonte er, sein eigenes Bett zu verschmähen, solange der Kommodore noch auf sei. So gelang es ihm schließlich, den Admiral a. D., in dicke Decken gehüllt, in seiner Kajüte unterzubringen.

In der Zwischenzeit hatte auch die *Fowey*, als sie der Route des Konvois folgte, nach Überlebenden gesucht, aber kein Glück gehabt. Die *Bluebell* indessen stieß auf das Rettungsboot der *Blairspey*, das vom Kapitän geführt wurde. Neunzehn Mann konnten aufgenommen werden. Dann traf sie zwei Boote von der *Beatus*, dessen Insassen bereits zehn Stunden seit der Torpedierung ihres Schiffes in Seenot waren. Sie hatten große Schwierigkeiten gehabt, inmitten der vielen Wrackteile und Hölzer zu rudern, das Beste aus ihrer Situation gemacht und sich wenigstens so weit vorgekämpft, daß sie luvwärts des Treibguts — um Beschädigungen ihres Bootes zu vermeiden — ruderten. Wäre die *Bluebell* ihnen nicht zu Hilfe gekommen, so hätten sie wohl schließlich Segel gesetzt und versucht, auf eigene Faust die Heimat zu erreichen.

Noch war es dunkel. Die Rettungsaktionen der *Bluebell* wurden — da der Wind auffrischte, die See alles andere als freundlich war — erschwert, so daß viel Geduld und Geschicklichkeit erforderlich waren, um die Korvette längsseits den Rettungsbooten zu bekommen. Die Überlebenden, die sich bereits an Bord befanden, halfen der Besatzung eifrig bei ihrem Rettungswerk. Wie schon bei den anderen

Booten, achtete man auch hier darauf, daß alle nützlichen Dinge an Bord geschafft wurden: von warmen Wolldecken bis zu den eisernen Schiffszwieback-Rationen. Nach Vollzug ließ man die Boote treiben, bis sie unter den Hunderten von Wrackteilen, die den Ozean bedeckten, versinken würden.

Um 8.25 Uhr gab die *Bluebell* an das Oberkommando West den Funkspruch durch, daß sie den Kapitän und achtzehn Mann der *Blairspey*, den Kapitän und sechsunddreißig Mann der *Beatus* an Bord genommen habe. Der Funkspruch schloß mit der nicht wenig Aufsehen erregenden Mitteilung: »Habe jetzt 203 Überlebende an Bord, schließe mich Geleitzug an.«

Aber einen Geleitzug, dem die *Bluebell* sich hätte anschließen können, gab es schon lange nicht mehr. Die Schiffe, die den nächtlichen Angriff unbeschädigt überstanden hatten, waren weit über die See verstreut.

Das Wetter wurde immer rauher.

Eines dieser verstreuten Schiffe war die mit Schrott beladene *Corinthic*, deren Funkoffizier Kenneth Howell von Beginn der Überfahrt an genau Tagebuch geführt hatte. Tag für Tag trug er Notizen, die nur für seine Frau bestimmt waren, in ein billiges Schulheftchen ein. Über die vergangene Nacht, nachdem die *Corinthic* dem Inferno entgangen war und nun der englischen Küste zustrebte, hieß es dort:

»Von dem, was in den letzten Stunden dieses ›Schwarzen Freitags‹ passiert ist, werde ich erst berichten, wenn das Schicksal es will, daß wir den nächsten Tag und die nächste Nacht überleben. Jetzt kann ich nur sagen, daß ich, seit ich wieder auf See bin, noch nie so froh und dankbar war, in den letzten Monaten täglich meine Gebete gesprochen zu haben, so, wie ich es von daheim gewohnt bin. Fest steht: Uns hat in den letzten vierundzwanzig Stunden eine höhere Macht gelenkt, und nicht nur ein glücklicher Zufall, daß wir an diesem Samstagmorgen noch auf unserem Schiff sind. Dafür werde ich ewig Dank sagen.«

10.

Die ›Bluebell‹ — ein Schiff ohne Boden?

Fünf Stunden nachdem sie ihre letzten Überlebenden an Bord genommen hatte, dampfte die *Leith* mit ihrer Höchstgeschwindigkeit von sechzehn Knoten auf Geleitzug-Route und suchte die immer rauher werdende See nach Schiffen ab, die dem Angriff entkommen waren. Am Samstag, 19. Oktober, 9.30 Uhr, ging sie auf vierzehn Knoten hinunter, um die Maschinen zu schonen.

Fregattenkapitän Allen ließ nicht nach, den grauen Atlantik mit dem Fernrohr abzusuchen. Seine eigenen Beobachtungen und die Informationsfetzen, die er von den Geretteten aufschnappen konnte, verdichteten sich zu der schmerzlichen Gewißheit, daß der SC 7 das Opfer eines gut organisierten Angriffs der Deutschen geworden war. Aus den Positionen einiger der getroffenen Schiffe, den Zeitpunkten, zu denen sie attackiert worden waren, und der Zahl der abgefeuerten Torpedos — Fehlschüsse eingerechnet — ergab sich, daß wohl wenigstens zwei, wenn nicht drei U-Boote an dieser Aktion beteiligt gewesen sein mußten.

Der Überraschungseffekt ihres Angriffs war total, die Folgen entsprechend katastrophal. Drei Geleitschiffe hatten sich gegenüber der U-Boot-Taktik, über Wasser anzugreifen, als machtlos erwiesen; vor allem, weil man sie nicht einkalkuliert hatte. Es war ein riesengroßer Schlamassel gewesen, der alle Kriegsschiffe dazu gezwungen hatte, augenblicklich die Rollen von Rettungsschiffen zu übernehmen — denn sie hatten nur die Wahl gehabt, dies zu tun oder Hunderte von Männern der Barmherzigkeit der See auszuliefern. Jetzt, an diesem unfreundlichen Morgen, mußten trotzdem noch ein paar Schiffe unterwegs sein — ein paar, die der Vernichtung entgangen waren. Aber wo waren sie? Kein Anhaltspunkt auf dem weiten Ozean.

Der Schiffsarzt kam auf die Brücke und brachte schlimme Nachrichten mit. Admiral a. D. MacKinnon litt noch immer unter den Folgen der Erschöpfung und wurde weiterhin von Kälteschauern heimgesucht. Seine gesamte Verfassung hatte sich erheblich verschlechtert. Inzwischen waren Symptome hinzugekommen, die Schlimmstes befürchten ließen: Der rechte Lungenflügel war bereits von einer Entzündung befallen.

Die nächsten Stunden bedeuteten für Dr. John Robertson eine große Herausforderung: Konnte er das Leben des Admirals retten? Er hatte seine medizinischen Examina an der Universität Edinburgh noch nicht lange hinter sich; dennoch versuchte er alles, um die Lungenentzündung einzudämmen. Doch der Zustand des Admirals verschlechterte sich von Minute zu Minute, bis er dem Tod deutlich nahe schien. Er röchelte nur noch und war kurz vor dem letzten Atemzug. In diesem verzweifelten Moment griff der junge Robertson nach dem letzten Mittel, das ihm geblieben war. In seinem Medizinschrank befanden sich die neuen ›M 8 B 693‹-Tabletten, ein speziell entwickeltes Medikament, mit dem die Streitkräfte gerade ausgerüstet worden waren. Die Tabletten waren noch nicht erprobt, es gab keine Erfahrungswerte. Folglich hatte er keine Ahnung, in welcher Dosis er das Medikament verabreichen sollte. Ruhig, aber doch mit einem leisen Stoßgebet, gab er dem sterbenden Patienten das Mittel.

Niemand war darauf gefaßt gewesen, was als nächstes passieren sollte. Kaum eine halbe Stunde später schien nämlich der Admiral etwas zu Kräften zu kommen; nach einer Stunde war er deutlich ruhiger, wenn auch noch immer gefährlich krank.

Diese wunderbare Veränderung im Verhalten des Patienten, der gerade noch vor dem Exitus gestanden hatte, ließ in Robertson einen Hoffnungsschimmer aufleuchten. »Der Admiral war ziemlich schlecht dran«, erzählte er dem Kapitän, »aber mit ein wenig Glück sollten wir ihn über den Berg kriegen.«

Und darum würde er sich kümmern. Der junge Arzt war noch nie in seinem Leben entschlossener gewesen.

Aus den schlimmen Nachrichten waren also gute geworden, und die sprachen sich unter den Mannschaften und den meisten Geretteten bald herum. Sie schöpften Hoffnung, daß auch die beiden anderen schwerkranken Männer von der *Assyrian*, die um ihr Leben kämpften, gerettet werden könnten.

Unter den Seeleuten herrschte eine riesige Wut über die Zerschlagung ihres Geleitzugs; denn offensichtlich waren die U-Boote nach einem ausgeklügelten Plan vorgegangen und hatten dem SC 7 aufgelauert. Ihr Zorn wandte sich gegen den immer noch andauernden Zustand, daß die U-Boote vor der irischen Südküste offenbar unbehelligt operieren und sich so aus günstiger Position auf einlaufende Geleitzüge stürzen konnten, während die Irische Republik stur auf ihrer Neutralität beharrte und dazu noch von deutschen Spionen übersät war. Britische Kriegsschiffe und Flugzeuge mußten die Basen im Süden Irlands meiden, und das war ein ernstes Handicap für sie. Konnte denn angesichts dieses Gemetzels auf See die britische Regierung gar nichts unternehmen? Warum war sie so machtlos?

Diese Wut konnten die Überlebenden selbst jetzt noch nicht teilen. Sie fühlten nur eines: eine Art betäubte Erleichterung. Sogar der Gedanke an die üblichen Bemerkungen ›gut informierter‹ Zivilisten konnte in ihnen derzeit keine Bitterkeit aufkommen lassen. So würden sie halt wieder mal, wenn sie in ihren Heimathafen einliefen, zu hören kriegen: »Nun ja, aber *Sie* haben es doch geschafft. Denken Sie mal an die Jungs in der *Kriegs*marine!«

Die Männer hockten da, wo sie gerade Platz fanden — zwischen zum Trocknen aufgehängten Kleidern und auf dem Boden ebenfalls zum Trocknen ausgebreiteten Papieren. So wenig es sein mochte, was sie aus der See hatten retten können, um so mehr hingen sie daran. Da gab es den Maat, der seinen Sextanten als einzigen geretteten Besitz wie seinen Augapfel hütete und niemanden auch nur in seine Nähe kommen ließ. Alle Offiziere und Unteroffiziere legten stets großen Wert auf ihre Sextanten. Ihr Verlust galt als um so schmerzlicher, je neuer und besser sie ausgestattet waren — etwa mit Mikrometer und eingebauter Beleuchtung.

Einige Überlebende hatten ihre Seesäcke retten können, aber anderen war nur geblieben, was sie in ihren durchnäßten Hosentaschen mit sich trugen. William Venables trauerte heftig seinem Besitz nach, den die *Assyrian* mit auf den Grund des Meeres genommen hatte: den schönen Propeller aus Mahagoni-Holz für sein kleines Flugzeug, den Fliegenden Floh, auf den er soviel Zeit und Mühe verwendet hatte und der über seiner Koje gehangen hatte, als das Schiff versank. Vielen ging wohl durch den Kopf, was sie alles verloren hatten. Auch MacKinnons gesamte wertvolle Habe war untergegangen. In klareren Momenten seines Zustands fiel ihm das immer wieder ein: Für immer dahin — die kleinen Geschenke, die er seiner Frau und seiner Tochter hatte mitbringen wollen, den Füllfederhalter, seine Pfeifen, seine gemütlichen alten Pantoffeln, die er jahrelang getragen hatte; niemals würde er zulassen, daß ihm jemand neue als Ersatz dafür kaufte . . .

Gegen Mittag folgte die *Leith* bei dauernd schlechter werdendem Wetter einem ziemlich strikten Ostkurs, in einer Linie mit der allerdings unsichtbaren Südküste der Hebriden. Fregattenkapitän Allen funkte noch einmal an das Oberkommando West und gab neben der Zahl der aufgenommenen Überlebenden, einschließlich dem Admiral in dessen kritischem Zustand, noch durch: »Habe kein anderes Schiff des Konvois mehr gefunden. Schließe mich der *Fowey* an . . .«

Aber in Wirklichkeit würde Allen das andere Geleitschiff nie mehr sehen.

Korvettenkapitän Aubrey hatte nach seiner erfolglosen Überlebenden-Suche die *Fowey* auf mehr südlichem Kurs gehalten und sich damit von der *Leith* entfernt. Bei Tagesanbruch wurde er endlich für seine Mühe belohnt — er sichtete das erste Schiff, dann noch eines — und wieder eines, bis er aufgeregt im ganzen acht verstreute Schiffe zählen konnte. Acht Schiffe! Die Geretteten an Deck der *Fowey* jubelten und winkten zu den mühsam dahinstampfenden Schiffen hinüber, deren Silhouetten ihnen allen während ihrer langen gemeinsamen Reise so vertraut geworden waren und von denen sie niemals geglaubt hatten, sie je wieder zu sehen.

Aubrey begann, die acht Schiffe wieder zu einem kleinen Verband zu formieren, der weniger als ein Viertel dessen umfaßte, was vormals von Sydney aus in See gestochen war. Zunächst mußte es ein ›Leitschiff‹ geben, das den Geleitzug anführen sollte, aber das wurde mit wenig zeremoniellem Aufwand betrieben: Es würde einfach das größte unter den Schiffen sein oder jenes, das ohnehin schon am weitesten vorausfuhr. Die *Somersby*, der 5000-Tonner aus West Hartlepool, schien schließlich am besten geeignet. Die *Fowey* signalisierte die Entscheidung per Morsescheinwerfer hinüber. Der *Somersby*-Funker mußte auf die Brücke, um Kapitän Bill Thompson die Botschaft entschlüsseln zu helfen und mit der Stablampe die Bestätigung zurückzublinken. Und das war's schon. Kapitän Thompson aus Cardiff, der sein Schiff aus der Gefahrenzone geschleust hatte, indem er das Letzte, nämlich zehn Knoten, aus seinen Maschinen herausgeholt hatte, übernahm die Führung des Konvois.

Da das Wetter weiterhin schlechter und schlechter wurde, gab es für die Schiffe wenig Möglichkeiten, sich gegenseitig intensiver zu verständigen. Aber es genügte ihnen auch, wieder zusammen zu sein, in vernünftiger Formation zu fahren und die *Fowey*, die sie so gut wie nur möglich beschützen würde, bei sich zu haben. Ihre Position war jetzt ungefähr vierzig Meilen südwestlich von der *Leith*. Es war kurz vor Mittag, als Korvettenkapitän Aubrey ans Oberkommando funken konnte, daß er acht Schiffe des SC 7-Geleitzugs wieder gesammelt habe und sie bei einer Geschwindigkeit von siebeneinhalb Knoten Richtung Heimat begleite. Er fügte noch seine Annahme hinzu, daß ungefähr zehn Schiffe des SC 7 torpediert worden sein dürften ...

Tatsächlich waren es erschreckenderweise sogar sechzehn Frachter gewesen, die in dieser Nacht den U-Booten zum Opfer gefallen waren. Zusammen mit den vier Schiffen, die der SC 7 bereits vorher verloren hatte, stand die Gesamtverlust-Zahl bei zwanzig; und das war mehr als die Hälfte des gesamten Geleitzugs.

Links: Kapitänleutnant Heinrich Liebe von U 38. Mitte: Kapitänleutnant Joachim Schepke von U 100. Rechts: Kapitänleutnant Fritz Frauenheim von U 101.

Links: Oberleutnant z. S. Engelbert Endraß von U 46. Mitte: Korvettenkapitän Otto Kretschmer von U 99. Rechts: Kapitänleutnant Günther Prien von U 47.

Das schwedische Dampfschiff *Convallaria* sank als erstes nach dem Einschlag eines ›Wolfes‹.

Überlebende der *Nora*, seit fünf Tagen hilflos den Elementen preisge-
geben, vom Begleitboot *Leith* geborgen und fotografiert.

Links: Kapitän z. S. Robert Smith, Chef der *Empire Miniver*. Mitte: Erster
Offizier Jack Reardon von der *Botusk*. Rechts: *Somersby*-Kapitän J. William
Thompson.

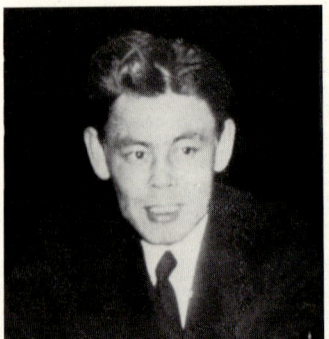 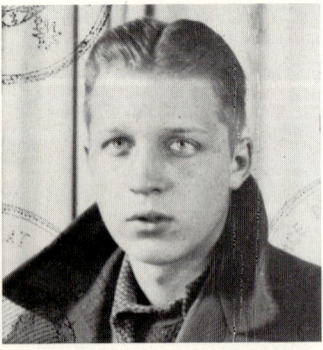

Links: Gilbert Michael Hing, Maat auf der *Empire Miniver*. Rechts: Der
16jährige Matrose der *Gunborg*, Sture Mattsson.

Oben links: Zweiter Funkoffizier Raymond Baldwin an Bord der *Shekatika*. Oben rechts: Kapitän z. S. Thomas H. Irvin, Chef der *Clintonia*, lieferte sich mit den ›Wölfen‹ ein grimmiges Duell.

Links: *Wandby*-Kapitän John Kenny. Rechts: Erster Ingenieur der *Sedgepool:* James E. Aves.

Unten: Die *Clintonia* war zäher, als sie aussah.

Die Sieger nach den Gefechten auf die Geleitzüge SC 7 und HX 79 mit
Kapitänleutnant Bleichrodt in Kiel.

Zu dieser Zeit lief die am weitesten zurückliegende Scarborough, *über achtzig Meilen nordwestlich entfernt, in jenen Bereich hinein, in dem die* Assyrian *und andere untergegangen waren. Alles, was jetzt noch dort zu sehen war, waren ein paar herumtreibende Wrackteile und ein leeres, ziellos dahindriftendes Rettungsboot. Überlebende gab es nicht mehr.*

Der stürmisch-düstere Nachmittag ging schon in die Abenddämmerung über, als die allein durch die Wellen stampfende *Leith* mit Erleichterung die *Heartsease* sichtete, die immer noch die beschädigte *Carsbreck* begleitete. In dem ganzen Chaos der vergangenen Nacht hatte die Korvette dem Frachter engen Schutz gegeben, während sie durch eine See voller Wrackteile und leerer Rettungsboote gekreuzt waren, voraus die Rauchwolken des weiterziehenden Konvois am Horizont. Die *Carsbreck* lag über den Bug schon tief im Wasser, kam aber immer noch langsam und plump voran, den Hauptmast halb gebrochen und fortwährend durch das große Loch in der Bordwand Stücke ihrer Holzladung von sich gebend.

Drei versprengte Schiffe des Konvois waren inzwischen zur Korvette gestoßen und hielten engen Kontakt zu ihr. Es handelte sich bei einem von ihnen um die kleine *Inger Elisabeth* aus Norwegen, ein anderes war die *Corinthic*. Es war der verlorene Haufen eines einstmals großen Geleitzugs unter Führung der *Leith*, der jetzt durch die wilde See dampfte. Der Wind hatte Sturmstärke erreicht. Die eingebrochene Dämmerung sowie ein starker Regen ließen die Sicht immer schlechter werden.

Am späten Nachmittag hatte man auf der *Leith* aus der Ferne deutlich eine Explosion gehört. Eine halbe Stunde später kam das Grollen einer zweiten Explosion herüber. Was passierte da? Und wo passierte es?

In seiner Koje durchfuhr den kranken Admiral a. D. erneut ein Zittern, als er die Geräusche hörte. Jedesmal, wenn das Geleitboot in ein Wellental hinunterkrachte, dachte er in seinem Fieber, ein Torpedo habe eingeschlagen.

Weit im Süden, wo der Konvoi aus acht Schiffen unter dem Schutz der *Fowey* in der immer schwerer werdenden See ihre Formation zu halten bemüht war, konnten die Funker in ihren Geräten eine höchst widerwärtig empfundene Stimme hören: »Germany calling, Germany calling ...« Ihnen und den Landsleuten daheim wurde berichtet, daß der SC 7-Geleitzug vernichtet worden sei — ein großer Triumph und ein ruhmreicher Sieg der deutschen U-Boot-Waffe. Es folgten ausführliche Berichte, wie die U-Boote die Geleitschutz fahrenden ›Zerstörer‹ versenkt und die Handelsschiffe ›zermalmt‹ hätten, und das in einer einzigen wagemutigen Nachtattacke ... Doch auf vielen Schiffen, die ihre Geräte auf diesen Sender eingestellt hatten, wurden die letzten Worte von einem Schwall grober Flüche und Beschimpfungen begleitet. Das galt den englischen Seeleuten als die einzig richtige Sprache, in der man jenen englischen Verräter niederschrie, der ihnen auf Englisch diese Botschaft übermittelte. Sie wünschten ihm alle erdenklichen Todesarten an den Hals, wie sie wohl noch nie zuvor auf einem britischen Schiff zu hören waren und wohl nie wieder zu hören sein würden. Der Sender sollte dazu dienen, den Briten ihr grausames Schicksal drohend zu verkünden, erreichte aber das Gegenteil: Er wurde der größte Förderer britischer Moral und Widerstandskraft.

Dennoch stampften sie in eine bedrohliche Nacht. Sturm und Regen ließen die Sicht auf Null sinken, der Wind trieb die Schiffe immer wieder ab. Für die *Botusk* gab es höchste Alarmstufe, als sie plötzlich im Nordwesten Irlands gefährlich in Küstennähe geriet. Erst als sie später genau nachrechneten, welchen Kurs sie genommen hatten, wurde ihnen endgültig klar, wie knapp sie einem Ende an den Klippen entkommen waren.

Trotz aller Schwierigkeiten gelang es der *Fowey* in dieser Nacht dennoch, mit dem führenden Schiff der mittleren Kolonne stets Kontakt zu halten. Als aber der nächste Tag — Sonntag, 20. Oktober — hereinbrach, bot sich ihnen eine sehr veränderte Szene. Die *Fowey* und die *Somersby* fanden sich nämlich gänzlich allein in der aufgewühlten See. Alle anderen Schiffe ihres kleinen Geleitzuges hatte der Sturm über Nacht von ihnen weggeblasen. Es hatte keinen Zweck, sie jetzt noch zu suchen. Korvettenkapitän Aubrey entschloß sich vielmehr, mit Rücksicht auf die hundertsiebenundfünfzig Geretteten an Bord, den nächsten Hafen anzulaufen. Statt also Kurs auf Liverpool zu nehmen, plante er, den Firth of Clyde zu erreichen und die Männer dort, bevor es wieder dunkel wurde, an Land zu setzen. Um 10 Uhr funkte er dieses Vorhaben an das Oberkommando West. Dann nahm die *Fowey* Kurs auf den Clyde.

Die *Leith* hatte auf ihrer Fahrt durch die stürmische Nacht kein bißchen mehr Glück. Sie verlor den Kontakt zur *Heartsease* und den vier Frachtern und fand sich bei Tagesanbruch allein. Auch bis mittags hatte sie noch kein weiteres Schiff mehr gesichtet. So funkte Allen an das Küstenkommando, daß er bald einlaufen und die Überlebenden an Land setzen werde. Aber im Unterschied zur *Fowey* wollte er direkt Liverpool anlaufen.

Am späten Nachmittag wurden die Männer an Bord der *Leith* Zeugen eines Epitaphs auf den SC 7. Die beiden Schwerverletzten der *Assyrian*, der Signalgast und ein Matrose, waren gestorben. Ihre in Zeltbahnen eingewickelten Leichname wurden an Deck nebeneinander aufgebahrt und mit der britischen Fahne bedeckt. Nach der Totenehrung und den Salutschüssen wurden sie dem Meer übergeben.

So viele andere Seeleute, die ebenso den Tod in der Schlacht gefunden hatten, hatten auf diese letzte Ehrung verzichten müssen. In dieser wurden sie alle mit eingeschlossen.

Nach Beendigung ihres Rettungswerks hatte die Korvette *Bluebell* ebenfalls wieder Geleitzug-Kurs eingeschlagen. Aber die Männer auf der Brücke bekamen nicht ein einziges Schiff mehr zu Gesicht. Bis zur Grenze ihrer Kapazität mit Geretteten belegt, konnte die *Bluebell* in den Augen von Kapitän Sherwood nun keiner anderen Aufgabe mehr dienen als der, sie so bald wie möglich heimzubringen.

Da unter ihrer Besatzung kein medizinisch ausgebildetes

Personal war, wußte keiner so recht, wie man mit den Verletzten umzugehen habe. Ein paar von ihnen hatten sie wie Mumien von oben bis unten in Verbände eingewickelt. Da keine allzu ernsten Fälle darunter waren, ging alles gut. Mehr zu tun hatte man hingegen mit einer anderen Krankheit, nämlich der Seekrankheit. Sie befiel alle, die das Stampfen der Korvette, das vergleichsweise heftiger war als das behäbiger Handelsschiffe, nicht vertragen konnten und denen vierundzwanzig Stunden lang dadurch hundeelend war.

Die *Bluebell* hatte nunmehr viermal so viele ›Gäste‹ als Besatzungsmitglieder an Bord. Zwei todmüde Offiziere von der *Empire Miniver* haben es einem Matrosen ihr Leben lang nicht vergessen, daß er ihnen seine Koje zur Verfügung stellte, in die sie, drei Mann hoch, zusammen hineinkletterten. Später, als man alle Offiziere in die Offiziersmesse verlagerte, verließen auch die beiden dankbar ihr ›komfortables‹ Quartier und zogen in die kleine, total überbelegte Offiziersunterkunft, wo nun jeder anstelle eines Liegeplatzes einen schlichten Sitzplatz an Deck einnahm.

Die Kapitäne wiederum wurden in die Kapitänskajüte gebeten, wo Kapitän Brett von der *Beatus* und Kapitän Weatherill von der *Scoresby* das Los entscheiden lassen mußten, wer Kapitän Sherwoods Koje besteigen durfte.

Aber das waren, gegenüber dem einen großen Problem dem Essen, noch kleine Fische. Die zum Geleitschutz abgestellten Korvetten waren mit einer Verpflegung, die für zehn Tage reichte, nebst einer Zulage für Notfälle, ausgerüstet. Aber das reichte für so viele Mägen, die nun zusätzlich zu füllen waren, natürlich hinten und vorne nicht. So mußte die Verpflegung denn streng rationiert werden; Mannschaften wie Gerettete teilten sich ein reichlich mageres Menü. Doch das wurde alles ohne Probleme gemeistert. Auch in der Offiziersmesse wird es kaum anderes gegeben haben als Schiffszwieback und Corned beef.

Die *Bluebell* dampfte weiter durch Sturm und Wetter, bis sie schließlich in einer Nebelbank landete. Und damit war sie in einer ganz und gar unmöglichen Situation. Seit Tagen hatten sie die Sonne nicht mehr gesehen, und Kapitän Sherwood lenkte sein Schiff auch mit einer tüchtigen Portion Gottvertrauen. Alle von anderen Schiffen geretteten Offiziere — ungefähr dreißig — boten ihre Hilfe an, indem sie ihre Berechnungen anstellten, aber niemand erwischte auch nur einen Sonnenstrahl, an dem er sich besser hätte orientieren können. Nur der Erste Offizier der *Scoresby* schwor zur anhaltenden Belustigung des Kapitäns, er habe die Sonne gesehen. Die schlimme Wahrheit über ihre wirkliche Position kam aber erst heraus, als sie plötzlich Tory Island im Nordwesten Irlands sichteten, und zwar auf der falschen Seite: Die *Bluebell* war ›blind‹ nach Süden gelaufen.

Wenigstens wußte Sherwood jetzt Bescheid und konnte mit voller Geschwindigkeit Heimatkurs nehmen. Alles laufe jetzt ganz wie am Schnürchen, versicherte er seinen ›Gästen‹, sie könnten sich beruhigt schlafen legen — denn wenn sie schliefen, würden sie weniger essen. Das war gar nicht als Spaß gemeint, im Gegenteil: Der rapide Rückgang der Lebensmittelvorräte war seine größere Sorge. Daher mußte er seine Passagiere so schnell wie möglich an Land bringen, deshalb entschloß er sich, die *Bluebell* nicht nach Liverpool, sondern in den Clyde laufen zu lassen. Falls nämlich der Nebel ihre Einfahrt nach Liverpool verhindern sollte — und darin hatte er so seine Erfahrungen —, dann würden sie bald in eine regelrechte Versorgungsnotlage geraten.

Die See war weiterhin schwer, als die *Bluebell* Stunde um Stunde sicher und schnell vorankam. Als sie am Sonntag, dem 20. Oktober, Firth of Clyde erreichte, blies ein kräftiger Südwest. Einige Kapitäne hatten sich inzwischen an die Aufgabe gemacht, eine Liste der Überlebenden ihrer Schiffe anzufertigen. Gegen Mittag verließ der Erste Offizier der *Scoresby*, Coultas, die Brücke und begab sich zum Essen in die Offiziersmesse. Seine Ration bestand aus einem Stück Corned beef — vier Zentimeter im Quadrat — und ein paar Krümeln Zwieback, die man noch vom Boden der Dose gekratzt hatte. Die Vorratskammern der *Bluebell* waren wortwörtlich leer bis auf die letzte Bohne.

Als die Korvette die erste Boje des Meeresarms erreichte,

sichtete sie die *Fowey*, die herübersignalisierte, sie solle ihr folgen.

Am Abend hatten sie den Pier von Gourock erreicht. Die müden, hungrigen Überlebenden schleppten sich an Land. Es war eine ergreifende und kaum vorstellbare Szene, wie da Hunderte jene beiden Schiffe verließen, denen sie ihre Rettung zu verdanken hatten. Mehr als hundertfünfzig kletterten von der *Fowey*.

Wie viele die *Bluebell* beherbergt hatte, erkannte Kapitän Sherwood erst, als sich die Flut in Bewegung setzte. Als er schließlich über zweihundert gezählt hatte und der Strom noch immer nicht abriß, rief er dem erstaunten Marineoffizier, der sie in Empfang nahm, zu: »Guter Gott, sie müssen von unten durch ein Loch im Schiffsrumpf kommen — für so viele Leute können wir unmöglich Platz gehabt haben!«

Doch das Schiff selbst verfügte über genügend Zeugnisse, die auf die Anwesenheit so vieler Menschen schließen ließ. Drinnen sah es überall aus wie auf einem Schlachtfeld. In den Quartieren waren fast alle Kojen, die an Ketten hingen, abgerissen — zu viele Männer gleichzeitig hatten in ihrer Erschöpfung auf ihnen Platz gesucht.

Die Geretteten, über vierhundert an der Zahl, warteten darauf, von den Behörden offiziell aufgenommen und eingetragen zu werden. Sie wurden mit Tee, Sandwiches und Zigaretten versorgt. Schon bald tauchten die ersten Zeitungsreporter auf. Doch wachsame Offiziere und Kapitäne achteten streng darauf, daß keine unautorisierten Informationen weitergegeben wurden.

»Kommt, Jungs«, drangen die Reporter, »erzählt uns was und macht uns nicht jede Story mit eurer Zensur kaputt ...«

Die Männer wurden in einer großen Halle untergebracht, wo man ihnen Essen servierte. Danach verstreuten sie sich in Gruppen und gingen verschiedene Wege. Die Matrosen wandten sich an die Britische Seemanns-Gesellschaft und andere Vereinigungen, die Offiziere kümmerten sich um Unterkünfte in den Hotels der Stadt.

Dabei wurden die Offiziere der *Empire Miniver* an ein

Hotel verwiesen, das so überfüllt war, daß sie auf Matratzen, die in der Halle ausgelegt wurden, schlafen mußten. Aber was tat das schon, wo sie doch zum erstenmal seit dem Angriff auf den SC 7 unter richtigen Leintüchern schlafen konnten. Die Offiziere der *Shekatika* bekamen es mit einem Hotel zu tun, in dem ihnen das Betreten des Speisesaals verboten wurde: Sie seien nicht entsprechend gekleidet, hieß es dazu lapidar. Dabei waren die meisten von ihnen in Uniform, nur fehlten ihnen Schlips und Kragen. Statt dessen hatten sie wollene Unterjacken und schwere Seemannsstiefel an, wie es sich für eine Fahrt im Rettungsboot ja auch wohl von selber verstand. Aber auf ihren Zimmern durften sie wenigstens Essen einnehmen. Außerdem warfen sie kurzerhand ihr restliches Geld zusammen und kauften sich, damit auf die gelungene Rettung und das künftige Wohl geziemend angestoßen werden konnte, eine Flasche Whisky.

Am anderen Morgen meldeten sie sich offiziell ab und traten den verdienten Urlaub an; sie und die hunderte anderen, diesmal fast unbeachtet. Auch von den Reportern wurden sie nicht mehr aufgesucht, und es erschien von ihnen oder über sie kein Wort in den Zeitungen, nicht jetzt und auch nicht später.

Die *Bluebell* und die *Fowey* liefen nach Übernahme einiger Notrationen mit Kurs nach Liverpool aus. Der nächste Konvoi wartete auf ihr Geleit in Richtung Westen, der übernächste darauf, daß er heil in die Heimathäfen geführt würde.

Doch noch führte die *Bluebell* einen Überlebenden an Bord; den deutschen Schäferhund, den der junge Sture Mattsson vorm Ertrinken bewahrt hatte, als die *Gunborg* sank. Die freundlichen Seeleute hatten den Jungen gewarnt: Wenn er seinen Hund mit an Land nähme, würden sie ihn gewiß in Quarantäne stecken. So hatte er ihnen denn, wenn auch traurigen Herzens, das Tier nach einer letzten Liebkosung überlassen. Jetzt gehörte der Hund zur Crew der Korvette.

11.
Wie fühlen Sie sich, Käpt'n?

»Montag, 21. Oktober, 8.30 Uhr. Am Prince's Pier festge-
macht und Überlebende ausgeschifft.«

So lautete der Kurzbericht, den die *Leith* abgab. Alle
Überlebenden befanden sich auf dem Oberdeck, als sie an
diesem kalten Morgen in Liverpool einliefen. Über hundert
zählten sie, die Offiziere und Mannschaften von der *Assy-*
rian, der *Empire Brigade*, der *Soesterberg* und schließlich
der *Nora*, jenem Schiff aus Estland, dessen Crew sie schon
aufgenommen hatte, bevor die alptraumhafte Nacht des
SC 7 begann.

Begrüßt wurden sie von ein paar Dockarbeitern und
Lastwagenfahrern, die gerade ihre Arbeit begonnen hatten,
dazu von einigen Marineoffizieren, einer Ambulanz und
einem Arzt.

Sie kamen, soweit sie zu den Glücklicheren gehörten, in
den absonderlichsten Kostümen an Land; denn die anderen
waren halbnackt und in Decken gehüllt. Irgendwelche Rän-
ge waren unter ihnen nicht mehr erkennbar. Kapitän de
Jong zum Beispiel, der kleine Chef der *Soesterberg*, der, wie
seine Crew, Schuhe, Stiefel und Socken geopfert hatten, um
das lecke Rettungsboot zu stopfen, marschierte mit zwei
verschiedenen Schuhen verschiedener Größe auf, die er sich
von einem wahren Riesen von Maschinisten ›organisiert‹
hatte. Zudem waren ihnen auch noch die Absätze abgebrochen. So schlurfte der Holländer dahin. Vervollständigt
wurde seine überwältigende Erscheinung durch ein von Öl
und Ruß schwarz verschmiertes Gesicht, das ein nun schon
drei Tage alter Bart zierte. Auf die Mütze mußte er verzichten – die schwamm irgendwo draußen im Atlantik.

Als die Männer die Landebrücke entlanggingen und
-humpelten, kamen sie an einer Gruppe Stewards vorbei,
die ihr Schiff gerade mit Fleisch beluden.

»Von welchem Schiff seid ihr?« rief sie ihnen zu.

»Von Dutzenden«, kam die lakonische Antwort.

Fast hätten die Stewards ihre Ladung fallen gelassen.

Es war alles Grau in Grau, was sich dort an diesem Morgen abspielte, aber wie überall, so gab es auch hier einen Spaßvogel, der die trübe Stimmung aufzulockern wußte. Die schlagfertige Antwort kam von einem, der bereits die ganze Fahrt über für die richtige Stimmung gesorgt hatte. Er war einfacher Seemann, schon nahe an die Siebzig, mit Frau und acht oder neun Kindern zu Hause. An Bord der *Leith* war er wie kein anderer stetig in Bewegung gewesen, permanent beschäftigt mit Fegen und Wischen der Decks, mit der Mannschaft schwätzend und darüber räsonnierend, wie sehr er sich nach seinem häuslichen Nest sehne. Er war ein ganz und gar unbezähmbarer Charakter, den jedermann an Bord einfach ins Herz schließen mußte. Als er über die Gangway wegtrat, wurde ihm ein lautes Hurra nachgerufen.

Schließlich waren alle von Bord. Viele wandten sich an die Seemanns-Mission, wo sie, wie zum Beispiel Funkoffizier Frank Bellas von der *Assyrian*, ihre Lumpen gegen ordentliche Kleidungsstücke eingetauscht bekamen.

Die Ambulanz wartete am Kai. Sie war herbeordert worden, um den kranken Admiral a. D. aufzunehmen; doch zuvor gingen zwei Frauen an Bord.

Lachlan MacKinnon hatte das Bewußtsein wiedererlangt und diktierte gerade unter großer Anstrengung ein Telegramm an seine Frau, um sie zu benachrichtigen, daß er noch am Leben sei. Doch in dem Augenblick trat sie selbst mit Tochter Ione in seine Kajüte. Sie hatten von seinem schlimmen Zustand nach der Rettung gehört und hatten die lange, beschwerliche Bahnreise von Frampton (Dorset) nach Liverpool auf sich genommen, um ihn zu sehen. Dabei war es, bei aller Hilfe, die man ihnen geboten hatte, doch ein Gutteil Glück gewesen, daß sie auch den richtigen Hafen erwischten. Fregattenkapitän Ughtred James, der Ehemann der anderen Admirals-Tochter in Amerika, hatte auf Posten bei der Admiralität davon erfahren, daß man seinen Schwiegervater aus Seenot gerettet habe und daß er schwer krank sei! Außerdem hatte er in Erfahrung gebracht, daß seine Retter innerhalb der nächsten achtundvierzig Stunden in einem »nordwestlichen Hafen« erwartet würden. James war nach England gereist, hatte sich mit den beiden Frauen getroffen und war mit ihnen nach Euston gefahren, wo zwei Züge startbereit nebeneinander standen — der eine mit dem Ziel Liverpool, der andere mit dem Ziel Glasgow. Welchen sollten sie nun nehmen? Er rief den diensthabenden Offizier im Lageraum der Admiralität an.

»Liverpool ist näher als Glasgow«, kam die Antwort. »Ich würde es mit Liverpool versuchen ...« Und so waren sie hierher gekommen und standen nun an Bord der *Leith*.

Der Admiral war immer noch schwer krank. Wäre seine Lungenentzündung nicht eingedämmt worden, hätte er die nächsten Stunden nicht überlebt. Nur die ›M & B‹-Tabletten retteten ihn. Aber Dr. Robertson wollte nicht erlauben, daß sein Patient an Land gebracht würde, bevor ein Lungenfacharzt aus dem nahegelegenen Hospital ihn an Ort und Stelle genau untersuchte.

Dann machte die *Leith* los und fuhr stromaufwärts, um Öl zu bunkern. Kaum in Fahrt, wurde sie an ihren Liegeplatz zurückgerufen, um den Lungenarzt in Empfang zu nehmen. Da eine erneute Bewegung des Schiffs derzeit dem Admiral, der nach vielen Schmerzen endlich etwas Schlaf gefunden hatte, eher schaden würde, gab Korvettenkapitän Allen das Signal zum Auftanken und zur geplanten Rückkehr.

Fregattenkapitän Dickinson von der *Scarborough* kam an Bord. Sie war auf dem Weg nach Liverpool nur noch einem einzigen Schiff des einstmals stolzen SC 7-Geleitzugs begegnet, und zwar der *Somersby*, die Kurs auf den Clyde hielt. Die beiden Kapitäne hatten nun Gelegenheit, ihre Meinungen über den unerwarteten Angriff auf den Konvoi auszutauschen.

Da kam ein weiteres Signal, die *Leith* solle unverzüglich umkehren. Der Experte war inzwischen am Kai gewesen, hatte das Schiff nicht mehr vorgefunden, war darauf umgekehrt und nun entsprechend wütend; auch der Kommandant der Begleitboote war wütend; und der Stabsarzt, der inzwischen zur Landungsbrücke gekommen war und die *Leith* nun zurückerwartete, war äußerst wütend. Mit grimmigem Blick und voller Ungeduld schaute er sich den Admiral eine Minute lang an und sagte dann brüsk: »Holt eine Bahre herein!«

Der junge Schiffsarzt bemühte sich seinen Standpunkt zu erklären, daß zunächst ein Experte den Admiral untersuchen müsse. Aber seine Proteste wurden von dem ranghöheren Arzt mit einer Handbewegung weggewischt, während er auf die besorgten Fragen der Verwandten gerade noch mit der angestrengtesten Höflichkeit antwortete. Mit vor Zorn bleichem Gesicht begleitete Dr. Robertson seinen Patienten ins Hospital. Er hatte den Admiral bis hierher durchbekommen, und er wollte ihn nicht eher verlassen, bis er ihn in Händen eines Facharztes wußte.

Der plötzliche Abtransport des Admirals a. D. zerschlug die Hoffnungen einiger Besatzungsmitglieder der *Leith*, die aufgrund der Schonbedürftigkeit MacKinnons auf einen kurzen Landurlaub spekuliert hatten. Statt dessen fuhr die *Leith* nun zu ihrem angestammten Liegeplatz im Gladstone-Dock. Die Besatzung wurde an Land und in eine offene Lagerhalle befohlen, wo sie von einer Blaskapelle begrüßt wurde. Außerdem waren dort: der Erste Lord der Admiralität, A. V. Alexander, ein paar Minister, der wie stets makellos gekleidete Admiral Sir Percy Noble als Oberbefehlshaber der westlichen Flottenverbände und eine Anzahl Flaggoffiziere. Admiral Noble hielt eine anfeuernde Rede, die die meisten aber keineswegs wie Musik in den Ohren klang. So schlimm die Tage gewesen seien, die sie durchgemacht hätten, meinte er, so seien sie doch nur ein Vorgeschmack dessen, was im kommenden Jahr noch auf sie zukommen würde ...

Doch nach solchen schlechten Neuigkeiten kamen die guten. Es gab ein paar Tage Landurlaub.

Nach Hause!

Heim zu Frau und Freundin; ins Fußballstadion und ins Kino. Und, um zu erfahren, daß alle Männer bis zum fünfunddreißigsten Lebensjahr für den Kriegsdienst erfaßt werden sollten ...

Auch für die von der *Leith* Geretteten hieß die Devise: Heim! Manche hatten es, wie etwa der Zweite Ingenieur William Venables, dazu gar nicht weit. Er mußte nur bis zum anderen Ende der Stadt gehen.

Als er unerwartet vor seiner Haustür auftauchte, fragte ihn seine Mutter erstaunt: »Was ist passiert, Will?«

»Ach, weiter nichts«, war seine Antwort. »Ich habe nur ein wenig Urlaub bekommen.«

Aber dann brach er doch plötzlich in Tränen aus und erzählte ihr, daß die *Assyrian* versenkt worden war.

So konnte es einem ergehen, der ein Schiff verlor, das in den sieben Jahren Dienst an Bord zu ›seinem‹ Schiff geworden war — Gefühle, die man nicht erklären, aber auch nicht einfach verdrängen konnte.

Funkoffizier Robert Stracy, der sonst stets peinlich auf Uniform und Erscheinung achtete, betrat sein Haus in Manchester in jenen zusammengewürfelten Kleidern, die er über die Seemanns-Mission erhalten hatte. Sein bißchen persönliche Habe hielt er in Zeitungspapier eingewickelt unter den Arm geklemmt.

»Was, um Himmels willen, ist denn mit dir los?« begrüßte ihn auch seine Frau. »Du schaust ja aus wie ein Wrack.«

»Ich bin auch torpediert worden, Liebling.«

Für die geretteten Kapitäne der Handelsschiffe folgten nach Verlassen der *Leith* erst einmal die üblichen Befragungen im Marinehauptquartier. Wie hatten die U-Boote angegriffen? Welche Ansichten hatten sie sich dazu gebildet? Hatten sie ihre geheimen Papiere retten können, oder waren sie vernichtet worden? Oder war es möglich, daß sie noch irgendwo im Meer schwammen?

Als für Kapitän de Jong die Befragung zu Ende war, machte er sich in seinen viel zu großen Schuhen mühsam auf den Weg durch die Straßen von Liverpool. Er mußte oft fragen, bis er endlich das holländische Konsulat gefunden hatte. Dort wurden dann, wenn auch knirschend, alle Räder in Bewegung gesetzt, und er bekam Geld ausgehändigt, um seine Crew versorgen zu können. Alle hatten inzwischen eine Unterkunft gefunden; die Verletzten waren ins Krankenhaus eingeliefert worden.

Kapitän de Jong schickte seinen Ersten Offizier zum Einkaufen für seine Leute, damit sie mit dem Notwendigsten ausgerüstet waren. Sich selbst leistete er im Hotel endlich einmal den Luxus eines Bades, einer Rasur und schlüpfte in einen neuen Anzug und neue Schuhe. An diesem Abend ging er früh ins Bett. Über das, was in der folgenden Nacht passierte, hat er später in einem Schreiben so berichtet: »Die Hunnen wollten mir den verdienten Schlaf nicht gönnen. Denn kaum war ich friedlich eingenickt, da erschienen gegen 22 Uhr die ersten deutschen Bomber über Liverpool und warfen ihre gesamte Ladung über der Stadt ab. Es regnete Bomben. Hinter dem Hotel befand sich eine Flak-Stellung. Als das Geschütz zu feuern begann, erzitterte das ganze Hotel bis in seine Grundfesten. Es war, als ob ich mich wieder an Bord eines Ballastschiffs befände, und das bei schlechtem Wetter, wo man in seiner Koje von einer Seite zur anderen geschleudert wird, wenn das Schiff durch die Wogen stampft, mit dem Bug in die Höhe schießt und dann wieder ins nächste Wellental stürzt und dabei alles knirscht und kracht. So ähnlich war es, als ganz in der Nähe eine Bombe einschlug. Eine Explosion folgte der anderen.

Ich dachte mir aber: ›Streng dich nur an, wie du kannst, du dreckiger Hunne, du wirst mich nicht aus dem Bett befördern. Dazu bin ich einfach zu müde.‹ Glücklicherweise war der Angriff gegen Mitternacht zu Ende, und die Deutschen flogen davon. Hinter sich ließen sie eine brennende Stadt und viele Trümmer. Die Stromversorgung war unterbrochen, nachdem offensichtlich das Elektrizitätswerk einen Treffer abbekommen hatte, und in vielen Straßen gab es kein Wasser mehr und kein Gas. Eine Menge Häuser rundum war getroffen worden, aber das Hotel war glücklicherweise verschont geblieben.

Am folgenden Morgen brannten noch immer viele Häuser. Als ich mich auf den Weg zum Büro der Niederländischen Schiffskompanie machte, begegnete ich dem holländischen Konsul: Er war auf der Suche nach einer neuen Unterkunft, weil auch sein Haus von Bomben zerstört war. Das ging so eine Reihe von Nächten immer weiter, und große Teile Liverpools wurden zerstört. Dennoch blieben die Bewohner ruhig und gelassen. Sie nahmen es hin, wie es kam, ohne zu grollen. Sie glaubten am Ende an einen Sieg.«

Mittlerweile hatten alle übrig gebliebenen Schiffe des SC 7 den Firth of Clyde glücklich erreicht.

Die *Botusk*, die an der irischen Küste fast auf Grund gelaufen wäre, traf unterwegs ein Kriegsschiff, das sie aus der Ferne eskortierte. Bei nebligem Wetter dampfte sie auch noch unwissentlich über ein britisches Minenfeld. Aber sie kam heil hindurch und legte glücklich in Gourock an.

Auch die alte *Dioni*, der einzige Überlebende der vier Griechen, lief dort ein. Dann kam die *Valparaiso*, einzig überlebender Schwede. Ein dichter und langanhaltender Nebel hatte sich für Kapitän Oscar Asplund als beschützender Freund erwiesen.

Dann gab es fünf Norweger: die *Karlander*, die *Inger Elisabeth*, die *Havorn*, die *Sneland I* und den alten Tanker *Thoroy*, dessen brüchige Wände mehrere Torpedos nur knapp verfehlt hatten. So war der Tanker, Jahrgang 1893, unbeschädigt bis ins Ziel weitergestampft.

Da waren die dänische *Flynderborg* und das alte, dreckige Trampschiff *Trident* aus England. Auch sie war zwei Torpedos die ihren Kurs gekreuzt hatten, nur knapp entronnen — ihre Langsamkeit hatte sie davor bewahrt, direkt in sie hineinzulaufen! Als die *Trident* später die Barry-Docks erreichte, erhielt jeder Mann aus der Crew von einer generösen Schiffahrtsgesellschaft eine Zulage von fünf Pfund und drei Tage Urlaub; die Offiziere bekamen eine Gratifikation von zehn Pfund.

Wie die *Trident*, kam auch die alte *Corinthic* aus Hull am Sonntagabend in den Hafen gelaufen. Es regnete die ganze Nacht über, und am nächsten Tag herrschte dichter Nebel.

Aber mit scharfen Augen suchte man doch die Kais nach den Umrissen vertrauter Schiffe ab, und die Erleichterung war jedesmal groß, wenn man wieder eines entdeckt hatte.

Die *Corinthic* verließ den Liegeplatz als erste. Die Mannschaften der anderen Schiffe kamen an Deck und winkten ihr zum Abschied mit ihren Mützen zu.

»Wie fühlen Sie sich diesen Morgen, Käptn?« erkundigte sich Kapitän Bill Thompson von der *Somersby*.

»Viel besser als am Freitagabend!« rief der kleine, drahtige Kapitän George Nesbitt zurück.

»Viel Glück«, scholl es von überall her durch den Nebel. War das der Rest der einstmals fünfunddreißig Schiffe des Geleitzugs? Nein, es gab noch eines.

Unter lauten Hurra-Rufen kam die angeschlagene *Carsbreck* hereingehumpelt, begleitet von der treuen *Heartsease*. Es war eine bemerkenswerte Leistung, die der Dampfer aus Glasgow da zuwegegebracht hatte. Mochte sie auch ein großes Loch in der Bordwand haben und mit dem Bug schwer im Wasser liegen — sie hatte es geschafft und konnte jetzt vor Anker gehen.

Die *Heartsease* stoppte hingegen ihre Maschinen nicht. Kaum hatte sie die *Carsbreck* abgeliefert, drehte sie auch schon Richtung Liverpool bei. Sie hatte noch neun Überlebende an Bord, die sie aus dem Meer gefischt hatte, während sie für die *Carsbreck* Geleitschutz gefahren war. Anderthalb Tage hatten die Männer in einem Rettungsboot zugebracht, ehe man sie entdeckt hatte. Vor Liverpool mußte die *Heartsease* jedoch vor Anker gehen, als dicker Nebel aufkam. Es handelte sich um eben den Nebel, der Kapitän Sherwood dazu bewogen hatte, seine überfüllte *Bluebell* nicht nach dorthin zu lenken.

Die Wartezeit über, bis sich der Nebel lichtete, setzte sich Kapitän North, der vom Lande stammte, an seinen Schreibtisch, holte einen der schönen Cox-Orange-Äpfel aus Oxfordshire — von denen er einen ganzen Vorrat hatte —, hervor und schrieb seinen Eltern einen Brief.

»Wir werden bald wieder im Hafen sein, nachdem wir einen Einsatz hinter uns gebracht haben, der etwas länger

gedauert hat als üblich. Es gab nämlich einige Zwischenfälle
mehr ... Die meiste Zeit ging es uns recht gut, die See war
ruhig, bis auf eine Nacht, in der es stürmte und regnete ...
Wenn wir auf See sind, fliegen immer die verschiedensten
Arten von Vögeln um unser Schiff. Diesmal waren es einige
Stare, von denen ich nicht weiß, woher sie kamen ...«

So und ähnlich lauteten zumeist die Briefe, die man an seine
Familie daheim schreiben konnte; denn von den Dingen, die
wirklich vor sich gingen, konnte und durfte man nicht
schreiben. Das war auch nicht mehr als das, was er selbst
zum Beispiel von einem Minister des Kriegskabinetts, der
kürzlich zu einer Besichtigung seines Schiffs an Bord gekommen war, anhören mußte: »Nun, Kapitän, ich muß sagen,
Sie haben es hier doch recht gemütlich, nicht wahr?«

Alles war nun aufgelistet und abgehakt, aber immer noch
kamen Überlebende, die man dem Atlantik entrissen hatte.
Und, zur allgemeinen Überraschung, tauchte ein weiteres
Schiff auf.

In der Angriffsnacht fand sich bei Tagesanbruch das
zweite Rettungsboot der *Blairspey*, das noch intakt geblieben war, nachdem sie knapp vor dem dritten Torpedotreffer
hatten fliehen können, allein auf weiter See. Endlich sichteten sie am Horizont ein Schiff. Sie konnten es kaum
glauben, aber es war die *Blairspey*. Der große Dampfer war
trotz erheblicher Beschädigungen, die die drei Torpedos angerichtet hatten, dreißig Seemeilen nach Süden ge-
driftet. Auch sie wurde von dem Auftrieb ihrer Holzladung
über Wasser gehalten.

Als sie, ihren Augen nicht recht trauend, aus der Distanz
zum Schiff hinüberschauten, brach eine Sunderland-Maschine vom Küstenkommando durch die Wolken und umkreiste das Wrack. Die Männer schrien und winkten aus
Leibeskräften, aber das Flugboot entdeckte sie nicht. Nachdem seine Besatzung das Schiff inspiziert hatte, drehte es ab
und flog davon.

Etwas später an diesem desolaten Morgen bekamen sie
aber Gesellschaft. Ein anderes Rettungsboot, in dem die

Überlebenden der *Sedgepool* saßen, kam in Sicht. Auch diese Männer hatten kurz nach Tagesanbruch ein Schiff gesichtet. Es hatte sich als die *Sedgepool* herausgestellt. Ihren Kapitän hatten sie verloren. So debattierten sie untereinander, ob sie wieder hinüberrudern und an Bord des schwer beschädigten Schiffes gehen sollten, um ein paar trockene Kleider zu holen — da steckte der Dampfer plötzlich seine Nase ins Wasser, und hinab ging es mit ihm und seiner Getreideladung, die für Manchester bestimmt gewesen war. Da erinnerten sie sich an die Späße, die sie zuvor über die alte *Sedgepool* gemacht hatten: Dies sei der einzige Konvoi gewesen, bei dem sie je habe mithalten können. Nun war es ihr erster und letzter gewesen.

Die beiden Bootsbesatzungen begrüßten sich und beredeten miteinander, was zu tun sei. Die Leute im *Sedgepool*-Boot beschlossen, sich auf den langen Weg zum Butt of Lewis zu machen, dagegen wollten die *Blairspey*-Männer lieber in Sichtweite ihres Schiffs bleiben. Sie nahmen als sicher an, daß die Sunderland ihre Position und ihren Zustand durchgegeben habe und nun ein Schiff ausgeschickt werde, um das Wrack zu untersuchen.

Tatsächlich kam auch Hilfe, aber aus einer unerwarteten Ecke. Der Hochseeschlepper *Salvonia* war von Campbeltown aus in See gestochen, nachdem er die Notrufe von der *Shekatika* aufgefangen hatte. Als er ankam, war die *Shekatika* bereits gesunken, doch dafür traf er nun auf die *Blairspey*.

Es war 17 Uhr, als die vierzehn ermatteten Insassen des Rettungsbootes den Schlepper längsseit gehen sahen. Wieder fingen sie an, aufgeregt zu winken, und diesmal wurden sie, dem Himmel sei Dank, gesichtet. Der Schlepper hielt auf sie zu, und nun begann bei starkem Wellengang das gefährliche und schwierige Geschäft der Bergung. Aber nach einer Stunde war es geschafft: alle waren wohlbehalten an Bord.

Der erfahrene *Salvonia*-Kapitän war überzeugt davon, daß sich die *Blairspey* trotz der großen Schäden über Wasser halten könnte, und entschloß sich, sie in Schlepptau zu nehmen. Doch bei zunehmender Dunkelheit und der schweren See war es unmöglich, die *Blairspey* auf den Haken zu nehmen. Die *Salvonia* mußte, soviel war klar, den nächsten Tag abwarten und auf Wetterbesserung hoffen, ehe sie mit dieser Arbeit beginnen konnte. Weil immer noch die Gefahr bestand, daß ein U-Boot in der Nähe lauern könnte, drehte der Schlepper mit hoher Geschwindigkeit ab und fuhr dabei Zick-zack-Kurs, um die Nacht in sicherer Distanz von dem dahintreibenden Wrack zu verbringen.

Bei Morgendämmerung des folgenden Tages — Sonntag, 20. Oktober — kehrte die *Salvonia* zu ihm zurück. Jetzt gelang es, bei besserem Wetter und etwas ruhigerer See, die Trosse zu befestigen. Doch auf diese Weise rettete sie nicht nur ein leeres Schiff, sondern neben der Besatzung der *Sedgepool* konnte das zur rechten Zeit erschienene Schiff eines der beiden Boote von der *Clintonia* unter dem Kommando ihres Ersten Offiziers Buglass ausmachen und die Insassen an Bord nehmen. Jetzt hatte die *Salvonia* mit ihren 500 Tonnen schon die Besatzungen dreier Schiffe an Bord — und damit war ihr Werk noch lange nicht vollendet.

Den ganzen Sonntag über zog sie die stampfende und schlingernde *Blairspey* hinter sich her. Am nächsten Tag nahm sie die Überlebenden zweier Schiffe auf, die sich in ein gemeinsames Rettungsboot geflüchtet hatten: Offiziere und Mannschaften der *Port Gisborne* und der *St. Malo*, die zu einem viel früher von Halifax aus in See gegangenen HX-Konvoi gehört hatten. Zehn schreckliche Tage hatten die endlich Geretteten in ihrem Boot zugebracht.

Damit hatte der Schlepper jetzt mehr als hundert dankbare Überlebende an Bord. Einer von ihnen war der Erste Ingenieur James Aves von der *Sedgepool*. In seiner Tasche trug er ein Foto seiner Familie mit sich, praktisch das einzige, was er noch besaß. Es war ziemlich zerknittert und von der Feuchtigkeit mitgenommen; denn Aves hatte von seinem Schiff aus ins Wasser springen müssen, um sich zu retten. Auf der Rückseite der mittlerweile getrockneten Fotografie mußten nun einige der mit ihm Geretteten und auch Besatzungsmitglieder der *Salvonia* ihr Autogramm verewigen. Es war wohl das einzige persönliche Dokument ihres gemeinsam erlebten Dramas.

Vier weitere Tage und Nächte lang schleppte die *Salvonia* die taumelnde *Blairspey* durch die gefährlichen Gewässer westlich von Großbritannien. Am Freitag, den 25. Oktober, sieben Tage, nachdem sie von drei deutschen Torpedos getroffen worden war, erreichte der böse zugerichtete Dampfer den Clyde. Wie die *Carsbreck*, die ein paar Tage früher und trotz ihrer Schäden wieder heimgefunden hatte, wurde auch die *Blairspey* mit großem Hallo begrüßt.

Nun fehlte nur noch das zweite Rettungsboot mit den Überlebenden der *Clintonia*. Es hatte bei Tagesanbruch unter dem Kommando von Kapitän Irvin Segel gesetzt, um aus eigener Kraft den langen Heimweg zu schaffen. Doch glücklicherweise wurde es noch im Laufe des Vormittags von jener Sunderland gesichtet, die auch die *Blairspey* umkreist hatte. Die See war allerdings viel zu rauh, als daß das Flugboot hätte wassern können. Darum ließ es nur einen Sack mit Verpflegung, eine Karte, die ihnen ihre Position anzeigte, und einen Zettel, auf dem ihnen der Pilot versprach, daß er Hilfe schicken wolle, zu ihnen hinunter.

Nachdem sich das Flugzeug entfernt hatte, hielten sie ihr Boot langsam auf dem bisherigen Kurs und suchten Stunde um Stunde das Meer und den Horizont nach irgendeinem Zeichen ab, das auf Rettung deuten könnte. Dann, gerade brach die Abenddämmerung über einer rauher werdenden See herein, tauchte plötzlich ein Zerstörer auf der Suche nach ihnen auf und hielt direkt auf sie zu. Sie wurden alle wohlbehalten an Bord geholt und landeten schließlich in Londonderry.

Als Kapitän Irvin ein paar Tage später seiner Schifffahrtsgesellschaft in Tyneside offiziellen Bericht erstattete, hatte er noch eine schmerzliche Aufgabe zu erfüllen. Jenes Besatzungsmitglied, das sich auf der *Clintonia* während der Angriffsnacht am Geschütz so schwere Verletzungen zugezogen hatte und noch im Rettungsboot gestorben und sein Grab in der See gefunden hatte, hatte hier ganz in der Nähe gewohnt. Man bat ihn daher, der Schwester des Toten einen Besuch abzustatten und ihr die schlimme Nachricht möglichst sanft beizubringen.

So etwas gehört zu den unvermeidlichen Pflichten eines Kapitäns.

Die Frau hatte übrigens auch noch einen Sohn auf der *Clintonia* gehabt, der dort als Schiffsjunge seinen Dienst tat. Und Kapitän Irvin dankte Gott, als er auf seinem Weg zu ihr war, daß wenigstens der junge Bursche noch lebte und er nicht Bote einer doppelten Tragödie sein mußte.

12.
Der zweite Überfall

Die brillant ausgeführte Aktion gegen den SC 7 wäre für Vizeadmiral Dönitz' ›Wölfe‹ Triumph genug gewesen — doch die Schlacht sollte damit noch nicht ihr Ende gefunden haben. Sie ging vielmehr nur wenige Stunden später weiter, und diesmal traf es einen schnellen HX-Geleitzug, der dem langsameren SC 7 gefolgt war. Das Ergebnis waren nicht nur hohe Verluste auch für diesen Geleitzug, sondern vor allem die Chance für die Deutschen, gleich eine Doppelaktion mit zum Teil der gleichen Kampfeinheit zu starten und auf diese Weise einen der denkwürdigsten Erfolge in der Geschichte dieses Krieges zu verzeichnen.

Wie der SC 7, lief auch der schnelle HX 79 mit seinen nichtsahnenden Eskorten einem angreifenden ›Wolfsrudel‹ direkt in die Falle. Der Angriff fand in der Samstagnacht des 19. Oktober — also der der Attacke auf den SC 7 folgenden Nacht — ungefähr 250 Seemeilen westlich jenes Gebiets statt, in dem der SC 7 dezimiert worden war.

Einige ›Wölfe‹, die schon hier dabeigewesen waren, beteiligten sich auch an dem neuerlichen Angriff auf den nächsten Geleitzug. Zwar hatten Otto Kretschmer (U 99), Fritz Frauenheim (U 101) und Karl-Heinz Möhle (U 123) nach der

Attacke auf den SC 7 wieder den U-Boot-Stützpunkt in Lorient anlaufen müssen, weil sie alle ihre Torpedos verschossen hatten; aber die Boote von Engelbert Endraß (U 46) und Joachim Schepke (U 100) waren für eine weitere Aktion noch ausreichend munitioniert und begaben sich daher mit in den neuen Hinterhalt. Auch Heinrich Bleichrodt stieß mit U 48 wieder dazu. Nachdem er von der *Scarborough* verjagt worden war, hatte Bleichrodt einen nach Westen dampfenden Konvoi-Nachzügler versenkt und jetzt nur mehr einen verwendbaren Torpedo. Aber den wollte er noch anbringen ...

Der HX 79 war einige Tage nach dem SC 7 von Halifax aus in See gegangen und machte acht bis neun Knoten. Er war nicht nur schneller — es gab in ihm eine ganze Reihe ölgetriebener Schiffe und Tanker —, sondern auch noch größer: Er umfaßte nicht weniger als 49 Schiffe. Auch wurde er von mehr Geleitschiffen eskortiert. Während dem SC 7 für seine Fahrt über den Atlantik gerade eine kleine Schaluppe mitgegeben worden war, begleiteten den HX 79 zwei große bewaffnete Handelskreuzer von 14 000 bzw. 16 000 Tonnen; und in Empfang genommen wurden sie von einer veritablen Kampfeinheit von zwei Zerstörern, vier Korvetten, einem Minenwerfer und drei Anti-U-Boot-Trawlern. Zusätzlichen Schutz bot auch noch ein holländisches U-Boot, das in der Mitte des Konvois fuhr. Schließlich war eines der Geleitzugschiffe zum Rettungsschiff für den Notfall erklärt worden: Der 5000 Tonnen große Dampfer *Loch Lomond* sollte für den Fall, daß irgendein Schiff torpediert werden sollte, die Überlebenden suchen und aufnehmen.

Doch mochte der Geleitschutz auch um noch so vieles größer sein, der HX 79 hatte mit haargenau dem gleichen Grundproblem zu kämpfen wie der SC 7. Die von der britischen Westküste ihm entgegenlaufenden Eskorten operierten unabhängig voneinander bis zu ihrer Ankunft. Außerdem wußten sie so gut wie nichts von der Beschaffenheit des Geleitzugs und welchen Auftrag sie zu erfüllen hatten. Die Kommandanten der Eskortenschiffe kannten sich untereinander nicht und verfügten nur über begrenzte Verständigungsmittel, vor allem bei Nacht, wo ihnen nur der Morsescheinwerfer zur Verfügung stand. Es gab keinen gemeinsamen Alarmplan. Vor allem aber: Auch sie dachten nicht daran, daß ein U-Boot sie über Wasser angreifen könnte, und schon gar nicht bei Nacht und massiert.

Es war Günther Prien, der auf seiner Patrouille den HX 79 sichtete. Prien war eines der großen ›Asse‹ unter den deutschen U-Boot-Kommandanten. Der schnaufende Stier auf dem Turm war ein berühmtes Symbol geworden: Prien war es, der sich kurz nach Kriegsbeginn in den für uneinnehmbar gehaltenen Flottenstützpunkt von Scapa Flow geschlichen und das Schlachtschiff *Royal Oak* versenkt hatte. Als er jetzt den HX 79 entdeckte, ließ Kapitänleutnant Prien gleich einen Funkspruch an den U-Boot-Stützpunkt schicken. Erneut sammelte sich ein ›Wolfsrudel‹ und hetzte dem Feind nach. Zu Prien, Endraß, Schepke und Bleichrodt gesellte sich noch Heinrich Liebe (U 38), der mit seinen Männern die *Aenos* versenkt und die *Carsbreck* schwer beschädigt hatte.

Als die fünf U-Boote den HX 79 erreichten, wiederholten sich die Ereignisse der vorausgegangenen Nacht nach gleichem Muster. Eine neue Nacht der Verwirrung, Konfusion und Frustration für die Geleitschiffe, die nach einem unsichtbaren und unfaßbaren Gegner fahnden mußten und deren Asdic-Geräte sich als nutzlos gegen über Wasser angreifende Boote erwiesen. Wieder stand man vor der fürchterlichen Frage, ob man abstoppen und Überlebende aus dem Wasser fischen oder weiter dem Feind nachjagen sollte — denn es stellte sich bald heraus, daß die ganze Rettungsarbeit für ein einziges Schiff viel zu viel war.

Wieder trauten Ausguckmänner auf den Handelsschiffen ihren Augen kaum, wenn plötzlich hinter ihnen im Mondlicht der Schatten eines Turms auftauchte und ein U-Boot mit großer Fahrt auf sie zukam. Schließlich waren U-Boote doch *Unterseeboote*, und da durften sie sich doch nicht einfach so verhalten, als wären sie Torpedoboote . . . Oder? Alles war irgendwie unwirklich.

Auf dem 6000-Tonnen-Tanker *Sitala* sah man mit erstaunten Augen, wie der schmale Schatten von achtern herankam und kaum zwanzig Meter an Steuerbord vorbeischoß. Es handelte sich zweifelsfrei um den Turm eines U-Bootes. Mehr war bei dem hohen Wellengang von dem Deutschen auch gar nicht zu sehen. Wie eine große Haifischflosse durchschnitt er das Wasser. Gerade zwanzig Minuten hatte der Tanker von diesem Augenblick an noch zu leben. Der Torpedo, der die *Sitala* traf, setzte alles in Flammen. Als die Crew von Bord stürzte, war das Schiff zu einer einzigen lichterloh brennenden Fackel geworden.

Die trostlose Geschichte dieser Ereignisse in der zweiten Nacht spiegeln sich in den Erfahrungen eines bestimmten Schiffs und seiner Besatzung wider. Es war das Motorschiff *Wandby* aus Sunderland, das neueste im ganzen Konvoi. Es kam gerade von seiner Jungfernfahrt aus Britisch Columbia zurück: ein glänzend aussehendes Schiff, knapp 5000 Tonnen groß; das letzte, das noch nach den Standards der Vorkriegszeit gebaut worden war.

Die *Wandby* hatte 1500 Tonnen Roheisen geladen und dazu eine riesige Menge Holz, das bis zu dreieinhalb Meter hoch auf den Decks gestapelt lag. Die Ladung hatte sie in Vancouver übernommen. Von dort fuhr sie die Westküste Amerikas hinunter und durch den Panama-Kanal und schloß sich dort einem kleinen Konvoi an, der sich mit dem HX 79 in Halifax vereinigen sollte. Damit war das Schicksal der *Wandby* besiegelt.

Der Angriff auf den HX 79 begann genau sechzehn Stunden nachdem das letzte, unglückliche Schiff des SC 7 auf Grund geschickt worden war. Es geschah in der Nacht vom 19. Oktober auf den 20. Oktober, als das Rudel herankam. Um 21 Uhr sah Kapitän John Kenny sechs Seemeilen entfernt an Steuerbord ein plötzliches Aufleuchten. Das war der erste Torpedo, der ein Schiff des Geleitzuges traf. Es sank so schnell, daß es seinen Kapitän und ein Drittel der Mannschaft mit sich hinunternahm.

Innerhalb der nächsten zwei Stunden — der HX 79 mußte

im verräterischen Licht eines nur von leichtem Dunst verhangenen Mondes fahren — verlor er noch drei weitere Schiffe. Dann war die *Wandby* an der Reihe.

Ungefähr um 22.30 Uhr traf ein Torpedo die *Wandby* an Backbord direkt vor dem Maschinenraum. Es gab eine furchtbare Explosion, die das Backbord-Rettungsboot wegblies und den fünfzigjährigen Kapitän zwei Meter hoch in die Luft schleuderte. Bei dem Sturz verletzte er sich am Bein. Alle ergriffen sofort die Flucht, gleichgültig welche Schläge und Stöße sie abbekommen hatten. Noch vor wenigen Wochen hatte Kapitän Kenny persönlich erleben können, wie man stolz letzte Hand an sein Schiff legte, bevor man es vom Stapel laufen ließ; nun war es tödlich getroffen worden. Die Bordwand hatte ein schweres Leck, und die Leitung zum Hilfskessel war so zerrissen, daß sie nicht mehr repariert werden konnte. Da die Hilfsaggregate der *Wandby* noch dampfgetrieben waren, bedeutete der Verlust des Kessels, daß Pumpen, Rudermaschine und Dynamo nicht mehr bedient werden konnten. Damit war das Schiff der Gnade oder Ungnade der See ausgeliefert. Mochte die *Wandby*, unterstützt von ihrer Holzladung, noch eine Zeitlang auf dem Wasser treiben, so konnte ihre Mannschaft sie doch nicht mehr retten.

Daher befahl Kapitän Kenny, das Schiff zu verlassen. Die fünfunddreißig Mann kletterten in das eine übriggebliebene Rettungsboot, der Kapitän zuletzt. Alles klappte ordnungsgemäß. Dank der Voraussicht des Kapitäns waren sie bestens darauf vorbereitet, einen langen Aufenthalt in dem Boot zu überstehen. Er sorgte dafür, daß jedem Offizier eine Flasche Scotch oder Brandy ausgehändigt wurde — freilich mit der Auflage, sie erst dann zu öffnen, wenn er die entsprechende Anordnung gab. Auch Dosen mit Zigaretten wurden unter der Crew verteilt. Niemand wußte, wie lange das Boot ihr Refugium bleiben würde.

Aber schon nach zwei Stunden kam der bewaffnete Trawler *Angle* in Sicht, drehte schließlich bei und nahm die Männer an Bord. Dankbar tauften sie das Schiff daher in ›Angel‹ (= Engel) um; denn erst jetzt wurde ihnen bewußt, was diese Nacht an Schrecken für sie barg und unter welch glücklichen Umstände ihnen die Flucht gelungen war.

Nicht weit entfernt gab es eine dumpfe Explosion. Zugleich schien es, als würde alle Luft um sie herum weggesogen, bis sie in einem Vakuum waren. Dann schoß fünf Meilen westlich ein Feuerball in den nächtlichen Himmel auf. Man konnte sehen, wie die Aufbauten eines ganzen Schiffes in die Luft gejagt wurden. Über Meilen stand die See praktisch rundherum in Flammen. Es war so hell, daß die kleine Kiste von Kapitän Kenny mit den geheimen Schiffspapieren, die plötzlich über Bord fiel und weit abgetrieben wurde, doch noch leicht gesichtet und mit dem Beiboot des Trawlers wieder eingeholt werden konnte.

Alles, woran die Männer von der *Wandby* in diesem Moment denken konnten, war, auf welch schreckliche Weise die Mannschaft des explodierenden Öltankers den Tod gefunden haben mußte.

Was weiter in der Nacht geschah, schien die Fortsetzung eines nicht enden wollenden Alptraumes zu sein. Explosionen hier und dort, Notrufe von überall her, und völlig verwirrte Geleitschiffe, die im Kreise fuhren und den Feind nicht aufzuspüren vermochten.

Bei Tagesanbruch stampfte die *Angle* durch einen von sinkenden Schiffen, Wrackteilen und brennenden Ölflecken übersäten Atlantik. Sie suchte nach weiteren Überlebenden, aber sie fand keine mehr. Dann kam die angeschlagene *Wandby* wieder in Sicht. Sie hielt sich noch so gut über Wasser, daß einige Mann wieder an Bord gingen. Aber es stellte sich heraus, daß der Maschinenraum schon bis obenhin überflutet war und das Schiff schnell auseinanderbrechen würde. Die Männer kehrten daher zu dem Trawler zurück, und die *Angle* setzte ihre Suche nach Überlebenden zwischen den Wrackteilen fort, traf aber auf keinerlei Lebenszeichen. Als sie ihre traurige Runde vollendet hatte, war die *Wandby* bereits gesunken. Damit waren alle getroffenen Schiffe nun auch auf Grund gegangen — bis auf eines: die *Caprella*, ein 8000 Tonnen großer Motor-Tanker. Er hatte seine Treffer im Vorschiff erhalten. Obwohl sein

Bug bereits tief im Wasser lag, sah es so aus, als sacke er keinen Zentimeter mehr tiefer. Als eine Gruppe Männer die *Caprella* daher näher inspizierte, schien trotz des Schadens die Möglichkeit nicht ausgeschlossen, sie nach Hause zu schleppen. Nach all den verlorenen Schiffen — eine Bergung! Eine Extra-Crew, bestehend aus dem Ersten, dem Dritten Ingenieur und dem Schiffszimmermann der *Wandby*, dazu acht Matrosen und einem Signalgast von der *Angle* gingen an Bord der *Caprella* und machte sich an die Arbeit. Der Hilfskessel des Schiffs war noch warm. Nach einer halben Stunde Arbeit an der Handpumpe hatten die beiden Ingenieure genug Dampf gemacht, um die vom Öl ange- triebenen Aggregate anzuwerfen. Langsam setzte sich der Tanker in Bewegung und folgte dem Trawler in Kiellinie.

Mit Einbruch der Dunkelheit änderte sich auch das Wet- ter. Der Wind frischte auf. Die steife Brise von Osten und die bewegte See nahmen den Tanker schwer mit — und es dauerte bis vier Uhr morgens, da begann er auseinander- zubrechen. Die an Bord arbeitende Gruppe versammelte sich auf dem Achterschiff und konnte von dort aus beob- achten, wie das Vorschiff sich nahezu selbständig, als hinge es nur noch in einem Scharnier, das es mit dem Rest des Tankers verband, auf und ab bewegte. Dann kam der bizarre Moment, in dem der vordere Teil des Schiffs weg- brach.

Nun standen die Männer da, abgeschnitten und ohne zu wissen, wie sie von dem immer noch auf dem Wasser treibenden halben Schiff hinunterkommen sollten. Sie schossen eine Leuchtkugel ab, um auf ihre Notsituation aufmerksam zu machen. Die *Angle* wendete und ließ zur Rettung der Männer ihr Boot ins Wasser. Das Boot war aber nicht mehr seetüchtig und sackte weg. Blieb nur noch ein Rettungsfloß; doch es war unmöglich, es nahe genug an die Männer auf den Resten der *Caprella* heranzubringen. Der zunehmende Wind trieb es immer wieder weg. So blieb dem Trawler nichts anderes übrig, als das Wrack immer wieder zu umkreisen und die Versuche zu wiederholen, das Floß in die Nähe der Männer zu bringen.

Der Bootsmann der *Angle*, ein erfahrener Tiefseefischer, gab die großartigste Vorstellung wie man ein Schiff zu manövrieren hatte, die alle Beteiligten jemals erlebt hatten. Trotz des mörderischen Wellengangs brachte er den Trawler so nah ans Heck des Tankers, daß er eine Leine hinüber an Deck werfen konnte. Sie wurde mit großem Hallo aufgefangen.

Aber noch waren die Männer nicht außer Gefahr. Die erste Gruppe, die auf das von der Leine geführte Floß kletterte, schaffte es nicht, vom Tanker wegzukommen. Die heftige See drohte sie mittschiffs in einen der aufgerissenen Tanks des Schiffes zu spülen. Wieder kam die *Angle* näher heran und warf eine Wurfleine zum Floß hinüber. Damit bestand nun noch eine Verbindung vom Tanker zum Floß und eine von der *Angle* zum Floß. Auf diese Weise gelang es, das Floß längsseit zu ziehen und die Männer an Bord zu nehmen. Für den Rest der Gruppe wurde das Manöver noch einmal wiederholt.

Doch selbst bei diesem Wellengang blieb das Wrack des halbierten Schiffes an der Wasseroberfläche — als letztes Beweisstück dafür, daß ein Rudel U-Boote den Konvoi angegriffen hatte. Für andere Schiffe mußte es aber eine Gefahr darstellen: so wurde es von der *Angle* mit vier Schüssen aus einem 10-cm-Geschütz versenkt.

Damit waren alle Hoffnungen auf die Bergung des Schiffes dahin. Und dahin waren, wie sich später herausstellte, neben der *Wandby* und der *Caprella* zehn weitere Schiffe des HX 79. Als letztes Schiff aus dem Verband wurde die *Loch Lomond* — die als Rettungsschiff fungieren sollte — auf den Grund des Meeres gebohrt. Ihre Crew wurde zusammen mit den Mannschaften anderer Schiffe von dem Minenwerfer aufgenommen.

Aber noch immer war des Schlachtens kein Ende. In derselben Nacht lief den erneut über Wasser angreifenden U-Booten ein weiterer Konvoi, der mit dem Ziel Nordamerika ausgelaufen war, über den Weg. Sieben Handelsschiffe fielen den ›Wölfen‹ zum Opfer. Unter ihnen selbst gab es keinen einzigen Verlust zu beklagen. Jubelnd kehrten sie zu ihrem Stützpunkt zurück, wo sie von Kriegskorrespondenten und Fotografen gebührend empfangen und neugierig ausgefragt wurden — schließlich galt es, die Heimkehr von Kriegshelden zu feiern.

Nach offiziellen Angaben hatte Otto Kretschmer (U 99) beim Angriff auf den SC 7 sieben Schiffe versenkt — fast die Hälfte der Gesamtverluste. Karl-Heinz Möhle (U 123) versenkte vier Schiffe, und den Rest teilten sich Engelbert Endraß (U 46), Joachim Schepke (U 100) und Fritz Frauenheim (U 101). Frauenheim hatte die *Assyrian* versenkt. Endraß und Schepke konnten ihre Erfolgsquote noch dadurch höher schrauben, daß sie je drei weitere Schiffe des HX 79 in den Grund bohrten.

Es war jetzt an der Zeit Orden zu verteilen, zu Recht erworbene und schnell gewonnene; Vizeadmiral Dönitz wollte damit nicht geizen, sondern sorgte dafür, daß seine U-Boot-Kommandanten nicht lange darauf warten mußten.

Auf der anderen Seite aber erhielt nur ein einziger Mann einen Orden, und auf den hatte er, wie bei den Briten üblich, noch einige Zeit zu warten. Kapitän Reginald Sanderson Kearon, Kommandant der *Assyrian*, erhielt den Verdienstorden des Britischen Empire (O.B.E.) in Würdigung seines persönlichen Muts, mit dem er das Schiff geführt hatte. Seine Umsicht in jener Nacht, verbunden mit dem tapferen Versuch, das Leben seines Ersten Offiziers zu retten, brachte ihm noch eine andere Auszeichnung ein, die ›Lloyd's Kriegsmedaille für Tapferkeit auf See‹. Diese Medaille am blau-silbernen Band wurde Offizieren und Mannschaften der Handelsmarine und der Fischereiflotte für herausragende Taten auf See verliehen.

Die endgültigen Statistiken über den Monat Oktober 1940 zeichneten ein erschreckendes Bild: 352 407 Tonnen, weniger abstrakt: dreiundsechzig Handelsschiffe, an denen der SC 7 mit einem Anteil von fast einem Drittel beteiligt war, wurden versenkt. Es war der Höhepunkt jener viermonatigen Periode von Juli bis Oktober 1940, die die

U-Boot-Kommandanten später die ›glückliche Zeit‹ nennen sollten.

Diese Zahlen wurden erst viel später bekannt. Wie nah aber die Behauptungen der Deutschen über ihre Erfolge der Wahrheit schon damals kamen, mag der Bericht des Oberkommandos der Wehrmacht vom 20. Oktober 1940 belegen:

> »Deutsche Unterseeboote haben in der Nacht vom 19. zum 20. Oktober wieder einen britischen Geleitzug mit größtem Erfolg angegriffen ... Nach bisher vorliegenden Meldungen (sind) aus diesem Geleitzug in einer einzigen Nacht 17 feindliche Handelsschiffe mit insgesamt 110 000 BRT versenkt worden ... Andere Unterseeboote melden die Versenkung von insgesamt 43 000 BRT aus weiteren Geleitzügen. Innerhalb von zwei Tagen sind damit durch die Vernichtung von zwei großen Geleitzügen und durch einige Einzelerfolge 327 000 BRT feindlichen Handelsschiffsraums von unseren Unterseebooten versenkt worden.«

Aus verständlichen Gründen wurde diesem feindlichen Bericht in Großbritannien wenig Beachtung zuteil.

So ging der SC 7 als eine Katastrophe in die Geschichte der Seefahrt ein, an die man sich nur mit Bitterkeit erinnern kann. Es ist eine Geschichte der Unzulänglichkeiten, der mangelhaften Vorbereitungen, aber auch des wütenden Durchhaltewillens auf seiten der Briten, und die eines kühl und ausgezeichnet durchgeführten Unternehmens auf seiten der Deutschen, die hier ihre erste große Nachtattacke nach ›Wolfsrudel‹-Taktik als Sammelangriff gefahren sind. Die Deutschen hatten diese neue Methode der U-Boot-Kriegführung aus den harten Lektionen entwickelt, die ihnen der Erste Weltkrieg verabreicht hatte. Betrachtet man, wie völlig unvorbereitet Großbritannien darauf war, so hat es fast den Anschein, als habe für die Royal Navy der Krieg gar nicht stattgefunden. Den Geleitschutz für den SC 7 hatte man so zusammengestellt wie 1914 – 1918. Doch die Grenzen dieses Verfahrens hatten sich nun schmerzlich offenbart. Wie die Strauße hatten sie den Kopf in den Sand gesteckt: Sie besaßen ja das Asdic-Gerät, mit dem sie jeden Feind aufspüren konnten. Niemand in der britischen Kriegsmarine schien bemerkt zu haben, wie nutzlos es gegen einen über Wasser operierenden Feind war. Schließlich hatte man auch noch die Geschwindigkeit der U-Boote, wenn sie sich an der Oberfläche bewegten, in großem Ausmaße unterschätzt.

Dönitz selbst hat zugegeben, daß keiner überraschter war als er; denn mit einem derart durchschlagenden Erfolg seines ersten größeren Sammelangriffs mit über Wasser und nachts operierenden U-Booten hatte er nicht gerechnet. Er konnte es einfach nicht glauben, daß die Engländer diese Möglichkeit nicht vorausgesehen hatten, vor allem, da sie wußten, welche Erfolge mit dieser Taktik auch schon in den letzten Tagen des Ersten Weltkriegs errungen worden waren.

Doch selbst nach diesem vernichtenden Angriff auf den SC 7 brauchte es noch einige Zeit, bis man in Führungskreisen der britischen Kriegsmarine begriff, welchen Schrecken im Verband vorgehende U-Boote verbreiten konnten. Alles, was Fregattenkapitän Allen von der *Leith* als Führer des Gleitschutzes für den SC 7 berichten konnte, war, daß nach seinem Dafürhalten drei U-Boote an der Attacke beteiligt gewesen seien. Aber etwas konnte er bewirken; die notwendige Verbesserung der Kommunikation zwischen den Geleitschiffen, um aufeinander abgestimmt den feindlichen Angriffen begegnen zu können.

Für all das mußte nun gesorgt werden: die Aufstellung regulärer Geleitschutz-Verbände, die darin geübt waren, miteinander zu operieren; bessere Kommunikationsmittel durch Installierung von Sprechfunkanlagen; Ortungsgeräte, mit denen der Funkkontakt der U-Boote ausgemacht werden konnte; neue Leuchtraketen, die den nächtlichen Himmel weit heller erleuchteten als die herkömmlichen Leuchtkugeln; die Ausstattung von besseren Rettungsschiffen einschließlich Sanitätspersonal; und, wohl am wichtigsten überhaupt, die Radar-Ausrüstung der Schiffe.

Einige der U-Boot-›Asse‹ von 1940 würden diese Veränderungen noch erleben. Doch innerhalb eines Jahres gingen drei der fünf ›Wölfe‹, die den SC 7 angegriffen hatten, verloren. Schepke und Endraß wurden dabei getötet, Otto Kretschmer geriet, nachdem sein Boot gesunken war, in Gefangenschaft.

13.
Die letzten Opfer

Wie dankt man jemandem dafür, daß er einem das Leben gerettet hat? Das war eine Frage, die sich den Seeleuten allzu oft stellte, wenn sie die Atlantikroute fuhren. Aber sie taten ihr Bestes, wie zum Beispiel die Überlebenden des SC 7, die ihren Dank später sogar schriftlich an die Eskorten richteten, die sie wohlbehalten nach Hause gebracht hatten.

Einige taten aber noch mehr, wie aus einem Brief an den Kapitän und die Besatzung der *Bluebell* hervorgeht: ein Dankschreiben von Kapitän Wilfred Brett von der gesunkenen *Beatus*, dem ein Scheck über sieben Pfund beigelegt war — genug, um der Mannschaft zu einer guten Runde zu verhelfen. So wanderte das Geschenk der Handelsfahrer in die gemeinsame Mannschaftskasse.

Für die meisten Überlebenden des SC 7 ging das Leben nach ein paar Tagen weiter wie zuvor: ein anderes Schiff, ein anderer Konvoi. Und so ging für sie auch der Krieg weiter von einem Transport zum anderen und für manche von einem verlorenen Schiff zum nächsten.

Manche aber überlebten einen zweiten Angriff nicht, wie der Funkoffizier Robert Stracy von der *Assyrian*. Im Jahr 1944 verlor sein Schiff als eines von vieren den Anschluß an den Konvoi und mußte ohne Eskorte durch den Indischen Ozean dampfen. Japanische Unterseeboote griffen die vier Schiffe an und versenkten sie alle. Es gab nicht einen Überlebenden.

Auch der Maat Ort, jener geduldige, einfallsreiche Mann, der dem Kapitän der *Soesterberg* so großartig geholfen hatte, fand den Tod. Er hatte sich freiwillig zum Einsatz von Spezialaufträgen gemeldet und war per Fallschirm in Holland gelandet, um dort als Techniker für ›Radio England‹ zu arbeiten. Die Deutschen nahmen ihn gefangen und richteten ihn später hin.

Die meisten Schiffe des SC 7, die die Heimathäfen noch erreicht hatten, traf es recht bald. Ein Jahr später schwammen von den sieben übriggebliebenen britischen Schiffen nur noch zwei.

Die alte *Botusk*, die ihren wenig schönen Namen vom Handelsministerium verordnet bekommen hatte, nachdem man sie von ihrem Liegeplatz auf dem Schiffsfriedhof geholt und erneut in Dienst gestellt hatte, sank schon drei Monate nach dem Angriff auf den SC 7. Sie lief vor der Küste von Inverness-shire auf eine Mine. Der Kapitän dachte damals, es handele sich um eine U-Boot-Attacke. Tatsächlich gingen noch zwei weitere Schiffe verloren, aber dem Rest gelang dafür mit voller Fahrt die Flucht. Die *Botusk* sank innerhalb von zwei Minuten. Zwei Männer fanden den Tod, die Überlebenden wurden von einem Postschiff aufgenommen. Erst da stellte sich heraus, daß der Geleitzug in ein britisches Minenfeld gelaufen war ...

Der Schrottfrachter *Corinthic* aus Hull, den man wieder aufgemöbelt hatte, auf daß er weiter seinen Dienst tat, fand sein endgültiges Grab am 13. April 1941, als ihn vor der westafrikanischen Küste ein Torpedo traf.

Die *Somersby*, der 5000-Tonner aus Tyneside, dessen kurze Zeit des Ruhmes darin bestanden hatte, die Reste des SC 7 anzuführen, wurde am 13. Mai 1941 torpediert und sank bei 26° West im Nordatlantik, weit westlich von dem Bereich, in dem der SC 7 sein Grab gefunden hatte. Die gesamte Mannschaft wurde von einem griechischen Schiff gerettet.

Die *Trident* dagegen, der alte Kahn aus Tyneside, Jahrgang 1914, fiel keinem Torpedo zum Opfer. Sie ging, an einer Ankerboje vor der Tyne-Mündung liegend, am 2. August 1941 unter, nachdem sie von feindlichen Flugzeugen bombardiert worden war. Auch ihre Crew konnte ohne Verluste gerettet werden.

Die beschädigte *Carsbreck* wurde repariert und nahm erfolgreich an mehreren Konvois teil, bis sie, fast ein Jahr, nachdem sie sich in den Clyde geschleppt hatte, im Oktober 1941 von einem U-Boot aufgespürt wurde. Sie fing einen Torpedo und sank vor der spanischen Küste nahe Gibraltar. Viele Matrosen verloren dabei ihr Leben.

Wie das Schicksal so spielt — das andere, noch schwerer beschädigte Schiff des SC 7, sollte den Krieg überstehen: die *Blairspey*. Die Beschädigungen, die die drei Torpedotreffer angerichtet hatten, waren so schwer gewesen, daß man sie mittschiffs halbieren und mit einem neuen Vorschiff versehen mußte. Danach ging sie wieder in See, diesmal unter dem Namen *Empire Spey*. Nach Kriegsende wurde sie in *Blairspey* zurückgetauft und ging erneut ihren gewohnten Geschäften zu Friedenszeiten nach.

Das einzige andere britische Schiff aus dem SC 7, das den Krieg überleben sollte, war dieses schreckliche Boot von den Großen Seen, die *Eaglescliffe Hall*. Während des Kriegs wurde sie rund um die britischen Küsten eingesetzt. Einmal wurde ihr sogar die Ehre zuteil, in den offiziellen Verlautbarungen der Marineleitung genannt zu werden: Von einem feindlichen Flugzeug angegriffen, gelang es der Mannschaft, eine eingeschlagene Bombe noch vor ihrer Explosion aus einem Lagerraum hinaus ins Wasser zu befördern. Zwei Männer verloren bei diesem Angriff ihr Leben. Nach Kriegsende nahm die *Eaglescliffe Hall* während einer Schönwetter-Periode wieder Kurs nach Westen und setzte in Kanada ihre alte ›Süßwasser-Tradition‹ fort.

Von den acht nichtbritischen Schiffen, die am SC 7 teilgenommen hatten, war überraschenderweise der alte norwegische Tanker *Thoroy*, das älteste Schiff des gesamten Konvois, auch das glücklichste. Der ehemals britische Dampfer, der 1893 vom Stapel gelaufen war, überstand den Krieg völlig unversehrt, wie er es auch im Ersten Weltkrieg schon geschafft hatte. Im ehrwürdigen Alter von vierundfünfzig Jahren wurde die *Thoroy* 1947 an die Türken verkauft.

Andere Fremde hatten bei weitem nicht soviel Glück.

Das erste Schiff, das zudem unter besonders erschütternden Umständen sank, war das schwedische Motorschiff *Valparaiso*. Nur zwei Monate nach dem SC 7-Überfall verließ sie, nachdem sie den Atlantik wieder nach Kanada überquert hatte, am 18. Dezember Halifax mit einem schnellen HX-Geleitzug. 250 Seemeilen südlich von Island, 23° West, geriet der Konvoi in schlechtes Wetter und dichten Nebel. Dabei verloren die Schiffe den Kontakt zueinander. Die *Valparaiso* verschwand mit ihren dreiunddreißig Mann Besatzung im Dunst und ward nie mehr gesehen. Sie war eines von insgesamt 254 Schiffen (und 1400 Seeleuten), die Schweden in diesem Krieg verlor.

Die *Dioni* aus Griechenland ging in Milford Haven auf Grund und mußte aufgegeben werden. Die dänische *Flynderborg* fing vor Neufundland einen Torpedo und sank im November 1941. Knapp ein Jahr später torpedierte und versenkte im September 1942 ein anderes U-Boot die norwegische *Inger Elisabeth* im Golf von St. Lorenz.

Das tragischste Schicksal von allen aber ereilte die *Sneland I* aus Norwegen, dieses kleine Trampschiff, das den SC 7 sozusagen nur noch auf dem Zahnfleisch erreicht hatte. Ihre letzte Stunde schlug in den letzten Stunden des Krieges überhaupt.

Es war der 7. Mai 1945. Generaloberst Jodl unterzeichnete gerade Deutschlands bedingungslose Kapitulation und die Befehle zur Feuereinstellung waren ausgegeben. Droben im Firth of Forth feierten Handels- wie Kriegsschiffe das Ereignis, indem sie Leuchtkugeln und -raketen in den nächtlichen Himmel schossen und sich gegenseitig zum Sieg gratulierten. Für die *Sneland I*, die mit einer Reihe anderer Schiffe gerade abgelegt hatte, um den gewohnten Geleitzug zu bilden, war es ein Tag wie jeder andere: Sie hatte einen Auftrag, sollte nach Norden dampfen. Geführt wurde sie, wie schon beim SC 7, von Kapitän Laegland.

Und zum erstenmal seit Ausbruch des Krieges konnten

sich die Männer der Freiwache wieder einmal richtig aus-
ziehen, bevor sie sich in ihren Kojen zu einem friedlichen
Schlaf niederlegten. Denn wenn das offizielle Ende der
Feindseligkeiten auch erst in vierundzwanzig Stunden sein
würde, so hatte doch jeder das Gefühl, daß die Sache bereits
vorbei war.

Für ein immer noch aktives U-Boot war es das nicht. Um
drei Minuten nach elf Uhr nachts feuerte Kapitänleutnant
Klusmeier, der Kommandant von U 2336, seinen ersten
Torpedo ab. Genau fünfunddreißig Sekunden später erschütterte die *Sneland I* eine gewaltige Explosion. Ein weiterer Torpedo schlug bei der britischen *Avondale Park* ein.

Beide Schiffe sanken schnell. An Bord der *Sneland I*
wurden alle Männer, die sich auf der Brücke befanden,
unter ihnen auch Kapitän Laegland, getötet. Sieben Männer
verloren insgesamt ihr Leben.

All die Jahre, all die gefahrvollen Meilen — und jetzt
dieses Ende.

Die beiden Schiffe waren die letzten Opfer eines deutschen Unterseebootes im Zweiten Weltkrieg.

Die Kommandanten der Geleitschiffe, die beim SC 7 solch
schlimme Erfahrungen machen mußten, sahen, wie die
Zeiten sich änderten und sich der Wind gegen die ›Wolfs-
Rudel‹ richtete, wie überhaupt der gesamte Seekrieg sich
gegen den Feind wendete.

Fregattenkapitän Dickinson von der *Scarborough* erhielt
den Kriegsverdienstorden und die Tapferkeitsmedaille für
besondere Leistungen bei der Landeoperation der alliierten
Truppen in Nordafrika. Später erhielt er das Kommando
über den Flugzeugträger *Victorious*. Korvettenkapitän
North von der *Heartsease* wurde Kommandant des Flug-
zeugträgers *Activity*.

Fregattenkapitän Allen verließ die *Leith* und arbeitete bei
der Admiralität an den Plänen für die Landung in Nordafrika mit. Dann begab er sich mit der Flotte nach Algier,
wo er in General Eisenhowers Stab Dienst tat. Korvettenkapitän Aubrey von der *Fowey* übernahm das Kommando

des Kanonenboots *Wren* und gehörte zu dem sehr erfolgreichen Eskortenverband von U-Boot-Jägern, der von Kapitän F. J. ›Johnny‹ Walker angeführt wurde. Später wurde er zum Fregattenkapitän befördert und erhielt das Kommando über einen eigenen Eskortenverband, in dem er die schnelle Fregatte *Exe* befehligte.

Die vielleicht größte Möglichkeit zur Revanche für das, was die Deutschen dem SC 7 angetan hatten, bot sich Korvettenkapitän Sherwood von der *Bluebell*. Im Mai 1943 hatte Sherwood auf seiner neuen Fregatte *Tay* das Kommando über eine Eskorte, die den ONS-5-Geleitzug begleitete. Es kam mit einer Gruppe von U-Booten zu einer regelrechten Schlacht. Diese Schlacht war, wie sich später herausstellte, der Wendepunkt im Atlantik-Seekampf überhaupt. Zwölf Handelsschiffe gingen dabei verloren, aber der Preis, den der Feind dafür bezahlen mußte, war hoch: auf jedes versenkte britische Schiff kam ein versenktes U-Boot. Für die Deutschen war das ein fürchterlicher Rückschlag.

Sherwood hatte miterlebt, wie das Rad sich gewendet hatte. Drei Jahre zuvor war er auf der *Bluebell* hilflos dem ersten heftigen Angriff eines ›Wolfs-Rudels‹ ausgesetzt gewesen. Nun hatte er dabei mitwirken können, den ›Wölfen‹ einen Schlag zu versetzen, der sie tief in ihrer Moral traf und von dem sie sich nie mehr erholen würden.

Von den fünf Geleitschiffen, die den SC 7 geschützt hatten, kamen alle bis auf eines heil durch den Krieg. Das eine war − die *Bluebell*. In den Monaten und Jahren nach dem SC 7 rettete sie noch viele Männer aus Seenot und half auch dabei, Vergeltung zu üben. Sie bekam einen Geschmack von der Gewalt der arktischen See, als sie nach Rußland kommandiert wurde. Dort, am eisigen Rand der Welt, verließ sie das Glück. Ihr Kommandant war G. H. Walker, der zur SC 7-Zeiten auf demselben Schiff als Erster Offizier gedient hatte.

Am 17. Februar 1945 fuhr die *Bluebell* Geleitschutz für einen Konvoi durch die rauhe Barents-See. Kurz nach 15 Uhr an einem trüben Tag wurde sie von einem Torpedo getroffen und sank sofort. Kapitän, sechs Offiziere und ungefähr achtzig Mann Besatzung fanden den Tod. Nur ein einziger überlebte.

14.
Drei Schuß, ein Sixpence

Und wie erging es Admiral a. D. Lachlan MacKinnon? Er wurde nach drei Wochen, in denen er sich auf geradezu wunderbare Weise erholt hatte, aus dem Liverpooler Hospital entlassen. Kaum war er wieder zu Hause in Dorset, da meldete er sich, in bester Form und begierig, wieder einen Auftrag erfüllen zu können, zum nächsten Einsatz zurück.

Aber es folgten Wochen des Wartens. Die Antworten, die er auf seine Rückfragen erhielt, waren eher ausweichend. Was immer er auch in Bewegung setzte, niemand schien irgend etwas mit ihm zu tun haben zu wollen.

Schließlich erfuhr er die Ursache für dieses eigentümliche Verhalten der Marineleitung. Trotz seiner bemerkenswerten Gesundung und obwohl noch viel ältere Männer als der Admiral im Einsatz waren, hielt man ihn nicht mehr für belastungsfähig genug, um auf See Dienst zu tun. Der SC 7 war seine letzte Fahrt gewesen.

Es war ein furchtbarer Schock für MacKinnon, aber er wurde damit fertig.

Ein paar Monate später, im Frühsommer 1941, fand in Dorchester die ›War Weapons Week‹ statt, deren Zweck Geldsammlungen für die Rüstung waren. Das brauchte eine Menge Planung und erforderte harte Arbeit. Das Geld war knapp, und die Organisatoren hatten alle Hände voll zu tun, um etwas einzunehmen. ›Brot und Spiele‹ hieß daher die Devise. Nichts durfte ausgelassen werden, was ein paar Penny einbrachte. Am Eingang zu einem Kino war zum Beispiel ein auf Pappe abgezogenes Hitlerbild in einer Blechwanne zu sehen. »Hilf Hitler versenken!« hieß die Aufforderung. Mit jedem Pence, den einer in das Wasser warf, stieg es höher.

Von Stand zu Stand, von Bude zu Bude ging der Organisator und machte den Helfern, unterstützt von seiner Frau und seiner Tochter, Mut. Er war ein silberhaariger, aufrechter Mann um die Sechzig, mit sportlicher Tweedjacke und Flanellhosen, die Pfeife im Mund. Eine seiner besten Ideen zeigte sich in einem Spielzeug-U-Boot. Es schwamm in einem großen Aquarium, das man auf dem Pflaster aufgestellt hatte. Wer zuschauen wollte, zahlte einen Sixpence und bekam dafür drei Murmeln, die er, an einer Angel befestigt, nach dem U-Boot ins Wasser werfen mußte, um es zu versenken. Der Organisator ließ es sich nicht nehmen, jedem zu zeigen, wie er das anzustellen hatte. Wenn sie ihm dabei zuschauten, wie er vergnügt seine ›Bomben‹ auf das Spielzeug warf, konnten sie allerdings nicht ahnen, daß derselbe Mann vor gar nicht langer Zeit draußen in der meilentiefen See mit letzter Kraft an einem Stück Holz gehangen und um sein Leben gekämpft hatte.

»Geschafft! Versenkt!«

MacKinnon schloß sich der Gruppe Freiwilliger an, die über Land zogen, Ansprachen in Fabriken hielten und bei Sammelaktionen auftraten. So war er kreuz und quer durch Großbritannien unterwegs, wobei er sich, trotz Ranges und Alters, oft stundenlang stehend und in der Menge eingekeilt schlicht per Eisenbahn transportieren lassen mußte. Doch seine Begabung zu persönlichen Kontakten, seine Beredsamkeit und sein Sinn für Humor ließen ihn überall Willkommen und Aufnahme finden. Auf Lachlan MacKinnon konnte man sich verlassen.

Sie taten alle, was sie konnten, vom Leichtmatrosen bis zum Admiral. Sie trugen ihr Scherflein bei.

Danksagungen

Die Autoren bedanken sich bei den Kapitänen, Offizieren und Matrosen der Britischen Handelsmarine, den Offizieren und Mannschaften der Royal Naval Reserve, Royal Naval Volunteer Reserve und Royal Navy, deren freundliche Antworten auf unsere Fragen und deren Hilfsbereitschaft es uns erst ermöglicht haben, diese Geschichte des SC 7-Geleitzugs zu schreiben.

DIE MÄNNER DER HANDELSMARINE

Clifford Atkinson aus Beverly, Yorkshire (Zweiter Funkoffizier auf der *Trident*)

Raymond Baldwin aus Whiteparish, Wiltshire (Zweiter Funkoffizier auf der *Shekatika*)

Wilfred L. Brett aus Cardiff (Kapitän der *Beatus*)

Ronald Coultas aus Ravenscar, Yorkshire (Erster Offizier auf der *Scoresby*)

John R. Crawford aus Wishaw, Lanarkshire (Zweiter Funkoffizier auf der *Blairspey*)

James Daley aus Blundellsands, Liverpool (Chefsteward auf der *Assyrian*)

W. Algwyn Davies aus Pen-y-lan, Cardiff (Kapitän der *Botusk*)

William Arthur Dean aus Crosby, Liverpool (Ingenieur auf der *Assyrian*)

D. de Jong aus Castricum, Holland (Kapitän der *Soesterberg*)

Leonard Dewar aus Handsworth, Birmingham (Erster Funkoffizier auf der *Empire Brigade*)

Gilbert Mitchell Hing aus Pelsall, Staffshire (Maat auf der *Empire Miniver*)

Henry Hotchkiss aus Kirkintilloch, Dunbartonshire (Zweiter Funkoffizier der *Somersby*)

Kenneth C. R. Howell aus Overmonnow, Monmouth (Erster Funkoffizier auf der *Corinthic*)

Thomas H. Irvin aus North Shields, Northumberland (Kapitän der *Clintonia*)

Reginald A., Leach aus Tonbridge, Kent (Maat auf der *Empire Miniver*)

Charles P. Littleboy aus Brisbane, Australien (Funkoffizier auf der *Trevisa*)

Charles R. Madsen aus South Shields, Co. Durham (Kapitän der *Eaglescliffe Hall*)

John Mathiesen aus Oslo, Norwegen (Erster Offizier auf der *Sneland I*)

Sture Mattsson aus Stockholm, Schweden (Matrose auf der *Gunborg*)

Bjarne Mjaanes aus Auklandshamn, Norwegen (Steward auf der *Sneland I*)

Bernard J. McGovern c/o Marconi Marine (Erster Funkoffizier auf der *Somersby*)

Karl J. Petersen aus Gothenburg, Schweden (Erster Ingenieur auf der *Valparaiso*)

Alexander Smith aus Findotchy, Banffshire (Maat auf der *Shekatika*)

Jack Reardon Smith aus Cardiff (Erster Offizier auf der *Botusk*)

Robert Smith aus Durham (Kapitän der *Empire Miniver*)

William H. Venables aus Irby, Cheshire (Zweiter Ingenieur auf der *Assyrian*)

John Morrison Waters aus South Shields, Co. Durham (Maat auf der *Empire Brigade*)

Lawrence Zebedee Weatherill aus Llandaff, Cardiff (Kapitän der *Scoresby*)

Und aus dem HX-79-Geleitzug:

William J. Edbrooke aus Brentwood, Essex (Dritter Ingenieur auf der *Wandby*)

James Griffiths aus Rusholme, Manchester (Matrose auf der *Sitala*)

John Kenny aus Arklow, Irland (Kapitän der *Wandby*)

Charles Walker aus Pendlebury, Manchester (Matrose auf der *Sitala*)

Die Autoren danken auch den Verwandten vieler Teilnehmer am SC 7 und am HX 79 für ihre großzügige Hilfe und dafür, daß sie uns Briefe, Notizen und Fotos überlassen haben; im einzelnen:

Mrs. Mary E. Aves, Hartlepool, Gattin des Ersten Ingenieurs James E. Aves, *Sedgepool*; Mrs. Elizabeth Dekonski, Arklow, Irland, Tochter des Kapitäns John Kenny, *Wandby*; Miß Sally Green, Belfast, Schwester des Ersten Offiziers John Green, *Empire Miniver*; Kevin R. Kearon und Roy T. Kearon, Arklow, Irland, Brüder des Kapitäns Reginald S. Kearin, *Assyrian*; Thoralf Laegland, Haugesund, Norwegen, Sohn des Kapitäns Laegland, *Sneland I*; Mrs. Constance M. Stracy, Manchester, Gattin des Funkoffiziers Robert A. Stracy, *Assyrian*; Mrs. J. W. Thompson, Cardiff, Gattin des Kapitäns J. William Thompson, *Somersby*.

216

Die Autoren schulden außerdem dem Hauptregisteramt für Schiffahrt und Seefahrer in Cardiff ihren Dank für die geduldige Hilfe während der dreijährigen Recherchearbeit; das gleiche gilt für die Öffentlichen Archive von Kanada in Montreal (Fotografien); die Marconi International Company Ltd. in Chelmsford, Essex, und die folgenden Schiff-fahrtsgesellschaften:

Rich. Amlie & Co., Haugesund, Norwegen; Andreadis (U.K.) Ltd., London; Billnerbolagen, Gothenburg, Schweden; Vairns, Noble & Co. Ltd., Newcastle upon Tyne; Canada Steamship Lines Ltd., Montreal; Ellerman Lines Ltd., London; Wm. France, Fenwick & Co. Ltd., London; Hall Corporation (Shipping) 1969 Ltd., Montreal; Headlam & Son, Whitby; Johnsonlinjen, Stockholm; Jacob Kjode, Bergen, Norwegen; Jacob Odland, Haugesund, Norwegen; Sir R. Ropner & Co. Ltd., Darlington; Christian Salvesen (Managers) Ltd., Leith; Sir William Reardon Smith & Sons Ltd., Cardiff; Stag Line Ltd., North Shields; Vickers Ltd., Barrow-in-Furness; Vinke & Co., Amsterdam; Witherington & Everett, Newcastle upon Tyne.

DIE MÄNNER VON DEN GELEITSCHIFFEN

Robert Aubrey aus Ringwood, Hantshire (Korvettenkapitän der *Fowey*)
George S. Boyd aus Epsom, Surrey (Heizer auf der *Leith*)
Neil K. Boyd aus Barton-on-Sea, Hantshire (Navigationsoffizier auf der *Scarborough*)
Patrick N. Culverwell aus Leicester (Leutnant z. S. auf der *Fowey*)
N. Vincent Dickinson aus Alresford, Hantshire (Fregattenkapitän der *Scarborough*)
John D. Hill aus Ipswich (Navigationsoffizier auf der *Heartsease*)
William J. Jenkins aus Bramhall, Cheshire (Vollmatrose auf der *Scarborough*)
Eric R. Semmens aus Orpington, Kent (Telegraphist auf der *Leith*)
Robert E. Sherwood aus Wendover, Buckshire (Korvettenkapitän der *Bluebell*)
Anthony S. Tyers aus Aylesbury, Buckshire (Leutnant z. S. auf der *Leith*)

Folgenden Verwandten der Besatzungsmitglieder danken die Autoren für ihre freundliche Unterstützung:

Miß Enid Allen, London, Schwester des Fregattenkapitäns Roland C. Allen *(Leith)*; Mrs. Ione Carver, Farnham Surrey, und Mrs. Fynvola L. James, Northwood, Middlesex, Töchter, und Kapitän Ughtred H. R. James, Schwiegersohn des Admirals Lachlan Donald Ian MacKinnon;

Miß Cora E. North, Chinnor, Oxon., Schwester von Korvettenkapitän
Edward J. R. North *(Heartsease)*.

Außerdem:

R. H. Howard aus London (Bootsmann auf der *Scarborough*)
Dr. B. J. Mead aus Broadstone, Dorset (Schiffsarzt auf der *Scarborough*)
Charles H. A. Scott aus Dorridge, Warwicks (Signalgast auf der *Heartsease*)
Stan Stansfield aus Manchester *(Scarborough)*
Douglas F. Whittacker aus Hereford (Signalgast auf der *Fowey*)

Für seine spezielle Mitwirkung bedanken sich die Autoren auch bei
Korvettenkapitän Heinrich Bleichrodt, München (Kapitänleutnant und
Kommandant von U 48) und für seine Hilfestellung bei Kapitän z. S. K. T.
Raeder, Marineattaché an der Botschaft der Bundesrepublik Deutschland in London. Für die Bereitstellung von Fotografien bedanken wir uns
beim Podzun Verlag, Bad Nauheim.

Hilfe haben wir dankenswerterweise auch noch erfahren von:

Mrs. Ann Baird, Glasgow; Ruth und Eric Bardsley, Bollington,
Cheshire; Gordon Duff, St. John's, Neufundland; A. C. Hughes, Hull;
Leonard J. McLaughlin, Montreal; Gilbert E. Porteous, Cardiff; Donald
Sanderson, Newcastle upon Tyne; A. A. Smith, Amsterdam; Jeremiah
J. Smith, Edinburgh; Theodore Vokos, Piräus, Griechenland (Redakteur von ›Naftiliaki‹) und Mrs. D. Wetterhahn, London.

Schließlich möchten die Autoren all den vielen Zeitungen und Zeitschriften ihren Dank ausdrücken, die bei der Suche nach Veteranen des
SC 7 behilflich waren, vor allem: *Daily Telegraph, Flying Angel, Hull
Daily Mail, Montreal Star, The Navy, Navy News, Newcastle Evening
Chronicle, Scottish Daily Express, Sea Breezes, Wexford People,
Manchester Evening News, Liverpool Echo, Bridport News.*

Namens- und Sachregister

Die in *Kursiv* gesetzten Begriffe sind Schiffsnamen

ALISTAIR MACLEAN

01/6592

01/6731

01/6772

01/6916

01/6931

01/7690

01/7754

01/7983